中华人民共和国交通运输部

收费公路联网电子不停车收费技术要求

交通运输部 2011 年第 13 号公告

主编单位：交通运输部公路科学研究院
批准部门：中华人民共和国交通运输部
实施日期：2011 年 02 月 23 日

人民交通出版社

图书在版编目(CIP)数据

收费公路联网电子不停车收费技术要求 / 交通运输部公路科学研究院主编. — 北京：人民交通出版社，2011.5

ISBN 978-7-114-09033-2

Ⅰ.①收… Ⅱ.①交… Ⅲ.①公路收费系统-中国-规范 Ⅳ.①U412.36-65

中国版本图书馆 CIP 数据核字(2011)第 067234 号

中华人民共和国交通运输部
Shoufei Gonglu Lianwang Dianzi Butingche Shoufei Jishu Yaoqiu

收费公路联网电子不停车收费技术要求

交通运输部公路科学研究院　主编

*

人民交通出版社出版发行

(100011　北京市朝阳区安定门外外馆斜街 3 号)

各地新华书店经销

北京密东印刷有限公司印刷

版权所有　不得翻印

开本：880×1230　1/16　印张：21.75　字数：610 千

2011 年 6 月　第 1 版

2011 年 6 月　第 1 次印刷

印数：0001-5000 册　定价：120.00 元

ISBN 978-7-114-09033-2

中华人民共和国交通运输部
公 告

2011 年第 13 号

关于发布《收费公路联网
电子不停车收费技术要求》的公告

为提高收费公路通行效率和服务水平,规范收费公路联网电子不停车收费设施的建设和运营管理,根据《公路法》、《收费公路管理条例》等法律法规及有关技术标准,我部组织制定了《收费公路联网电子不停车收费技术要求》,现予公布,自公布之日起施行。原《高速公路区域联网不停车收费示范工程暂行技术要求》(交公路发〔2008〕275 号)同时废止。

该技术要求的管理权和解释权归交通运输部,日常解释和管理工作由主编单位交通运输部公路科学研究院负责。请各有关单位在实践中注意总结经验,及时将发现的问题和修改意见函告交通运输部公路科学研究院(地址:北京市海淀区西土城路 8 号,邮政编码 100088),以便修订时参考。

中华人民共和国交通运输部
二〇一一年二月二十三日

主题词:公路 电子 收费 公告

交通运输部办公厅　　　　　　　　　　　　　　　　　　　　2011 年 3 月 9 日印发

目　录

第一部分　密钥管理规则	1
第一章　总则	1
第二章　国家级密钥管理	1
第三章　省级密钥管理	2
第四章　PSAM 卡的发放和管理	2
第五章　OBE-SAM 的初始化和管理	3
第六章　OBE-SAM 一次发行母卡的发放和管理	3
第七章　支持与服务	4
第八章　附则	4
第二部分　技术要求	5
1　关键信息编码	5
1.1　OBU 的 MAC 地址编码	5
1.2　OBU 序号编码	5
1.3　RSU 的 BeaconID 编码	5
1.4　发行方标识编码	6
1.5　OBU 的合同序列号编码	6
1.6　CPU 用户卡的卡号编码	6
1.7　PSAM 序列号及终端机编号编码	7
1.8　分散代码	7
2　PSAM 卡数据格式和技术要求	8
2.1　PSAM 卡基本要求	8
2.2　PSAM 卡数据格式	8
2.3　PSAM 卡密钥说明	11
2.4　安全管理	12
2.5　应用系统的兼容性	14
2.6　PSAM 卡应用命令集	15

3 CPU 用户卡数据格式和技术要求 ········· 31
3.1 用户卡基本要求 ········· 31
3.2 用户卡数据格式 ········· 32
3.3 数据编码定义 ········· 39
3.4 用户卡应用指令 ········· 39

4 OBE-SAM 数据格式和技术要求 ········· 40
4.1 OBE-SAM 的主要功能及参数要求 ········· 40
4.2 OBE-SAM 文件结构 ········· 40
4.3 OBE-SAM 内密钥说明 ········· 44
4.4 OBE-SAM 密钥管理 ········· 44
4.5 OBE-SAM 复位信息的约定 ········· 44
4.6 OBE-SAM 应用命令集 ········· 45
4.7 数据编码定义 ········· 59

5 OBU 初始化设备 ········· 60
5.1 应用总则 ········· 60
5.2 设备技术要求 ········· 61
5.3 应用交易流程 ········· 63

6 IC 卡读写器 ········· 65
6.1 通用要求 ········· 65
6.2 硬件接口要求 ········· 65
6.3 软件接口要求 ········· 65

7 RSU 与车道控制器接口 ········· 80
7.1 应用总则 ········· 80
7.2 通信接口的应用模式 ········· 81
7.3 通信接口的物理形式 ········· 81
7.4 通信数据帧格式 ········· 81
7.5 API 指令函数定义 ········· 82
7.6 DATA 数据域定义 ········· 97

8 基于 DSRC 的 ETC 交易 ········· 101
8.1 物理层 ········· 101
8.2 数据链路层 ········· 101
8.3 交易流程总体框架 ········· 101

8.4　DSRC 数据帧格式 …………………………………………………………… 102
8.5　ETC 交易中 ICC-PSAM 交易模式 …………………………………………… 112
8.6　BST 中 CPU 用户卡消费交易模式的标识 …………………………………… 112
8.7　OBE 对 CPU 用户卡处理模式的标识 ………………………………………… 113
8.8　VST 中应携带的 CPU 用户卡相关信息 ……………………………………… 114
8.9　DSRC 交易之外的 OBE 应用处理流程 ……………………………………… 114

9　非现金支付卡交易流程
9.1　ICC-PSAM 交易流程概述 …………………………………………………… 117
9.2　复合消费交易流程 …………………………………………………………… 117

10　车道技术要求
10.1　ETC 车道系统基本组成及功能 ……………………………………………… 119
10.2　ETC 车道布局模式 …………………………………………………………… 120

11　ETC 标志标线设置指南
11.1　设置内容 ……………………………………………………………………… 123
11.2　设置要求 ……………………………………………………………………… 123
11.3　ETC 车道预告类标志 ………………………………………………………… 123
11.4　ETC 车道信息指示类标志 …………………………………………………… 124
11.5　ETC 收费岛头标志 …………………………………………………………… 124
11.6　ETC 车道地面标线和文字 …………………………………………………… 124
11.7　用于 ETC 信息中文说明的辅助标志 ………………………………………… 125

12　ETC 专用形象标识设置规范
12.1　标识总体设置要求 …………………………………………………………… 126
12.2　ETC 形象标识制图规范 ……………………………………………………… 126
12.3　ETC 标识与中英文字体规范 ………………………………………………… 126
12.4　ETC 标识标准色规范 ………………………………………………………… 127
12.5　ETC 标识辅助色规范 ………………………………………………………… 127
12.6　客户服务网点标识设置规范 ………………………………………………… 128
12.7　卡面标识应用规范 …………………………………………………………… 128

13　非现金收费关键设备检测要求及工程质量检验评定标准
13.1　RSU(含手持 RSU) …………………………………………………………… 129
13.2　OBU …………………………………………………………………………… 130
13.3　OBU 初始化设备 ……………………………………………………………… 131

13.4	OBE-SAM	133
13.5	CPU 用户卡	135
13.6	PSAM 卡	136
13.7	IC 卡读写器	139
13.8	非现金收费系统工程质量检验评定标准	140

14 协议一致性和互操作测试方法 ... 145
- 14.1 被测设备测试状态要求 ... 145
- 14.2 RSU 测试 ... 145
- 14.3 OBU 测试 ... 156
- 14.4 OBU 初始化设备测试 ... 166

15 PSAM 卡应用测试 ... 167
- 15.1 卡片文件结构测试 ... 167
- 15.2 基本指令功能测试 ... 167
- 15.3 防拔功能测试 ... 172

16 CPU 用户卡应用测试 ... 174
- 16.1 个人化测试 ... 174
- 16.2 功能测试 ... 174
- 16.3 性能测试 ... 182
- 16.4 防拔测试 ... 183

17 OBE-SAM 应用测试 ... 187
- 17.1 文件结构测试 ... 187
- 17.2 基本指令测试 ... 188
- 17.3 应用流程测试 ... 192

18 跨省(区、市)清分结算系统运行规则 ... 194
- 18.1 有区域中心模式的清分结算系统运行规则 ... 194
- 18.2 两两结算模式的清分结算系统运行规则 ... 200

19 跨省(区、市)清分结算数据接口 ... 203
- 19.1 有区域中心模式的跨省(区、市)数据接口 ... 203
- 19.2 两两结算模式的跨省(区、市)数据接口 ... 249

附录 A 术语、定义、符号和缩略语 ... 286

附录 B	密钥管理相关要求	291
附录 C	OBU 发行流程	297
附录 D	多个 T-APDU 拼接在同一个 LSDU 中的示例	299
附录 E	储值卡/记账卡复合消费交易应用的 RSE～OBE 间 DSRC 数据帧定义	301
附录 F	ETC 标志标线设置条文说明及示例	304
附录 G	ETC 专用形象标识规范图示	318
附录 H	非现金收费关键设备测试申请表格	324
附录 I	卡片个人化脚本编辑说明	329
附录 J	跨省(区、市)清分结算消息说明	331
附录 K	CA 数字证书相关应用流程	334
附加说明		338

第一部分　密钥管理规则

第一章　总　　则

第一条　为加强收费公路电子收费密钥的统一管理,保证收费公路电子收费的安全性,根据《收费公路联网收费技术要求》的规定及有关技术标准,制定本规则。

第二条　收费公路电子收费密钥分为国家级密钥和省级密钥。国家级密钥是由国家级密钥管理系统承担单位管理,用于全国范围内收费公路联网收费交易过程认证的密钥;省级密钥是省级行政区划范围内使用的密钥,由国家级密钥管理系统下发和省级密钥管理系统生成两部分构成,其中由国家级下发的省级密钥以省级密钥母卡为载体并由省级密钥传输卡控制权限。

第三条　收费公路电子收费业务的密钥管理应遵守本规则。

第四条　本规则所称 CPU 用户卡是指在中华人民共和国境内使用的向社会公开发行的具有收费公路通行费缴纳功能的智能卡;密钥是指对 CPU 卡信息进行加密变换的保密数据;PSAM 卡是指收费公路收费终端设备中用于消费交易认证的安全访问模块;OBE-SAM 是指不停车收费车载设备(OBE)的安全访问模块;OBE-SAM 一次发行母卡是用于替换 OBE-SAM 中各类密钥并写入系统信息的密钥卡。

第二章　国家级密钥管理

第五条　国家级密钥由国务院交通运输主管部门负责管理。具体工作由其委托的单位承担。

第六条　国家级密钥管理的主要内容是:

(一)制作及管理国家级密钥;

(二)分发、管理省级密钥母卡和省级密钥传输卡;

(三)分发、管理 PSAM 卡、OBE-SAM 一次发行母卡;

(四)完成 OBE-SAM 初始化;

(五)监督省级密钥管理承担单位对收费公路电子收费密钥的管理和使用情况;

(六)指导省级密钥管理系统的建设和运营;

(七)其他相关工作。

第三章　省级密钥管理

第七条　省级密钥由省级交通运输主管部门负责管理。具体工作可由其委托的单位承担,但应确保其唯一性。

第八条　省级密钥管理的主要内容是:

(一)按照附录 B.1 的要求建设省级密钥管理系统并负责维护;

(二)制作及管理各类最终应用密钥和相应的密钥卡及传输卡;

(三)申领省级密钥母卡、省级密钥传输卡;

(四)申领 PSAM 卡及 OBE-SAM 一次发行母卡;

(五)发放和管理本辖区内各种密钥母卡、PSAM 卡、CPU 用户卡,并对上述各类卡片的使用进行注册登记和监控管理;

(六)其他相关工作。

第九条　省级交通运输主管部门应对省级密钥管理系统组织现场验收,通过后向国务院交通运输主管部门申请省级密钥母卡和省级密钥传输卡。

第十条　获得批准后,省级交通运输主管部门应派专人持批复函件,向国家级密钥管理承担单位领取省级密钥母卡及省级密钥传输卡。

第十一条　省级密钥管理承担单位应妥善保管省级密钥母卡及省级密钥传输卡,母卡内密钥仅限于导入本省密钥管理系统。

第十二条　对于在操作、使用过程中损坏的密钥母卡和传输卡,省级密钥管理承担单位应如数及时退回国家级密钥管理承担单位,并由其统一销毁。

第四章　PSAM 卡的发放和管理

第十三条　装有正式密钥的 PSAM 卡仅限省级密钥管理承担单位申请领用。测试、试验所需的装有测试密钥的 PSAM 卡,可由其他企、事业单位申请领用。

第十四条　申领单位向国家级密钥管理承担单位领取《公路电子收费 PSAM 卡申请表》(样表见附录 B.2),填写并盖章后,递交至国家级密钥管理承担单位。

第十五条　国家级密钥管理承担单位应在 3 个工作日内对所提交的材料进行审核,并根据发行数量在 5~10 个工作日内制作完成。

第十六条　接到国家级密钥管理承担单位同意通知后,申请单位应派专人领取装有正式密钥的 PSAM 卡。

第十七条　对于在使用过程中损坏的装有正式密钥的 PSAM 卡,省级密钥管理承担单位应如数退回国家级密钥管理承担单位,并由其统一销毁。

第十八条 装有正式密钥的 PSAM 卡如有丢失,省级密钥管理承担单位应在 2 个工作日内以书面形式上报至国家级密钥管理承担单位。国家级密钥管理承担单位应在收到报告后 2 个工作日内通知各省级密钥管理承担单位,并将相应 PSAM 序列号加入黑名单。车道系统应具备 PSAM 黑名单查验功能。

第五章　OBE-SAM 的初始化和管理

第十九条　OBE-SAM 初始化,是指 OBE-SAM 内文件结构的建立和初始密钥的写入过程。

第二十条　国家级密钥管理承担单位负责对 OBE-SAM 进行初始化。

第二十一条　正式 OBE-SAM 初始化由 OBU 生产企业向国家级密钥管理承担单位提出申请,填写《公路电子收费 OBE-SAM 初始化申请表》(样表见附录 B.3)并盖章后,连同企业营业执照复印件一起递交至国家级密钥管理承担单位。

第二十二条　国家级密钥管理承担单位应在 3 个工作日内对所提交的材料进行审核,并根据数量在 5～15 个工作日内完成 OBE-SAM 的初始化。

第二十三条　OBE-SAM 初始化完成后,国家级密钥管理承担单位通知申请单位派专人领取或采用特快专递方式邮寄至申请单位。

第六章　OBE-SAM 一次发行母卡的发放和管理

第二十四条　装有正式密钥的 OBE-SAM 一次发行母卡仅限省级密钥管理承担单位申请领用,测试、试验所需的装有测试密钥的 OBE-SAM 一次发行母卡,可由其他企、事业单位申请领用。

第二十五条　申领单位向国家级密钥管理承担单位领取《公路电子收费 OBE-SAM 一次发行母卡申请表》(样表见附录 B.4),填写并盖章后,递交至国家级密钥管理承担单位。

第二十六条　国家级密钥管理承担单位应在 3 个工作日内对所提交的材料进行审核,并在 5 个工作日内制作完成 OBE-SAM 一次发行母卡。

第二十七条　接到国家级密钥管理承担单位同意的通知后,申请单位应派专人领取装有正式密钥的 OBE-SAM 一次发行母卡。

第二十八条　对于在使用过程中损坏的装有正式密钥的 OBE-SAM 一次发行母卡,省级密钥管理承担单位应如数退回国家级密钥管理承担单位,并由其统一销毁。装有正式密钥的 OBE-SAM 一次发行母卡如有丢失,省级密钥管理承担单位应在 2 个工作日内以书面形式上报至国家级密钥管理承担单位。

第七章 支持与服务

第二十九条 国家级密钥管理承担单位应向省级密钥管理承担单位提供 PSAM 卡、省级密钥母卡、省级密钥传输卡及 OBE-SAM 一次发行母卡的使用说明及接口资料,并协助调试,同时协调组织对省级密钥管理人员进行技术培训。

第三十条 国家级密钥管理承担单位应积极配合省级密钥管理系统的建设,并根据省级密钥管理承担单位的需要提供相关服务。

第三十一条 消费主密钥每三至五年更新一次。如有特殊需要,国务院交通运输主管部门有权随时更换国家级消费主密钥。

第八章 附 则

第三十二条 本规则由国务院交通运输主管部门负责解释。

第三十三条 本规则自发布之日起开始执行。

第二部分 技术要求

1 关键信息编码

1.1 OBU 的 MAC 地址编码

OBU 的专用 MAC 地址采用 4 字节的二进制数进行编码,由 1 字节"制造商代码"和 3 字节"制造商内部编码"组成,见图 1-1。

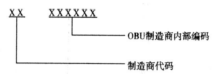

图 1-1 OBU 的专用 MAC 地址组成

注:①制造商代码由收费公路电子收费密钥管理单位统一管理,OBU 制造商应提交书面申请,经核准后获取其唯一代码,其取值范围为:0x00~0xFF,其中:0x00~0xFE 分配给厂商,0xFF 保留做测试等用途。
②OBU 制造商内部编码由 OBU 制造商根据其生产、管理等方面的需要自行定义,其取值范围为:0x000000~0xFFFFFF。

1.2 OBU 序号编码

OBU 序号编码由 1 字节"省级行政区划"、1 字节"运营商序号"、1 字节"生产年份"和 5 字节"自定义"组成,用于 OBU 表面打印时采用两字节为一组的方式,组与组之间用一个空格隔开,见图 1-2。

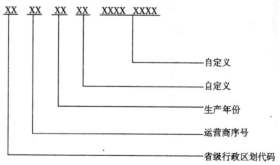

图 1-2 OBU 序号编码规则

注:①省级行政区划代码、运营商序号、生产年份均采用压缩 BCD 编码方式。
②省级行政区划代码按照 GB/T 2260 执行。
③运营商序号由收费公路电子收费密钥管理单位分配并登记。

1.3 RSU 的 BeaconID 编码

RSU 的 BeaconID 编码规则同 OBU 的 MAC 地址编码规则,即:
1　manufacturerID 采用"制造商代码"。

2 individualID 由 RSU 制造商根据其生产、管理等方面的需要自行定义,其取值范围为:0x000000~0xFFFFFF。

1.4 发行方标识编码

发行方标识是指 OBE-SAM 中系统信息文件(EF01)的第 1~8 字节和 CPU 用户卡中卡片发行基本数据文件(0015)的第 1~8 字节。发行方标识由收费公路电子收费密钥管理单位统一分配并登记备案。发行方标识编码由 4 字节"区域代码"、2 字节"运营商标识"、1 字节"保留"和 1 字节"密钥分散标识"组成,见图 1-3。

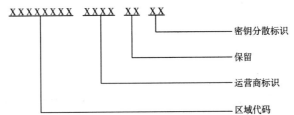

图 1-3 发行方标识编码规则

注:①区域代码为各省、直辖市、自治区的唯一标识,用 2 个汉字(4 个字节)表示。
②运营商标识为省内运营商的唯一标识,采用压缩 BCD 编码方式,由 2 个字节组成:第 1 字节为省级行政区划代码,按照 GB/T 2260 执行;第 2 字节为省内运营商的唯一标识号,由收费公路电子收费密钥管理单位分配并登记。
③保留暂定一个字节 0x00。
④密钥分散标识的定义:
　　01 通过两级分散得到卡片密钥,第一级采用区域代码(复制一次变为 8 个字节)作为分散因子,第二级采用 CPU 卡内部编号作为分散因子。
　　02 通过三级分散得到卡片密钥,第一级采用区域代码(复制一次变为 8 个字节)作为分散因子,第二级采用运营商标识(补"0xFF"变为 8 个字节)作为分散因子,第三级采用 CPU 卡内部编号作为分散因子。
　　03 通过三级分散得到卡片密钥,第一级采用运营商标识(补"0xFF"变为 8 个字节)作为分散因子,第二级采用区域代码(复制一次变为 8 个字节)作为分散因子,第三级采用 CPU 卡内部编号作为分散因子。
　　其他保留。

1.5 OBU 的合同序列号编码

合同序列号的 ASN.1 数据类型为:
ContractSerialNumber::= SEQUENCE{
　　esamProviderID　　　　OCTET STRING(SIZE(2)),--16 进制编码
　　obeProviderID　　　　 OCTET STRING(SIZE(2)),--16 进制编码
　　esamIndividulID　　　 OCTET STRING(SIZE(4))--16 进制编码
}

注:①esamProviderID 由收费公路电子收费密钥管理单位统一分配。
②obeProviderID 由收费公路电子收费密钥管理单位统一分配。
③esamIndividulID 由 OBE-SAM 厂商提供,要求同一厂商产品的编码不能重复。

1.6 CPU 用户卡的卡号编码

CPU 用户卡(包括储值卡和记账卡)的卡号对应公路电子收费应用中"卡片发行基本数据文件(0015 文件)"的"卡片网络编号"(2B)+"CPU 卡内部编号"(8B)。
CPU 用户卡卡号应整体采用压缩 BCD 编码方式,每字节表示 2 个数字,共 20 位(4+16)数字。

用于卡片的表面光刻打印时,采用 2 个字节为一组的方式,组与组之间用一个空格隔开。

1.6.1 "卡片网络编号"的编码

卡片网络编号为 2 字节,由 1 字节"省级行政区划代码"和 1 字节"运营商序号"组成,见图 1-4。

图 1-4　卡片网络编号

注:①省级行政区划代码按照 GB/T 2260 执行。
　　②运营商序号由收费公路电子收费密钥管理单位统一分配并登记备案。

1.6.2 "CPU 卡内部编号"的编码

"CPU 卡内部编号"为 8 字节,由 1 字节"初始化年份"、1 字节"初始化星期"、1 字节"卡片类型"和 5 字节"卡片序列号"组成,见图 1-5。

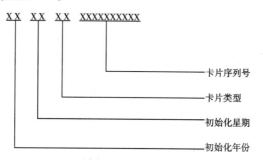

图 1-5　CPU 卡内部编号的组成

注:①"初始化年份"和"初始化星期"表示卡片的批次。
　　②"卡片类型"见《收费公路联网收费技术要求》表 4.3。
　　③"卡片序列号"采用顺序编号的方式。

1.7　PSAM 序列号及终端机编号编码

PSAM 序列号及终端机编号由收费公路电子收费密钥管理单位统一编码。

1.8　分散代码

省级和运营商级分散代码由收费公路电子收费密钥管理单位统一规定。用户卡分散采用 CPU 卡内部编号;OBE-SAM 分散采用合同序列号。

2 PSAM 卡数据格式和技术要求

2.1 PSAM 卡基本要求

2.1.1 基本功能要求

PSAM 卡应满足以下功能要求：

1. 具有 COS 的接触式 CPU 卡；
2. 支持一卡多应用，各应用之间相互独立；
3. 支持多种文件类型，包括二进制文件、定长记录文件、变长记录文件、循环文件；
4. 采用硬件 DES 协处理器和硬件真随机数发生器；
5. 在通信过程中支持多种安全保护机制（信息的机密性和完整性保护）；
6. 支持多种安全访问方式和权限（认证功能和口令保护）；
7. 支持 JR/T 0025 所规定的 Single DES、Triple DES 算法；
8. PSAM 卡应支持多级密钥分散机制，用分散后的密钥作为临时密钥对数据进行加密、解密、MAC 等运算，以完成终端与卡片之间的合法性认证等功能。

2.1.2 基本参数要求

PSAM 卡应满足以下参数要求：

1. 存储容量应不低于 8kbytes，芯片为 EEPROM；
2. 卡片应支持 $T=0$ 通信协议；
3. 卡片应支持多种速率选择，握手通信速率从 9600bit/s 开始，符合 PPS 协议，并应支持 57600bit/s 及以上的通信速率；
4. 卡片外部时钟应不低于 7.5MHz；
5. 卡片至少应支持 2.7~3.3V 的工作电压，对应的工作电流不超过 6mA；
6. 卡片工作温度：一般要求 -25~+70℃（寒区 -40~+70℃）之间；存储温度：-40~+85℃；相对工作湿度：在 10%~95% 之间；
7. 其他物理特性、电气特性应符合 GB/T 16649 的规定。

2.2 PSAM 卡数据格式

2.2.1 PSAM 卡文件结构

1. PSAM 卡文件结构见图 2-1。
2. PSAM 卡详细文件结构见表 2-1。
3. 密钥用途与用法：

1) 应用主控密钥在卡片主控密钥的线路保护控制下装载（密文 + MAC）；
2) 应用主控密钥在自身的控制下更新（密文 + MAC）；
3) 本密钥文件下其他密钥在应用主控密钥的线路保护控制下装载、更新（密文 + MAC）；
4) 应用主控密钥外部认证通过后，可以在 DF01 目录下进行文件创建（密钥文件、卡片发行基本数据文件、联网收费信息文件、钱包文件、终端交易记录文件、保留文件等）；

5）应用维护子密钥用于DF01区域的应用数据维护。

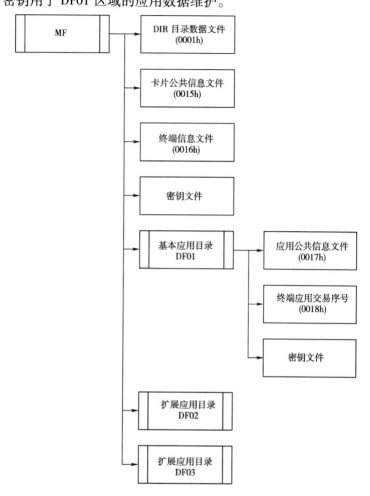

图2-1　PSAM卡文件结构

表2-1　PSAM卡详细文件结构

	文件名称	文件类型	文件标识符	读权	写权	备注
	MF	主文件	3F00	建立权:MK_MF		厂商交货时已经建立
1	密钥文件	密钥文件	—	禁止	增加密钥权:MK_MF	通过卡片主控密钥MK_MF采用密文+MAC方式写入密钥
2	DIR目录数据文件	变长记录	0001	自由	AMK_MF	自由读,写时使用卡片维护密钥进行线路保护（明文+MAC)
3	卡片公共信息文件	二进制文件	0015	自由	AMK_MF	自由读,写时使用卡片维护密钥进行线路保护（明文+MAC)
4	终端信息文件	二进制文件	0016	自由	AMK_MF	自由读,写时使用卡片维护密钥进行线路保护（明文+MAC)

续上表

文件名称	文件类型	文件标识符	读权	写权	备注
DF01 联网电子收费应用	目录文件	DF01	建立权：MK_{MF}	擦除权：MK_{MF}	卡片主控密钥 MK_{MF} 认证通过后可以建立和擦除文件
1　密钥文件	密钥文件	—	禁止	增加密钥权：MK_{DF01}	DF01 应用密钥采用密文+MAC 方式写入
2　应用公共信息文件	二进制文件	0017	自由	AMK_{DF01}	自由读，写时使用应用维护密钥 AMK_{DF01} 进行线路保护（明文+MAC）
3　终端应用交易号数据元	二进制文件	0018	自由	不可写，COS 维护	用于存储终端交易序号，由 COS 维护
DF02 预留目录 1	目录文件	DF02	建立权：MK_{MF}	擦除权：MK_{MF}	卡片主控密钥 MK_{MF} 认证通过后可以建立和擦除文件
DF03 预留目录 2	目录文件	DF03	建立权：MK_{MF}	擦除权：MK_{MF}	卡片主控密钥 MK_{MF} 认证通过后可以建立和擦除文件

2.2.2　MF 下的卡片公共信息文件结构

MF 下卡片公共信息文件结构见表 2-2。

2.2.3　MF 下的终端信息文件

MF 下的终端信息文件见表 2-3。

表 2-2　MF 下卡片公共信息文件结构

文件标识	0015
文件类型	二进制文件
文件大小	14 字节
文件存取控制	读 = 自由	写 = AMK_{MF} 线路保护写（明文+MAC）
字节	数据元	长度（字节）
1~10	PSAM 序列号	10
11	PSAM 版本号	1
12	密钥卡类型	1
13~14	发卡方自定义 FCI 数据	2

表 2-3　MF 下的终端信息文件

文件标识	0016
文件类型	二进制文件
文件大小	6 字节
文件存取控制	读 = 自由	写 = AMK_{MF} 线路保护写（明文+MAC）
字节	数据元	长度（字节）
1~6	终端机编号	1~6

2.2.4 DF01 下的应用公共信息文件

DF01 下的应用公共信息文件见表 2-4。

表 2-4 DF01 下的应用公共信息文件

文件标识		0017
文件类型		二进制文件
文件大小		25 字节
文件存取控制	读 = 自由	写 = AMK_{DF01} 线路保护写(明文 + MAC)
字节	数据元	长度(字节)
1	密钥索引号	1
2~9	发行方标识	8
10~17	应用区域标识	8
18~21	应用启用日期	4
22~25	应用有效日期	4

2.3 PSAM 卡密钥说明

2.3.1 密钥定义

公路电子收费 PSAM 卡中,所有密钥都以记录的形式存储在密钥文件中。每一条密钥包括用途、标识/版本、算法标识和密钥数据等参数信息。

PSAM 卡中包括以下几种密钥类型:

1. 00h:主控密钥;
2. 01h:维护密钥;
3. 02h:消费密钥,能进行消费交易;
4. 06h:MAC 密钥,能进行 MAC 计算;
5. 08h:MAC、加密密钥,能进行 MAC 和数据加密运算;
6. 09h:圈存密钥,能进行圈存交易;
7. 19h:MAC、解密密钥,能进行 MAC 和数据解密运算。

密钥用途字节的高 3 位表示密钥分散级数,如:42h 的高 3 位为 010,即 10 进制的 2,表示该消费密钥支持 2 级分散。

2.3.2 DF01 下的密钥文件结构

DF01 下的密钥文件结构见表 2-5。

表 2-5 DF01 下的密钥文件结构

密钥名称	密钥用途	密钥标识	密钥长度(字节)	算法标识	错误计数器
PSAM 卡应用 1 主控密钥 MK_{DF01}	00	00	10H	00	3
PSAM 卡应用 1 维护密钥 AMK_{DF01}	01	01	10H	00	3
CPU 卡外部认证密钥 UK_{DF01}	48	01	10H	00	—
CPU 卡消费密钥 1 PK1	42	01	10H	00	—
CPU 卡消费密钥 2 PK2	42	02	10H	00	—
OBU 认证主密钥 RK1	48	02	10H	00	—
OBU 加密主密钥 RK2	59	03	10H	00	—

2.4 安全管理

2.4.1 安全计算方法

安全计算涉及用户卡中的所有计算类型,包括数据加密计算、普通 MAC 计算、消费 MAC1 计算和 MAC2 校验等。MAC 总是命令或命令响应数据域中最后一个数据元素。

2.4.1.1 密钥分散计算方法

密钥分散通过分散因子产生子密钥。

分散因子为 8 字节,将一个双长度的主密钥 MK,对分散数据进行处理,推导出一个双长度的子密钥 DK,见图 2-2 和图 2-3。

推导 DK 左半部分的方法是:

第一步:将分散因子作为传入数据;

第二步:将 MK 作为加密密钥;

第三步:用 MK 对传入数据进行 3DEA 运算。

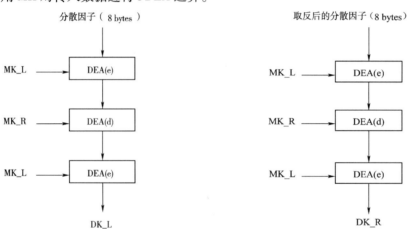

图 2-2　推导 DK 左半部分　　　图 2-3　推导 DK 右半部分

推导 DK 右半部分的方法是:

第一步:将分散因子求反,作为传入数据;

第二步:将 MK 作为加密密钥;

第三步:用 MK 对传入数据进行 3DEA 运算。

2.4.1.2 数据加密的计算方法

按照以下方式对数据进行加密:

第一步:LD(1 字节)表示明文数据的长度,在明文数据前加上 LD 产生新的数据块;

第二步:将该数据块分成 8 字节为单位的数据块,表示为 BLOCK1、BLOCK2、BLOCK3、BLOCK4 等。最后的数据块为 1~8 字节;

第三步:如果最后(或唯一)的数据块的长度是 8 字节的话,转到第四步;如果不足 8 字节,则在其后加入 16 进制数"80",如果达到 8 字节长度,则转到第四步;否则在其后加入 16 进制数"00"直到长度达到 8 字节;

第四步:按照图 2-4 所述的算法使用指定密钥对每一个数据块进行加密;

第五步:计算结束后,所有加密后的数据块依照原顺序连接在一起。

2.4.1.3 安全报文的计算方法

1　命令安全报文中的 MAC

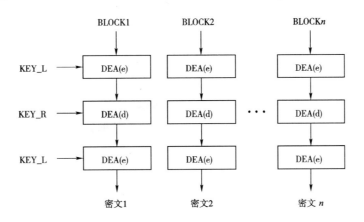

图 2-4 双倍长密钥 DEA 数据加密算法

命令安全报文中的 MAC 是使用命令的所有元素(包括命令头和命令数据域中的数据)来产生的,以保证命令连同数据能够正确完整地传送,并对发送方进行认证。

按照以下方式使用 DEA 加密方式产生 MAC:

第一步:终端通过向 IC 卡发 GET CHALLENGE 命令获得一个 4 字节随机数,后补"00 00 00 00"作为初始值;

第二步:将 5 字节命令头(CLA,INS,P1,P2,Lc)和命令数据域中的明文或密文数据连接在一起形成数据块。注意,这里的 Lc 应是数据长度加上将计算出的 MAC 的长度(4 字节)后得到的实际长度;

第三步:将该数据块分成 8 字节为单位的数据块,表示为 BLOCK1、BLOCK2、BLOCK3、BLOCK4等。最后的数据块为 1~8 字节;

第四步:如果最后的数据块的长度是 8 字节的话,则在该数据块之后再加一个完整的 8 字节数据块"80 00 00 00 00 00 00 00",转到第五步;

第五步:如果最后的数据块的长度不足 8 字节,则在其后加入 16 进制数"80",如果达到 8 字节长度,则转到第六步;否则接着在其后加入 16 进制数"00"直到长度达到 8 字节。按图 2-5 所述的算法对这些数据块使用指定密钥进行加密来产生 MAC;

第六步:最终取计算结果高 4 字节作为 MAC。

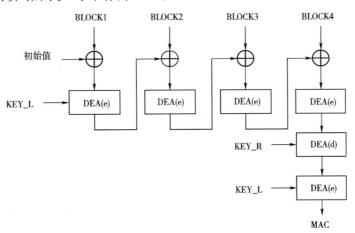

图 2-5 安全报文中双倍长密钥 MAC 算法

2 交易中的 MAC

交易过程中,先用指定密钥产生过程密钥,再用过程密钥计算 MAC,使用 DEA 加密方式产生MAC。按照如下方式使用 DEA 加密方式产生 MAC:

第一步:将一个 8 字节长的初始值设定为 16 进制数"00 00 00 00 00 00 00 00";

第二步:将所有传入数据按指定顺序连接成一个数据块;

第三步:将该数据块分成 8 字节为单位的数据块,表示为 BLOCK1、BLOCK2、BLOCK3、BLOCK4 等。最后的数据块为 1~8 字节;

第四步:如果最后的数据块的长度是 8 字节的话,则在该数据块之后再加一个完整的 8 字节数据块"80 00 00 00 00 00 00 00",转到第五步。如果最后的数据块的长度不足 8 字节,则在其后加入 16 进制数"80",如果达到 8 字节长度,则转到第五步;否则在其后加入 16 进制数"00"直到长度达到 8 字节;

第五步:按照图 2-6 所述的算法对这些数据块使用过程密钥(单倍长度)进行加密来产生 MAC;

第六步:最终取计算结果高 4 字节作为 MAC。

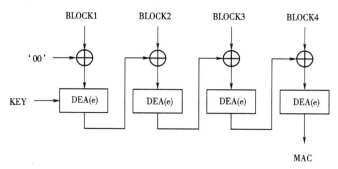

图 2-6 交易中的 MAC 算法

3 双向认证中的鉴别码

此方法为公路电子收费专用,鉴别码的计算方法如下:

1)将文件数据进行 CRC 计算(多项式 $X^{16} + X^{12} + X^5 + 1$,起始 0xFFFF),产生 2 字节 CRC0 和 CRC1;

2)将送入的随机数(8bytes)最低 2 字节分别更换为 CRC1、CRC0,形成 8 字节临时数据;

3)使用计算密钥对 8 字节数据进行加密计算:

$$MAC = TDES(KEY\_MAC, CRC0 || CRC1 || Rand(高6字节))$$

2.4.2 数据的安全计算步骤

数据的安全计算是指对外部提供的数据进行 DES 变换。主要计算有:Triple-DES 加密、Triple-DES MAC 计算。

PSAM 卡中完成数据的安全计算应经过两个步骤:

1 使用 DELIVERY KEY 命令,在卡内准备好参与计算的密钥;

2 使用 CIPHER DATA 命令,用产生的临时密钥对外部提供的数据进行处理。

2.5 应用系统的兼容性

2.5.1 密钥分散

公路电子收费系统采用二级或三级密钥分散,应用程序在处理请求时,应根据"发行方标识"及"密钥分散标识"判断用户终端内密钥的分散级数。"发行方标识"及"密钥分散标识"的详细定义见第二部分"1 关键信息编码"。

2.5.2 扩展目录使用

在公路电子收费 PSAM 卡中,包含三个应用目录(ADF),其中基本应用目录(DF01h)为交通运输部发行的公路电子收费应用目录,装载公路电子收费应用的各种密钥。另外两个是扩展应用目录(DF02h、DF03h),为地方发行的区域应用目录,其文件结构和密钥装载由地方负责,仅在区域内部使用。其中 DF02 目录下的应用主控密钥缺省为 16 个字节的"22h",DF03 目录的缺省应用主控密钥为 16 个字节的"33h"。

2.6 PSAM 卡应用命令集

2.6.1 基本命令

2.6.1.1 EXTERNAL AUTHENTICATE 命令

1 命令描述

EXTERNAL AUTHENTICATE 命令的目的是验证 PSAM 卡外部接口设备的有效性,使接口设备对 PSAM 卡获得某种操作授权。

接口设备提供的认证数据应按以下规则产生:

1)Lc = '08';

2)用 GET CHALLENGE 命令向 PSAM 卡申请一组随机数;

3)用指定密钥对随机数作加密计算,产生认证数据,计算方法见 2.4.1。

2 使用条件和安全

EXTERNAL AUTHENTICATE 命令所使用的密钥(由 P2 参数指定)应满足密钥的访问权限。密钥验证失败时计数器减 1;当计数器减为 0 值时,密钥被锁定。

3 命令报文格式

EXTERNAL AUTHENTICATE 命令报文格式见表 2-6。

表 2-6 EXTERNAL AUTHENTICATE 命令报文格式

代码	数值								
CLA	'00'								
INS	'82'								
P1	'00'								
P2	b8	b7	b6	b5	b4	b3	b2	b1	说明
	0	x	x	x	x	x	x	x	全局密钥标识
	1	x	x	x	x	x	x	x	局部密钥标识
	0	0	0	0	0	0	0	0	当前 DF 下的 MK
Lc	'08'								
DATA	认证数据(8 字节)								
Le	不存在								

4 响应信息

EXTERNAL AUTHENTICATE 命令响应状态码见表 2-7。

2.6.1.2 SELECT FILE 命令

1 命令描述

SELECT FILE 命令通过文件标识或应用名选择 PSAM 卡中的 MF、ADF 或 EF 文件。

成功执行该命令设定 MF 或 ADF 的路径,后续命令作用于与用 SFI 选定的 DDF 或 ADF 相联系的 AEF。

表 2-7 响应信息中的状态码

SW1	SW2	说　　明
90	00	命令执行成功
63	Cx	认证失败,还可尝试 x 次
65	81	写 EEPROM 失败
67	00	Lc 长度错误
69	82	不满足安全状态
69	83	认证密钥锁定
69	84	引用数据无效(未申请随机数)
69	85	使用条件不满足
6A	81	功能不支持
6A	86	P1、P2 参数错
6A	88	未找到密钥数据
6D	00	命令不存在
6E	00	CLA 错
93	03	应用永久锁定

从 IC 卡返回的应答报文包含回送 FCI,FCI 数据从数据分组中获得。

2　使用条件和安全

SELECT FILE 命令无使用条件限制。该命令不能用于选择安全文件(SF)。

3　命令报文格式

SELECT FILE 命令报文格式见表 2-8。

表 2-8　SELECT FILE 命令报文格式

代　码	数　　值
CLA	'00'
INS	'A4'
P1	'00' 通过 FID 选择 DF、EF,当 Lc = '00' 时,选 MF '04' 通过 DF 名选择应用
P2	'00' 第一个或仅有一个 '02' 选择下一个文件(P1 = 04h 时)
Lc	P1 = '00' 时,Lc = '00' 或 '02' P1 = '04' 时,Lc = '05' ~ '10'
DATA	文件标识符(FID—2 字节) 应用名(App-Name,P1 = '04')
Le	FCI 文件的信息长度(选择 DF 时)

4　响应信息

1)成功选择 ADF 后回送的 FCI 见表 2-9。

表 2-9 成功选择 ADF 后回送的 FCI

标　　签	值		存　在　性
'6F'	FCI 模板		M
	'84'	DF 名	M

2）响应信息中的状态码见表 2-10。

表 2-10 响应信息中的状态码

SW1	SW2	说　　明
90	00	命令执行成功
62	83	选择文件无效
62	84	FCI 格式与 P2 指定的不符
64	00	标志状态位没变
67	00	Lc 长度错误
6A	81	功能不支持
6A	82	未找到文件
6A	86	P1、P2 参数错
6A	87	Lc 与 P1、P2 不匹配
6D	00	命令不存在
6E	00	CLA 错
93	03	应用永久锁定

2.6.1.3 READ RECORD 命令

1　命令描述

READ RECORD 命令读记录文件中指定的记录。

2　使用条件和安全

READ RECORD 命令的执行应满足相应文件的读条件和读属性。

3　命令报文格式和命令引用控制参数

1）READ RECORD 命令报文格式见表 2-11。

表 2-11 READ RECORD 命令报文格式

代　码	值	代　码	值
CLA	'00'	Lc	不存在
INS	'B2'	Data	不存在
P1	记录的序号	Le	'00'
P2	引用控制参数（见表 2-12）		

2）READ RECORD 命令引用控制参数见表 2-12。

表 2-12 READ RECORD 命令引用控制参数

b8	b7	b6	b5	b4	b3	b2	b1	含义
x	x	x	x	x				SFI
					1	0	0	P1 为记录的序号

4 响应信息

所有执行成功的 READ RECORD 命令响应报文数据域由读取的记录组成。

响应信息中的状态码见表 2-13。

表 2-13 响应信息中的状态码

SW1	SW2	说　　明
90	00	命令执行成功
61	XX	还有 XX 字节需要返回
65	81	写 EEPROM 失败
67	00	Lc 长度错误
69	81	当前文件不是记录文件
69	82	不满足安全状态
69	83	认证密钥锁定
69	84	引用数据无效（未申请随机数）
69	85	使用条件不满足
69	86	没有选择当前文件
69	88	安全信息（MAC 和加密）数据错误
6A	81	功能不支持
6A	82	未找到文件
6A	83	未找到记录
6A	85	Lc 与 TLV 结构不匹配
6A	86	P1、P2 参数错
6A	88	未找到密钥数据
6C	XX	Le 错误，'XX'表示实际长度
6D	00	命令不存在
6E	00	CLA 错
93	03	应用永久锁定

2.6.1.4 UPDATE RECORD 命令

1 命令描述

UPDATE RECORD 命令用给定的数据代替记录文件中指定的记录。

对线性记录文件，可按记录号顺序添加记录。

2 使用条件和安全

UPDATE RECORD 命令的执行应满足相应文件的改写条件和改写属性。

3 命令报文格式

UPDATE RECORD 命令报文格式见表 2-14。

表 2-14　UPDATE RECORD 命令报文格式

代码	值	代码	值
CLA	'00' 或 '04'	Lc	后续数据域长度
INS	'DC'	Data	传入数据
P1	P1 = '00':表示当前记录, P1 ≠ '00':指定的记录号	Le	不存在
P2	见表 2-15		

UPDATE RECORD 命令引用控制参数见表 2-15。

表 2-15　UPDATE RECORD 命令引用控制参数

b8	b7	b6	b5	b4	b3	b2	b1	含义
x	x	x	x	x				SFI
					0	0	0	第一个记录
					0	0	1	最后一个记录
					0	1	0	下一个记录
					0	1	1	上一个记录
					1	0	0	记录号在 P1 中给出
其余值								RFU

4　命令报文数据域

命令报文数据域由更新原有记录的新记录组成。使用安全报文时,命令报文的数据域中应包括 MAC。MAC 是由卡片维护密钥或应用维护密钥对更新原有记录的新记录计算而得到的。

5　响应信息

响应信息中的状态码见表 2-16。

表 2-16　响应信息中的状态码

SW1	SW2	说　明
90	00	命令执行成功
65	81	写 EEPROM 失败
67	00	Lc 长度错误
69	81	当前文件不是记录文件
69	82	不满足安全状态
69	83	认证密钥锁定
69	84	引用数据无效(未申请随机数)
69	85	使用条件不满足
69	86	未选择文件
69	88	安全信息(MAC 和加密)数据错误
6A	81	功能不支持
6A	82	未找到文件
6A	83	未找到记录

续上表

SW1	SW2	说　明
6A	85	Lc 与 TLV 结构不匹配
6A	86	P1、P2 参数错
6A	88	未找到密钥数据
6D	00	命令不存在
6E	00	CLA 错
93	03	应用永久锁定

2.6.1.5 READ BINARY 命令

1 命令描述

READ BINARY 命令用于读出透明文件的内容。

2 使用条件和安全

READ BINARY 命令的执行应满足访问文件的读权限和控制属性。

3 命令报文格式

1）READ BINARY 命令报文格式见表 2-17。

表 2-17　READ BINARY 命令报文格式

代　码	数　值								
CLA	'00' 或 '04'								
INS	'B0'								
P1	b8	b7	b6	b5	b4	b3	b2	b1	说　明
	0	x	x	x	x	x	x	x	当前文件高位地址
	1	0	0	x	x	x	x	x	通过 SFI 方式访问
P2	若 P1 的 b8=0，P2 为文件的低位地址 若 P1 的 b8=1，P2 为文件地址								
Lc	1）不存在——明文方式 2）'04'——校验方式								
DATA	1）不存在 2）MAC								
Le	期望返回的数据长度								

2）命令/响应格式见表 2-18。

表 2-18　命令/响应格式

CER	CIPH	命　令	响　应
0	0	00 B0 P1 P2 Le	明文数据 ‖ SW1 SW2
0	1	04 B0 P1 P2 Le	密文数据 ‖ SW1 SW2
1	0	04 B0 P1 P2 Lc MAC Le	明文数据 ‖ SW1 SW2
1	1	04 B0 P1 P2 Lc MAC Le	密文数据 ‖ SW1 SW2

4 响应信息

响应信息中的数据为明文或密文数据。

响应信息中的状态码见表2-19。

表2-19 响应信息中的状态码

SW1	SW2	说　　明
90	00	命令执行成功
61	XX	还有XX字节要返回
62	81	部分回送的数据可能有错
62	82	文件长度＜Le
65	81	写EEPROM失败
67	00	Lc长度错误
69	81	当前文件不是透明文件
69	82	不满足安全状态
69	83	认证密钥锁定
69	84	引用数据无效（未申请随机数）
69	85	使用条件不满足
69	86	没有选择当前文件
69	88	安全信息（MAC和加密）数据错误
6A	81	功能不支持
6A	82	未找到文件
6A	86	P1、P2参数错
6A	88	未找到密钥数据
6B	00	起始地址超出范围
6C	XX	Le长度错误，'XX'表示实际长度
6D	00	命令不存在
6E	00	CLA错
93	03	应用永久锁定

2.6.1.6　UPDATE BINARY 命令

1　命令描述

UPDATE BINARY命令用于更新透明文件中的数据。

2　使用条件和安全

UPDATE BINARY命令的执行应满足文件的访问权限和写控制属性。

3　命令报文格式

UPDATE BINARY命令报文格式见表2-20。

表 2-20 UPDATE BINARY 命令报文格式

代 码	数 值								
CLA	'00' 或 '04'								
INS	'D6'								
P1	b8	b7	b6	b5	b4	b3	b2	b1	说 明
	0	x	x	x	x	x	x	x	当前文件高位地址
	1	0	0	x	x	x	x	x	通过 SFI 方式访问
P2	若 P1 的 b8 = 0,P2 为文件的低位地址 若 P1 的 b8 = 1,P2 为文件地址								
Lc	DATA 域的长度: 明文方式:'00' < Lc ≤ 'FF' 加密方式:'08' ≤ Lc ≤ '48'(模8) 校验方式:'04' < Lc ≤ '44' 校验加密方式:'0C' ≤ Lc ≤ '4C'(模8+4)								
DATA	明文方式:明文数据 加密方式:密文数据 校验方式:明文数据‖校验码 校验加密方式:密文数据‖校验码								
Le	不存在								

4 响应信息

响应信息中的状态码见表 2-21。

表 2-21 响应信息中的状态码

SW1	SW2	说 明
90	00	命令执行成功
65	81	写 EEPROM 失败
67	00	Lc 长度错误
69	81	当前文件不是透明文件
69	82	不满足安全状态
69	83	认证密钥锁定
69	84	引用数据无效(未申请随机数)
69	85	使用条件不满足
69	86	未选择文件
69	88	安全信息(MAC 和加密)数据错误
6A	81	功能不支持
6A	82	未找到文件
6A	86	P1、P2 参数错
6A	88	未找到密钥数据
6B	00	起始地址超出范围
6D	00	命令不存在
6E	00	CLA 错
93	03	应用永久锁定

2.6.1.7 GET CHALLENGE 命令

1 命令描述

GET CHALLENGE 命令从 PSAM 卡中获取一组随机数，用于相关命令的安全认证。

2 使用条件和安全

GET CHALLENGE 命令无使用条件限制。

3 命令后文格式

GET CHALLENGE 命令报文格式见 2-22。

表 2-22 GET CHALLENGE 命令报文格式

代 码	数 值	代 码	数 值
CLA	'00'	Lc	不存在
INS	'84'	DATA	不存在
P1	'00'	Le	'04'、'08' 或 '10' 随机数长度
P2	'00'		

4 响应信息

响应信息中的状态码见表 2-23。

表 2-23 响应信息中的状态码

SW1	SW2	说 明
90	00	命令执行成功
67	00	Le 长度错误
6A	81	功能不支持
6A	86	P1、P2 参数错
6D	00	命令不存在
6E	00	CLA 错

2.6.1.8 GET RESPONSE 命令

1 命令描述

GET REPONSE 命令从 PSAM 卡中向接口设备传送 APDU 的数据。

2 使用条件和安全

GET REPONSE 命令无使用条件限制。

3 命令报文格式

GET RESPONSE 命令报文格式见表 2-24。

表 2-24 GET RESPONSE 命令报文格式

代 码	数 值	代 码	数 值
CLA	'00'	Lc	不存在
INS	'C0'	DATA	不存在
P1	'00'	Le	响应的最大数据长度
P2	'00'		

4 响应信息

响应信息中的状态码见表2-25。

表2-25 响应信息中的状态码

SW1	SW2	说 明
90	00	命令执行成功
61	XX	还有XX字节需要返回
62	81	回送数据可能有错
67	00	Lc或Le长度错误
6A	86	P1、P2参数错
6C	XX	长度错误,'XX'表示实际长度
6D	00	命令不存在
6E	00	CLA错
6F	00	数据无效

2.6.2 扩展命令

2.6.2.1 APPLICATION UNBLOCK 命令

1 命令描述

APPLICATION UNBLOCK命令用于恢复当前应用。当命令成功完成后,对应用访问的限制将被取消,利用消费密钥校验MAC2的错误计数器将被重置。

2 使用条件和安全

此命令只能在金融应用环境下执行。

APPLICATION UNBLOCK命令执行前应执行GET CHANLLENGE命令,取得4字节的随机数。

APPLICATION UNBLOCK命令的执行采用校验模式。计算校验码使用的KEY为ADF文件中的BLK-KID密钥。执行此命令应满足BLK-KID密钥的访问权限。

如果应用解锁连续失败三次,卡将永久锁定此应用。

3 命令报文格式

APPLICATION UNBLOCK命令报文格式见表2-26。

表2-26 APPLICATION UNBLOCK命令报文格式

代 码	数 值	代 码	数 值
CLA	'84'	Lc	'04'
INS	'18'	DATA	信息认证码(MAC)
P1	'00'	Le	不存在
P2	'00'		

4 响应信息

响应信息中的状态码见表2-27。

表 2-27 响应信息中的状态码

SW1	SW2	说　　明
90	00	命令执行成功
62	81	回送数据出错
62	83	选择文件无效
64	00	状态标志位未变
65	81	写 EEPROM 失败
67	00	Lc 长度错误
69	00	无信息提供
69	82	不满足安全状态
69	84	引用数据无效（未申请随机数）
69	85	使用条件不满足
69	88	安全信息（MAC）数据错误
6A	81	功能不支持
6A	86	P1、P2 参数错
6A	88	未找到密钥数据
6D	00	命令不存在
6E	00	CLA 错
93	03	应用永久锁定

2.6.2.2　CIPHER DATA 命令

1　命令描述

CIPHER DATA 命令用于对传入数据进行安全计算，支持的安全计算包括：DES 加密解密、DES 计算 MAC、3DES 加密解密、3DES 计算 MAC。加解密采用 ECB 模式，计算 MAC 采用 CBC 模式。

2　使用条件和安全

CIPHER DATA 命令的执行应以 DELIVERY KEY 命令为前提条件，即该命令的上一条命令应是 DELIVERY KEY。该命令所使用的 KEY，固定为临时密钥寄存器中的 KEY。

本命令成功执行后，临时密钥寄存器中的 KEY 立刻失效。

3　命令报文格式

CIPHER DATA 命令报文格式见表 2-28。

表 2-28　CIPHER DATA 命令报文格式

代　码	数　　值
CLA	'80'
INS	'FA'
P1	'00' 加密计算 '05' 唯一一块 MAC 计算 '08' 交通运输部 MAC 计算 '80' 无后续块解密
P2	'00'

续上表

代 码	数 值
Lc	P1 = '08' 时：Lc≥9 P1 = 其他值： DES 算法：Lc 应是 8 的整数倍
DATA	安全计算数据。 若 P1 = '05'，则第一个数据块为 MAC 计算初始值（DES 算法的 MAC 计算初始值长度为 8 字节）； 若 P1 = '08' 时，随机数（8 字节）+ 文件数据
Le	不存在

4 响应信息

响应信息中的状态码见表2-29。

表2-29 响应信息中的状态码

SW1	SW2	说 明
90	00	命令执行成功
61	xx	有 xx 字节要返回
67	00	Lc 长度错误
69	01	DELIVERY KEY 命令没有执行或无效
69	85	使用条件不满足
6A	81	功能不支持
6A	86	P1、P2 参数错
6D	00	命令不存在
6E	00	CLA 错
93	03	应用永久锁定

2.6.2.3　CREDIT SAM FOR PURCHASE 命令（校验 MAC2）

1　命令描述

CREDIT SAM FOR PURCHASE 命令利用 INIT SAM FOR PURCHASE 命令产生的过程密钥 SESPK 校验 MAC2。MAC2 校验失败，计算 MAC2 的 KEY 限制计数器减1，并回送状态码'63Cx'。当 KEY 限制计数器减为 0 值时，锁定当前应用，可通过应用维护密钥解锁锁定应用。CREDIT SAM FOR PURCHASE 命令成功后，SAM 卡将应用中的消费交易序号加1。卡片的状态在命令执行后将复原为 MAC1 校验前的状态。用于 MAC2 计算的数据，可参照《中国金融集成电路（IC）卡规范》（JR/T 0025）。

2　使用条件和安全

CREDIT SAM FOR PURCHASE 命令应在 INIT SAM FOR PURCHASE 命令成功执行后才能进行。

3　命令报文格式

CREDIT SAM FOR PURCHASE 命令报文格式见表2-30。

表 2-30 CREDIT SAM FOR PURCHASE 命令报文格式

代 码	值	代 码	值
CLA	'80'	Lc	'04'
INS	'72'	Data	MAC2
P1	'00'	Le	不存在
P2	'00'		

4 响应信息

响应信息中的状态码见表 2-31。

表 2-31 响应信息中的状态码

SW1	SW2	含 义
90	00	命令成功执行
67	00	Lc 长度错
69	01	命令不接受(无效状态)
69	85	使用条件不满足(应用临时锁定)
6A	81	功能不支持(卡锁定)
6A	86	参数 P1、P2 不正确
6D	00	命令不存在
6E	00	CLA 错
93	02	MAC 无效
93	03	应用永久锁定

2.6.2.4 DELIVERY KEY 命令

1 命令描述

DELIVERY KEY 命令将指定的 KEY 分散至临时密钥寄存器中。该命令只支持分散 KEY,不产生过程 KEY。分散后的子 KEY 继承原始 KEY 的属性。

2 使用条件和安全

DELIVERY KEY 命令的执行应满足 KEY 的访问属性。

3 命令报文格式

DELIVERY KEY 命令报文格式见表 2-32。

表 2-32 DELIVERY KEY 命令报文格式

代 码	数 值
CLA	'80'
INS	'1A'
P1	密钥用途
P2	密钥标识
Lc	分散数据长度 '00',分散级数为 0 时 '08',分散级数为 1 时 '10',分散级数为 2 时 '18',分散级数为 3 时 其他值保留
DATA	Lc = '00' 不存在 Lc ≠ '00' 分散因子
Le	不存在

4 响应信息

响应信息中的状态码见表2-33。

表2-33 响应信息中的状态码

SW1	SW2	说　　明
90	00	命令执行成功
67	00	Lc长度错误
69	82	不满足安全状态
69	83	认证密钥锁定
69	85	使用条件不满足
6A	81	功能不支持
6A	86	P1、P2参数错
6A	88	未找到密钥数据
6D	00	命令不存在
6E	00	CLA错
93	03	应用永久锁定

2.6.2.5 INIT SAM FOR PURCHASE 命令（计算MAC1）

1 命令描述

INIT SAM FOR PURCHASE 命令支持最多三级消费密钥分散机制，并产生 MAC1。

在公路电子收费的应用中，使用了二级消费密钥分散机制，即使用地区分散因子和用户卡卡片序列号进行密钥分散。

PSAM 卡产生脱机交易流程中 MAC1 的过程如下：

a）PSAM 在其内部用 GMPK（国家级消费主密钥）对地区分散因子分散，得到二级消费主密钥 BMPK；

b）PSAM 在其内部用 BMPK 对卡片应用序列号分散，得到卡片消费子密钥 DPK；

c）PSAM 在其内部用 DPK 对卡片传来的伪随机数、脱机交易序号、终端交易序号加密，得到过程密钥 SESPK，作为临时密钥存放在卡中；

d）PSAM 在其内部用 SESPK 对交易金额、交易类型标识、终端机编号、交易日期（终端）和交易时间（终端）加密得到 MAC1，将 MAC1 传送出去。

2 使用条件和安全

INIT SAM FOR PURCHASE 命令支持三级消费密钥分散机制。消费密钥的分散过程由 Lc 和消费密钥共同确定，如果二者不一致，则返回错误信息。只有执行 INIT SAM FOR PURCHASE 命令成功后，才可执行 MAC2 校验命令。

3 命令报文格式

INIT SAM FOR PURCHASE 命令报文格式见表2-34。

表2-34 INIT SAM FOR PURCHASE 命令报文格式

代　　码	值
CLA	'80'
INS	'70'
P1	'00'
P2	'00'

续上表

代码	值
Lc	14h + 8 × N (N = 1, 2, 3)
Data	用户卡随机数,4 字节 用户卡交易序号,2 字节 交易金额,4 字节 交易类型标识,1 字节 交易日期(终端),4 字节 交易时间(终端),3 字节 消费密钥版本号,1 字节 消费密钥算法标识,1 字节 用户卡应用序列号,8 字节 分散因子的选取规则按第二部分"1　关键信息编码"执行
Le	'08'(终端交易序号,4 字节;MAC1,4 字节)

4　响应信息

响应信息中的状态码见表 2-35。

表 2-35　响应信息中的状态码

SW1	SW2	含　义
90	00	命令执行成功
67	00	Lc 长度错
69	85	使用条件不满足(应用非永久锁定)
6A	81	功能不支持(卡锁定)
6A	86	参数 P1、P2 不正确
6A	88	未找到密钥参数
6D	00	命令不存在
6E	00	CLA 错
93	03	应用永久锁定

2.6.2.6　WRITE KEY 命令

1　命令描述

WRITE KEY 命令装载或更新 PSAM 卡中的密钥。

2　使用条件和安全

执行 WRITE KEY 命令前,先要执行 GET CHANLLEGE 命令。WRITE KEY 命令数据域中的密钥信息内容:

密钥用途　　　　1 字节
密钥版本　　　　1 字节
密钥算法标识　　1 字节
密钥值　　　　　8 字节或 16 字节

3　命令报文格式

WRITE KEY 命令报文格式见表 2-36。

表 2-36 WRITE KEY 命令报文格式

代　码	值	代　码	值
CLA	'84'	Lc	'14' 或 '1C'
INS	'D4'	Data	密文密钥信息 ‖ MAC
P1	'00'	Le	不存在
P2	'00'		

4　响应信息

响应信息中的状态码见表 2-37。

表 2-37　响应信息中的状态码

SW1	SW2	含　义
90	00	命令执行成功
65	81	内存失败
67	00	Lc 长度错
69	83	认证密钥锁定
69	84	引用数据无效（未取随机数）
69	85	使用条件不满足（应用非永久锁定）
69	88	安全报文数据项不正确
6A	80	数据域参数不正确
6A	81	功能不支持（卡锁定）
6A	86	参数 P1、P2 不正确
6A	88	未找到密钥参数
6D	00	命令不存在
6E	00	CLA 错
93	03	应用永久锁定

3 CPU 用户卡数据格式和技术要求

3.1 用户卡基本要求

3.1.1 基本功能要求

CPU 用户卡应满足以下功能要求：

1 具有 COS 的 CPU 卡；
2 支持一卡多用，各应用之间相互独立；
3 支持多种文件类型,包括二进制文件、定长记录文件、变长记录文件、循环文件；
4 采用硬件 DES 协处理器和硬件真随机数发生器；
5 在通信过程中支持多种安全保护机制(信息的机密性和完整性保护)；
6 支持多种安全访问方式和权限(认证功能和口令保护)；
7 支持 JR/T 0025 所规定的 Single DES、Triple DES 算法；
8 支持 JR/T 0025 中规定的电子钱包和电子存折功能；
9 支持 JR/T 0025 中规定的复合消费功能。

3.1.2 基本参数要求

CPU 用户卡应满足以下参数要求：

1 用户卡存储容量应不低于 8kbytes,芯片为 EEPROM；
2 非接触界面复位信息(ATS)应遵循 ISO/IEC 14443；
3 非接触界面通信速率应不低于 106kbit/s；
4 接触界面应支持 PPS,握手通信速率从 9600bit/s 开始,可以支持更高通信速率；
5 接触界面传输协议应支持 $T=0$ 协议；
6 交易记录符合《收费公路联网收费技术要求》的规定；
7 用户卡应支持文件标识符选择目录方式；
8 非接触工作频率应为 13.56MHz ± 7kHz；
9 电子钱包消费交易在接触方式,时钟 3.579MHz 时,电子钱包消费交易(消费/取现命令)时间应小于 70ms。
10 其他物理特性和电气特性应符合 GB/T 16649.1 和 ISO/IEC 14443 的规定。

环境条件要求如下：

1 工作温度：一般要求 -20 ~ +70℃(寒区 -40 ~ +70℃)；
2 存储温度：-40 ~ +70℃；
3 相对工作湿度:5% ~ 95%。

3.1.3 电气特性

1 用户卡接触界面应能支持 3V 或 1.8V 两类工作电压；
2 卡片接触界面时钟最高应能够支持 7.5MHz 或更高。

3.1.4 其他要求

1 卡片应通过具有相关检测资质的第三方机构的检测；

2 双界面卡为单一芯片,支持双接口,保证接触方式和非接触方式访问的资源是一致的,对芯片的操作与操作方式无关,接触和非接触都可以对相同数据区读写,可以对同一个电子钱包/电子存折操作;

3 卡片严格按照 JR/T 0025 中的指令和安全机制,实现读写设备对多个厂商卡片的兼容。

3.2 用户卡数据格式

3.2.1 CPU 用户卡文件结构

1 CPU 用户卡的文件结构见图 3-1。

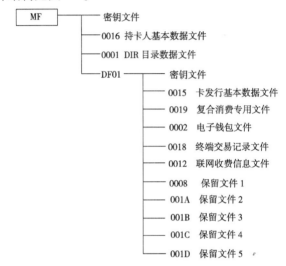

图 3-1 CPU 用户卡文件结构图

2 CPU 用户卡详细文件结构见表 3-1。

表 3-1 CPU 用户卡详细文件结构

文件名称	文件类型	文件标识符	读权	写权	备注
MF	主文件	3F00		建立权:MK_{MF}	厂商交货时已经建立
密钥文件	密钥文件	—	禁止	增加密钥权:MK_{MF}	禁止读,通过卡片主控密钥 MK_{MF} 采用密文+MAC 方式写入密钥
持卡人基本数据文件	二进制文件	0016	自由	$DAMK_{MF}$	自由读,写时使用卡片维护密钥 $DAMK_{MF}$ 进行线路保护(明文+MAC)
DIR 目录数据文件	变长记录	0001	自由	$DAMK_{MF}$	自由读,写时使用卡片维护密钥 $DAMK_{MF}$ 进行线路保护(明文+MAC)
DF01 联网收费应用目录	目录文件	1001	建立权 MK_{MF}	擦除权 MK_{MF}	卡片主控密钥 MK_{MF} 认证通过后可以建立和擦除文件
密钥文件	密钥文件	—	禁止	增加密钥权 MK_{DF01}	禁止读,通过应用主控密钥 MK_{DF01} 采用密文+MAC 方式写入密钥

续上表

文件名称	文件类型	文件标识符	读权	写权	备注
卡片发行基本数据文件	二进制文件	0015	自由	$DAMK\_{DF01}$	自由读,写时使用应用维护密钥 $DAMK\_{DF01}$ 进行线路保护(明文 + MAC)
复合消费专用文件	变长记录文件	0019	自由	$DAMK\_{DF01}$	自由读,写时使用应用维护子密钥 $DAMK\_{DF01}$ 线路保护(明文 + MAC)或 UPDATE CAPP DATA CACHE 方式写
电子钱包文件	专用钱包	0002	自由	COS 维护	读写权限与状态寄存器无关;自由读;消费子密钥 DPK 认证后可进行扣款;圈存子密钥 DLK 认证后可充值
终端交易记录文件	循环文件	0018	PIN	不可写 COS 维护	PIN 验证通过后可读
联网收费信息文件	二进制文件	0012	自由	UK_{DF01}	自由读,外部认证 UK_{DF01} 通过后可以写,无线路保护
保留文件1	二进制文件	0008	自由	UK_{DF01}	外部认证 UK_{DF01} 通过后可以写,无线路保护
保留文件2	变长记录文件	001A	自由	$DAMK\_{DF01}$	自由读,写时使用应用维护子密钥 $DAMK\_{DF01}$ 线路保护(明文 + MAC)或 UPDATE CAPP DATA CACHE 方式写
保留文件3	变长记录文件	001B	自由	UK_{DF01}	外部认证 UK_{DF01} 通过后可以写,无线路保护
保留文件4	二进制文件	001C	自由	UK_{DF01}	外部认证 UK_{DF01} 通过后可以写,无线路保护
保留文件5	二进制文件	001D	自由	UK_{DF01}	外部认证 UK_{DF01} 通过后可以写,无线路保护

3 说明:

1)考虑到各省不同的应用扩展,增加保留文件2,用于实现各省市对所有的卡片(包含外省市)进行读写操作,通过复合消费指令完成,以变长记录的形式保存;其中复合应用类型标识符指定为各省行政区划代码,以区分各省市的不同应用;

2)考虑到各省不同的应用扩展,增加保留文件3,用于实现各省市对所有的卡片(包含外省市)进行读写操作,通过外部认证完成,以变长记录的形式保存;其中应用类型标识符指定为各省行政区划代码,以区分各省市的不同应用;

3)保留文件1、4、5为全国统一应用的预留文件,可通过外部认证完成写入,各省自定义应用不得擅自使用;

4)只针对本省市发行卡片进行读写的扩展应用,各省市可自定义文件标识,但不能与现有定义冲突,并应提前向标准编制单位申请备案。

3.2.2 CPU 用户卡数据文件说明

1 MF 下密钥文件结构见表 3-2。

表 3-2 MF 下密钥文件结构

密钥名称	密钥标识	密钥长度(字节)	错误计数器
卡片主控密钥 MK$_{MF}$	00	10H	3
卡片维护密钥 DAMK$_{MF}$	01	10H	3

密钥用途与用法：

1）制造主密钥外部认证通过后，使用密钥更新命令将其替换成卡片主控密钥；

2）卡片主控密钥在自身的控制下更新(密文+MAC)；

3）卡片主控密钥外部认证通过后，可在卡片 MF 下进行文件创建(创建持卡人基本数据文件、DIR 目录数据文件等)，并可以对 MF 下密钥文件进行更新；

4）卡片维护子密钥在卡片主控密钥线路保护控制下装载、更新；

5）卡片维护子密钥用于 MF 区域的应用数据(持卡人数据文件)维护，持卡人数据文件在卡片维护密钥的安全报文方式下(线路保护)写；

6）卡片 DF01 下密钥文件的应用主控密钥在卡片主控密钥的线路保护控制下装载(密文+MAC)。

2 DF01 联网收费应用目录下密钥文件结构见表 3-3。

表 3-3 DF01 联网收费应用目录下密钥文件结构

密钥名称	密钥标识	密钥长度(字节)	算法标识	错误计数器
应用主控密钥 MK_DF01	00	10H	00	3
应用维护子密钥 DAMK_DF01	01	10H	00	3
外部认证子密钥 UK_DF01	01	10H	00	3
消费子密钥 1 DPK1	01	10H	00	—
消费子密钥 2 DPK2	02	10H	00	—
圈存子密钥 1 DLK1	01	10H	00	—
圈存子密钥 2 DLK2	02	10H	00	—
TAC 子密钥 DTK	00	10H	00	—
应用 PIN	00	06H	—	3
应用 PIN 解锁子密钥 DPUK_DF01	00	10H	00	3
应用 PIN 重装子密钥 DRPK_DF01	01	10H	00	3

密钥用途与用法：

1）应用主控密钥在卡片主控密钥的线路保护控制下装载(密文+MAC)；

2）应用主控密钥在自身的控制下更新(密文+MAC)；

3）本密钥文件下其他密钥在应用主控密钥的线路保护控制下装载、更新(密文+MAC)；

4）应用主控密钥外部认证通过后，可以在 DF01 目录下进行文件创建(密钥文件、卡片发行基本数据文件、联网收费信息文件、钱包文件、终端交易记录文件、保留文件等)；

5）应用维护子密钥用于 DF01 区域的应用数据维护；

6）外部认证子密钥认证通过后可对 DF01 下的联网收费信息文件、保留文件等进行更新；

7）消费子密钥用于扣款认证操作，圈存子密钥用于充值认证操作，TAC 子密钥用于交易成功后产生 TAC 交易认证码；

8）应用 PIN 为个人口令密钥，用于电子钱包充值及读取终端交易记录，在卡片初始化时由系统设定一个默认值(如"123456")。

3 持卡人基本数据文件结构见表3-4。

表3-4 持卡人基本数据文件结构

文件标识符	0016		
文件类型	二进制文件		
文件主体空间	55 字节		
操作权限	自由读,DAMK_{MF}线路保护写(明文 + MAC)		
字节	数据元	长度(字节)	说明
1	持卡人身份标识	1	自定义
2	本系统职工标识	1	自定义
3~22	持卡人姓名	20	持卡人姓名,编码见 GB 2312
23~54	持卡人证件号码	32	持卡人证件号码
55	持卡人证件类型	1	见《收费公路联网收费技术要求》

4 卡片发行基本数据文件结构见表3-5。

表3-5 卡片发行基本数据文件结构

文件标识符	0015		
文件类型	二进制文件		
文件主体空间	43 字节		
操作权限	自由读,DAMK_{DF01}线路保护写(明文 + MAC)		
字节	数据元	长度(字节)	说明
1~8	发卡方标识	8	见第二部分"1 关键信息编码"
9	卡片类型	1	见《收费公路联网收费技术要求》
10	卡片版本号	1	记录发行版本号,升级用
11~12	卡片网络编号	2	见第二部分"1 关键信息编码"
13~20	CPU 卡内部编号	8	见第二部分"1 关键信息编码"
21~24	启用时间	4	格式:CCYYMMDD
25~28	到期时间	4	格式:CCYYMMDD
29~40	车牌号码	12	见《收费公路联网收费技术要求》
41	用户类型	1	见 GB/T 20851.4
42~43	发卡自定义 FCI 数据	2	不使用,用 0x0000 填充

5 复合消费专用文件结构见表3-6。

表3-6 复合消费专用文件结构

文件标识符	0019
文件类型	变长记录文件
文件大小	43字节
操作权限	自由读,写时使用应用维护子密钥 $DAMK\_{DF01}$ 线路保护(明文 + MAC)或UPDATE CAPP DATA CACHE方式

字节	数据元	长度(字节)	说　明
1	复合应用类型标识符	1	为了使卡片在全国范围内通用,需要统一该标识,指定为固定值0xAA
2	记录长度	1	
3	应用锁定标志	1	
4~5	入口收费路网号	2	见《收费公路联网收费技术要求》
6~7	入口收费站号	2	见《收费公路联网收费技术要求》
8	入口收费车道号	1	见《收费公路联网收费技术要求》
9~12	入口时间	4	UNIX时间*
13	车型	1	见《收费公路联网收费技术要求》
14	入出口状态	1	见《收费公路联网收费技术要求》
15~23	标识站	9	见《收费公路联网收费技术要求》
24~26	收费员工号	3	二进制方式存放入口员工号后六位
27	入口班次	1	MTC车道收费班次
28~39	车牌号码	12	见《收费公路联网收费技术要求》
40~43	预留	4	

注*:UNIX时间是UNIX或类UNIX系统使用的时间表示方式,从格林尼治标准时间1970年1月1日0时0分0秒起至现在的总秒数,不包括闰秒。

6　电子钱包文件结构见表3-7。

表3-7 电子钱包文件结构

文件标识符	0002
文件类型	电子钱包文件,循环记录
文件主体空间	COS自定义
操作权限	自由读,写权COS维护

字节	数据元	长度(字节)	说　明
COS自定义	金额	COS自定义	电子钱包当前金额

7　终端交易记录文件结构见表3-8。

表 3-8 终端交易记录文件结构

文件标识符	0018
文件类型	循环记录文件
文件主体空间	记录长度为 23 字节,50 条交易记录
操作权限	COS 管理,外部不可写,读取需要 PIN 验证

字节	数据元	长度(字节)	说明
1~2	联机交易序号	2	CPU 卡内产生的交易流水号
3~5	透支限额	3	透支限额
6~9	交易金额	4	交易金额
10	交易类型标识	1	圈存;消费
11~16	终端机编号	6	通过网络标识的终端机唯一编码
17~20	交易日期	4	格式:CCYYMMDD
21~23	交易时间	3	格式:HHMMSS

8 联网收费信息文件为传统消费模式下的收费信息文件,在复合消费模式下无效,详细文件结构见表 3-9。

表 3-9 联网收费信息文件结构

文件标识符	0012
文件类型	二进制文件
文件主体空间	40 字节
操作权限	自由读,外部认证 UK_{DF01} 通过后可写

字节	数据元	长度(字节)	说明
1~2	入口收费路网号	2	见《收费公路联网收费技术要求》
3~4	入口收费站号	2	见《收费公路联网收费技术要求》
5	入口收费车道号	1	见《收费公路联网收费技术要求》
6~9	入口时间	4	UNIX 时间
10	车型	1	见《收费公路联网收费技术要求》
11	入出口状态	1	见《收费公路联网收费技术要求》
12~20	标识站	9	见《收费公路联网收费技术要求》
21~23	收费员工号	3	二进制方式存放入口员工号后六位
24	入口班次	1	MTC 车道收费班次
25~36	车牌号码	12	见《收费公路联网收费技术要求》
37~40	预留	4	

9 保留文件 1 的文件结构见表 3-10。

表 3-10　保留文件 1 的文件结构

文件标识符	0008
文件类型	二进制文件
文件主体空间	128 字节
操作权限	读写(自由读,外部认证密钥认证通过后可写)

字节	数据元	长度(字节)	说　明
1~128	保留	128	保留的应用扩展数据单元

10　保留文件 2 的文件结构见表 3-11。

表 3-11　保留文件 2 的文件结构

文件标识符	001A
文件类型	变长记录文件
文件大小	1024 字节
操作权限	自由读,写时使用应用维护子密钥 DAMK_{DF01}线路保护(明文 + MAC)或 UPDATE CAPP DATA CACHE 方式

字节	数据元	长度(字节)	说　明
1	复合应用类型标识符	1	为了使卡片在全国范围内进行辨识,该标识指定为各省行政区划代码,以区分各省自定义应用
2	记录长度	1	
3	应用锁定标志	1	
4~33	预留	30	

11　保留文件 3 的文件结构见表 3-12。

表 3-12　保留文件 3 的文件结构

文件标识符	001B
文件类型	变长记录文件
文件大小	1024 字节
操作权限	自由读,外部认证 UK_{DF01}通过后可以写,无线路保护

字节	数据元	长度(字节)	说　明
1	应用类型标识符	1	为了使卡片在全国范围内进行辨识,该标识指定为各省行政区划代码,以区分各省自定义应用
2	记录长度	1	
3	应用锁定标志	1	
4~33	预留	30	

12　保留文件 4 的文件结构见表 3-13。

表 3-13 保留文件 4 的文件结构

文件标识符	001C		
文件类型	二进制文件		
文件主体空间	255 字节		
操作权限	读写（自由读，外部认证密钥认证通过后可写）		
字节	数据元	长度（字节）	说明
1~255	保留	255	保留的应用扩展数据单元

13 保留文件 5 的文件结构见表 3-14。

表 3-14 保留文件 5 的文件结构

文件标识符	001D		
文件类型	二进制文件		
文件主体空间	255 字节		
操作权限	读写（自由读，外部认证密钥认证通过后可写）		
字节	数据元	长度（字节）	说明
1~255	保留	255	保留的应用扩展数据单元

3.3 数据编码定义

其他未说明的数据编码，应符合《收费公路联网收费技术要求》的规定。

3.4 用户卡应用指令

用户卡应用指令应符合 JR/T 0025 的规定。

4 OBE-SAM 数据格式和技术要求

4.1 OBE-SAM 的主要功能及参数要求

OBE-SAM 的主要功能如下：
1. 数据安全存储功能；
2. 数据安全读取功能；
3. 硬件 DES 协处理器；
4. TDES 加解密计算功能；
5. TDES MAC 计算功能；
6. 文件访问控制功能；
7. 拆卸判定标志位安全设定功能；
8. 电源电压：支持 1.8V 和 3V 两类工作电压；
9. 外部工作时钟频率不低于 5MHz；
10. 通信速率：最低 57600 bit/s。

4.2 OBE-SAM 文件结构

4.2.1 文件结构图

OBE-SAM 文件结构见图 4-1。

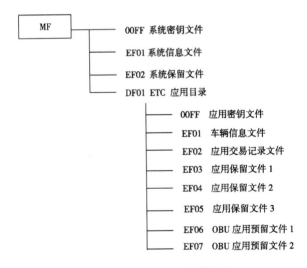

图 4-1 OBE-SAM 文件结构

4.2.2 文件详细说明

1. 系统信息文件详细说明、拆卸状态说明分别见表 4-1、表 4-2。
2. MF 下保留文件详细说明见表 4-3。
3. ETC 应用车辆信息文件详细说明见表 4-4。

表 4-1　系统信息文件详细说明

文件标识(FID)			'EF01'
文件类型			二进制文件
文件大小			99 字节
读取:自由			写入:DAMK$_{MF}$线路保护(明文 + MAC)
字节	类型	长度(字节)	内　　容
1～8	cn	8	发行方标识,见第二部分"1　关键信息编码"
9	cn	1	协约类型
10	cn	1	合同版本
11～18	cn	8	合同序列号
19～22	cn	4	合同签署日期,格式:CCYYMMDD
23～26	cn	4	合同过期日期,格式:CCYYMMDD
27	B	1	拆卸状态
28～99	an	72	预留

表 4-2　拆卸状态说明

值		状　　态	描　　述
高 4 位	0000	RS	由路侧根据防拆信息控制 OBU 的通行
	0001	OB	由 OBU 根据防拆信息设置自身工作状态
	1111	NU	防拆信息未启用
低 4 位	0000	PF	标签已被非法拆卸
	0001	OK	正常工作状态

注:其他值被保留。

表 4-3　MF 下保留文件详细说明

文件标识(FID)			'EF02'
文件类型			二进制文件
文件大小			512 字节
读取:自由			写入:DAMK$_{MF}$线路保护(明文 + MAC)
字节	类型	长度(字节)	内容
1～512	an	512	预留

表 4-4 ETC 应用车辆信息文件详细说明

文件标识（FID）	'EF01'
文件类型	二进制文件
文件大小	79 字节
读取：RK2_DF01 线路保护（密文）	写入：DAMK_DF01 线路保护（明文 + MAC）

字节	类型	长度（字节）	内　　容
1～12	an	12	车牌号
13～14	an	2	车牌颜色
15	cn	1	车型
16	cn	1	车辆用户类型
17～20	cn	4	车辆尺寸（长[2 字节]×宽[1 字节]×高[1 字节]），单位：dm
21	cn	1	车轮数
22	cn	1	车轴数
23～24	cn	2	轴距，单位：dm
25～27	cn	3	车辆载重/座位数，其中，载重的单位为：kg
28～43	an	16	车辆特征描述
44～59	an	16	车辆发动机号
60～79	b	20	保留字段

4　ETC 应用交易记录文件详细说明见表 4-5。

表 4-5 ETC 应用交易记录文件说明

文件标识（FID）	'EF02'
文件类型	循环定长记录文件
文件大小	57 字节×50 条记录
读取：自由	写入：自由

字节	类型	长度（字节）	内　　容
1～4	Datetime	4	出入口时间（UNIX 时间）
5～6	b	2	路网编码，见《收费公路联网收费技术要求》
7～8	b	2	收费站编码，见《收费公路联网收费技术要求》
9	b	1	收费车道编码，见《收费公路联网收费技术要求》
10	b	1	卡类型，见《收费公路联网收费技术要求》
11～18	b	8	卡号
19	b	1	车型
20～31	b	12	车牌号
32～33	SmallInt	2	收费额
34～37	b	4	OBU 的 MAC 地址
38～57	b	20	保留字段

5　应用保留文件1详细说明见表4-6。

表4-6　应用保留文件1详细说明

文件标识（FID）	'EF03'		
文件类型	二进制文件		
文件大小	512字节		
读取：自由	写入：DAMK$_{DF01}$线路保护（明文 + MAC）		
字节	类型	长度（字节）	内　容
1～512	an	512	预留

6　应用保留文件2详细说明见表4-7。

表4-7　应用保留文件2详细说明

文件标识（FID）	'EF04'		
文件类型	二进制文件		
文件大小	512字节		
读取：自由	写入：自由		
字节	类型	长度（字节）	内　容
1～512	an	512	预留

7　应用保留文件3详细说明见表4-8。

表4-8　应用保留文件3详细说明

文件标识（FID）	'EF05'		
文件类型	二进制文件		
文件大小	512字节		
读取：认证读（安全报文）	写入：DAMK$_{DF01}$线路保护（明文 + MAC）		
字节	类型	长度（字节）	内　容
1～512	an	512	预留

8　OBU应用预留文件1详细说明见表4-9。

表4-9　OBU应用预留文件1详细说明

文件标识（FID）	'EF06'		
文件类型	二进制文件		
文件大小	512字节		
读取：自由	写入：DAMK$_{DF01}$线路保护（明文 + MAC）		
字节	类型	长度（字节）	内　容
1～512	an	512	预留

9　OBU应用预留文件2详细说明见表4-10。

表4-10 OBU应用预留文件2详细说明

文件标识(FID)	'EF07'
文件类型	二进制文件
文件大小	512字节
读取:自由	写入:自由

字节	类型	长度(字节)	内容
1～512	an	512	预留

4.3 OBE-SAM 内密钥说明

OBE-SAM 内密钥说明见表4-11。

表4-11 OBE-SAM 内密钥说明

密钥	说明	用途	标识	版本	长度	分散级数
MF下安全文件						
MK_{MF}	MF主控密钥	00	00	00	16	0
$DAMK_{MF}$	MF系统维护密钥	01	01	00	16	0
DF01下安全文件						
MK_{DF01}	DF01主控密钥	00	00	00	16	0
$DAMK_{DF01}$	DF01应用维护密钥	01	01	00	16	0
$RK1_{DF01}$	DF01应用认证密钥	01	02	00	16	0
$RK2_{DF01}$	DF01应用加密密钥	01	03	00	16	0
$RK2_{DF01}$	DF01应用加密密钥	01	03	01	16	0
$RK2_{DF01}$	DF01应用加密密钥	01	03	02	16	0

注:密钥用途说明,'00'为外部认证密钥,用于外部认证命令;'01'为传输密钥,用于数据传输时加密或计算MAC。

4.4 OBE-SAM 密钥管理

OBE-SAM 密钥管理见表4-12。

表4-12 OBE-SAM 密钥管理

分类	密钥	用途
主控密钥	MK_{MF}	控制MF下文件的建立和密钥的写入
	MK_{DF01}	控制DF01下文件的建立和密钥的写入
维护密钥	$DAMK_{MF}$	发卡方或应用提供方用于产生更新二进制文件或记录命令的MAC
	$DAMK_{DF01}$	
计算密钥	$RK1_{DF01}$	用于产生读二进制文件或记录命令的MAC
	$RK2_{DF01}$	用于加密读取车辆信息文件信息

注:所有密钥的装载和修改应使用密文+MAC的方式。

4.5 OBE-SAM 复位信息的约定

OBE-SAM 复位信息中历史字节的约定(共15字节)见表4-13。

表4-13 OBE-SAM 复位信息中历史字节的约定

名 称	类 型	长度(字节)	说 明
交通运输部标识	an	1	固定为'4A'
芯片商注册标识号	an	2	芯片厂商注册标识
OBE 厂商标识	an	2	由收费公路电子收费密钥管理单位分配
COS 版本号	cn	1	主版本号+次版本号,范围1.0~9.9
COS 修订版本号	cn	1	范围0~99
YEAR	cn	1	生产年份
MON	cn	1	生产月份
DAY	cn	1	生产日
ESAM 结构版本	cn	1	ESAM 结构版本号
流水号	an	4	唯一性(在卡商内部)

4.6 OBE-SAM 应用命令集

4.6.1 DECREASE COUNTER 命令

4.6.1.1 定义和范围
将拆卸次数减1。

4.6.1.2 命令报文格式
DECREASE COUNTER 命令报文格式见表4-14。

表4-14 DECREASE COUNTER 命令报文格式

代 码	数 值	代 码	数 值
CLA	'00'	Lc	不存在
INS	'59'	DATA	不存在
P1	'00'	Le	'01'
P2	'00'		

4.6.1.3 命令报文数据域
每次固定减1,命令报文数据域不存在。

4.6.1.4 响应报文数据域
返回剩余次数。

4.6.1.5 响应报文状态码
DECREASE COUNTER 响应报文状态码见表4-15。

表4-15 DECREASE COUNTER 响应报文状态码

SW1	SW2	说 明
90	00	命令执行成功
65	81	写 EEPROM 失败
67	00	Lc 长度错误
69	85	使用条件不满足,拆卸次数已经为0

续上表

SW1	SW2	说　明
6A	81	功能不支持
6A	82	未找到文件
6A	86	P1、P2 参数错
6D	00	命令不存在
6E	00	CLA 错
93	03	应用永久锁定

4.6.2 EXTERNAL AUTHENTICATION 命令

4.6.2.1 定义和范围

EXTERNAL AUTHENTICATION 命令利用卡片内部的计算结果,有条件地修改安全状态。计算的方法是利用卡片中的卡片主控密钥或应用主控密钥,对卡片产生的随机数(使用 GET CHALLENGE 命令)和接口设备传输进来的认证数据进行验证。

4.6.2.2 命令报文格式

EXTERNAL AUTHENTICATION 命令报文格式见表 4-16。

表 4-16　EXTERNAL AUTHENTICATION 命令报文格式

代　码	数　值	代　码	数　值
CLA	'00'	Lc	'08'
INS	'82'	Data	认证数据
P1	'00'	Le	不存在
P2	'00'		

4.6.2.3 命令报文数据域

命令报文数据域中包含 8 字节的加密数据。该数据用 P2 指定的密钥对此命令前一条命令"GET CHALLENGE"命令获得的随机数做 3DES 加密运算产生。

4.6.2.4 响应报文数据域

响应报文数据域不存在。

4.6.2.5 响应报文状态码

此命令执行成功的状态码是'9000'。

IC 卡回送的错误状态码见表 4-17。

表 4-17　EXTERNAL AUTHENTICATION 错误状态码

SW1	SW2	说　明
63	'CX'	认证失败,'X'为剩余的可尝试次数
'67'	'00'	Lc 不正确
'69'	'83'	认证方法锁定
'6A'	'86'	参数 P1、P2 不正确
'6D'	'00'	INS 不支持或错误
'6E'	'00'	CLA 不支持或错误

4.6.3 GET CHALLENGE 命令

4.6.3.1 定义和范围

GET CHALLENGE 命令请求一个用于安全相关过程(如安全报文)的随机数。

该随机数只能用于下一条指令,无论下一条指令是否使用了该随机数,该随机数都将立即失效。

4.6.3.2 命令报文格式

GET CHALLENGE 命令报文格式见表 4-18。

表 4-18 GET CHALLENGE 命令报文格式

代 码	数 值	代 码	数 值
CLA	'00'	Lc	不存在
INS	'84'	DATA	不存在
P1	'00'	Le	'04','08'
P2	'00'		

4.6.3.3 命令报文数据域

命令报文数据域不存在。

4.6.3.4 响应报文数据域

响应报文数据域包括随机数,长度为 4 字节或 8 字节。

4.6.3.5 响应报文状态码

OBE-SAM 回送的响应信息中出现的状态码见表 4-19。

表 4-19 GET CHALLENGE 响应报文状态码

SW1	SW2	说 明
90	00	命令执行成功
67	00	Le 长度错误
6A	81	功能不支持
6A	86	P1、P2 参数错
6D	00	命令不存在
6E	00	CLA 错

4.6.4 GET RESPONSE 命令

4.6.4.1 定义和范围

当 APDU 不能用现有协议传输时,GET RESPONSE 命令提供了一种从 OBE-SAM 向接口设备传送 APDU(或 APDU 的一部分)的传输方法。

4.6.4.2 命令报文格式

GET RESPONSE 命令报文格式见表 4-20。

表 4-20 GET RESPONSE 命令报文格式

代 码	数 值	代 码	数 值
CLA	'00'	Lc	不存在
INS	'C0'	DATA	不存在
P1	'00'	Le	响应的最大数据长度
P2	'00'		

4.6.4.3 命令报文数据域
命令报文数据域不存在。

4.6.4.4 响应报文数据域
响应报文数据域的长度由 Le 的值决定。

如果 Le 的值为零，在附加数据有效时，OBE-SAM 应回送状态码'6CXX'，否则回送状态码'6F00'。

4.6.4.5 响应报文状态码
OBE-SAM 回送的响应信息中出现的状态码见表 4-21。

表 4-21 GET RESPONSE 响应报文状态码

SW1	SW2	说明
90	00	命令执行成功
61	XX	还有 XX 字节需要返回
62	81	回送数据有错
67	00	Lc 或 Le 长度错误
6A	86	P1、P2 参数错
6C	XX	长度错误，'XX'表示实际长度
6D	00	命令不存在
6E	00	CLA 错
6F	00	数据无效

4.6.5 Get SN 命令
4.6.5.1 定义和范围
读取 OBE-SAM 中卡商唯一的芯片序列号，自由读取。

4.6.5.2 命令报文格式
Get SN 命令报文格式见表 4-22。

表 4-22 Get SN 命令报文格式

代码	数值	代码	数值
CLA	'80'	Lc	不存在
INS	'F6'	DATA	不存在
P1	'00'	Le	'04'
P2	'03'		

4.6.5.3 命令报文数据域
命令报文数据域不存在。

4.6.5.4 响应报文数据域
响应报文数据域包括 4 字节芯片序列号。

4.6.5.5 响应报文状态码
OBE-SAM 回送的响应信息中出现的状态码见表 4-23。

表 4-23　Get SN 响应报文状态码

SW1	SW2	说　明
90	00	命令执行成功
6A	86	P1、P2 参数错
6C	xx	Le 错误
6D	00	命令不存在
6E	00	CLA 错

4.6.6　READ DATA 命令

4.6.6.1　定义和范围

READ DATA 命令用于读出应用车辆信息文件中的数据,读出的数据为密文。

4.6.6.2　命令报文格式

READ DATA 命令报文格式见表 4-24。

表 4-24　READ DATA 命令报文格式

代　码	数　值	代　码	数　值
CLA	'00'	Lc	'0A'
INS	'B4'	DATA	随机数(8B) + 期望读取的信息数据明文长度(1B) + 密钥版本(1B)
P1	偏移地址高字节	Le	'00'
P2	偏移地址低字节		

4.6.6.3　命令报文数据域

命令报文长度为'0A',读取车辆信息文件时,OBE-SAM 将先通过随机数和期望读取的明文数据计算鉴别码。然后以下面格式组织数据并加密:

鉴别码 + 期望读取的数据明文

4.6.6.4　响应报文数据域

命令执行后,OBE-SAM 会先计算鉴别码,然后将鉴别码 + 读取数据,并以密文形式返回加密读取结果。

鉴别码的计算方法:

1　将文件数据进行 CRC 计算(多项式 $X^{16} + X^{12} + X^5 + 1$,起始 0xFFFFH),产生两字节 CRC0 和 CRC1;

2　将送入的随机数(8 bytes)最低两字节分别更换为 CRC1、CRC0,形成 8 字节临时数据;

3　使用计算密钥对 8 字节数据进行加密计算;

4　MAC = TDES(KEYmac, CRC0 ‖ CRC1 ‖ rand(高 6 字节))。

加密计算方法:

1　用 LD(1 字节)表示明文数据的长度,在明文数据前加上 LD 产生新的数据块;

2　将该数据块分成 8 字节为单位的数据块,表示为 BLOCK1、BLOCK2、BLOCK3、BLOCK4 等。最后的数据块为 1~8 字节;

3 如果最后(或唯一)的数据块的长度是 8 字节的话,转到第 4 步。如果不足 8 字节,则在其后加入 16 进制数'80',如果达到 8 字节长度,则转到第 4 步;否则在其后加入 16 进制数'00'直到长度达到 8 字节;

4 使用计算密钥对每一个数据块进行 3DES 加密;

5 计算结束后,所有加密后的数据块依照原顺序连接在一起。

4.6.6.5 响应报文状态码

OBE-SAM 回送的响应信息中的状态码见表 4-25。

表 4-25 READ DATA 响应报文状态码

SW1	SW2	说　　明
90	00	命令执行成功
61	XX	还有 XX 字节要返回
62	81	部分回送的数据有错
65	81	写 EEPROM 失败
67	00	Lc 长度错误
69	81	当前文件不是二进制文件
69	85	使用条件不满足
6A	81	功能不支持
6A	82	未找到文件
6A	86	P1、P2 参数错
6A	88	未找到密钥数据
6B	00	起始地址超出范围
6C	XX	Le 长度错误。'XX'表示实际长度
6D	00	命令不存在
6E	00	CLA 错
93	03	应用永久锁定

4.6.7 READ BINARY 命令

4.6.7.1 定义和范围

READ BINARY 命令用于读出二进制文件的内容(或部分内容)。

4.6.7.2 命令报文格式

READ BINARY 命令报文格式见表 4-26。

4.6.7.3 命令报文数据域

一般情况下命令报文数据域不存在。当使用安全报文时,命令报文数据域中应包含 MAC。MAC 的计算方法和长度由应用决定。

表4-26 READ BINARY 命令报文格式

代 码	数 值								
CLA	'00'或'04'								
INS	'B0'								
P1	b8	b7	b6	b5	b4	b3	b2	b1	说 明
	0	x	x	x	x	x	x	x	当前文件高位地址
	1	0	0	x	x	x	x	x	通过SFI方式访问
P2	若P1的b8=0,P2为文件的低位地址 若P1的b8=1,P2为文件地址								
Lc	1)不存在——明文方式 2)'04'——校验方式								
DATA	1)不存在 2)MAC								
Le	期望返回的数据长度								

4.6.7.4 响应报文数据域

当Le的值为零时,只要文件的最大长度在256字节(短长度)或65536字节(扩展长度)之内,则其全部字节将被读出。

4.6.7.5 响应报文状态码

OBE-SAM回送的响应信息中的状态码见表4-27。

表4-27 READ BINARY 响应报文状态码

SW1	SW2	说 明
90	00	命令执行成功
61	XX	还有XX字节要返回
62	81	部分回送的数据有错
62	82	文件长度<Le
65	81	写EEPROM失败
67	00	Lc长度错误
69	81	当前文件不是二进制文件
69	82	不满足安全状态
69	83	认证密钥锁定
69	84	引用数据无效(未申请随机数)
69	85	使用条件不满足
69	86	没有选择当前文件

续上表

SW1	SW2	说　明
69	88	安全信息（MAC 和加密）数据错误
6A	81	功能不支持
6A	82	未找到文件
6A	86	P1、P2 参数错
6A	88	未找到密钥数据
6B	00	起始地址超出范围
6C	XX	Le 长度错误。'XX'表示实际长度
6D	00	命令不存在
6E	00	CLA 错
93	03	应用永久锁定

4.6.8　READ RECORD 命令

4.6.8.1　定义和范围

READ RECORD 命令读记录文件中的内容。

4.6.8.2　命令报文格式

READ RECORD 命令报文格式见表4-28。

表 4-28　READ RECORD 命令报文格式

代　码	数　值								
CLA	'00' 或 '04'								
INS	'B2'								
P1	记录号								
P2	b8	b7	b6	b5	b4	b3	b2	b1	说　明
	0	0	0	0	0	—	—	—	当前文件
	x	x	x	x	x	—	—	—	通过 SFI 方式访问
	—	—	—	—	—	1	0	0	P1 指定的记录号
	其　他　值								保留
Lc	1）不存在——明文方式 2）'04'——命令报文校验方式								
DATA	1）不存在——明文方式 2）MAC——校验方式								
Le	期望返回的记录数据								

4.6.8.3 命令报文数据域

一般情况下,命令报文数据域不存在。当使用安全报文时,命令报文数据域中应包含MAC。MAC的计算方法和长度由应用决定。

4.6.8.4 响应报文数据域

所有执行成功的READ RECORD命令的响应报文数据域由读取的记录组成。

4.6.8.5 响应报文状态码

OBE-SAM回送的响应信息中的状态码见表4-29。

表4-29 READ RECORD 响应报文状态码

SW1	SW2	说 明
90	00	命令执行成功
61	XX	还有XX字节需要返回
62	81	回送的数据有错
64	00	标志状态位没变
65	81	写EEPROM失败
67	00	Lc长度错误
69	81	当前文件不是记录文件
69	82	不满足安全状态
69	83	认证密钥锁定
69	84	引用数据无效(未申请随机数)
69	85	使用条件不满足
69	86	没有选择当前文件
69	88	安全信息(MAC和加密)数据错误
6A	81	功能不支持
6A	82	未找到文件
6A	83	未找到记录
6A	85	Lc与TLV结构不匹配
6A	86	P1、P2参数错
6A	88	未找到密钥数据
6C	XX	Le错误,'XX'表示实际长度
6D	00	命令不存在
6E	00	CLA错
93	03	应用永久锁定

4.6.9 SELECT FILE 命令

4.6.9.1 定义和范围

1　SELECT FILE命令通过文件标识或应用名选择OBE-SAM中的MF、DDF、ADF或EF文件;

2　成功执行该命令设定MF、DDF或ADF的路径;

3　应用到EF的后续命令将采用SFI方式联系到所选定的MF、DDF或ADF;

4 从 OBE-SAM 返回的应答报文包含回送 FCI；

5 FCI 数据从数据分组中获得。

4.6.9.2 命令报文格式

SELECT FILE 命令报文格式见表 4-30。

表 4-30 SELECT FILE 命令报文格式

代 码	数 值
CLA	'00'
INS	'A4'
P1	'00' 通过 FID 选择 DF、EF,当 Lc = '00' 时,选 MF '04' 通过 DF 名选择应用
P2	'00' '02' 选择下一个文件(P1 = 04h 时)
Lc	P1 = '00' 时,Lc = '00' 或 '02' P1 = '04' 时,Lc = '05' ~ '10'
DATA	文件标识符(FID—2 字节) 应用名(App-Name,P1 = '04')
Le	FCI 文件的信息长度(选择 DF 时)

4.6.9.3 命令报文数据域

命令报文数据域应包括所选择的 DDF 名、DF 名或 FID,以及 EF 的 FID。

4.6.9.4 响应报文数据域

响应报文数据域中的数据应包括所选择的 MF、DDF、ADF 的 FCI。

1 成功选择 MF 后回送的 FCI 定义见表 4-31。

表 4-31 成功选择 MF 响应报文 FCI

标 签			数 值	存在性
'6F'			FCI 模板	M
	'84'		DF 名	M
	'A5'		FCI 数据专用模板	M
		'88'	目录基本文件的 SFI	M
		'9F0C'	FCI 文件内容	O

2 成功选择 DDF 后回送的 FCI 定义见表 4-32。

表 4-32 成功选择 DDF 响应报文 FCI

标 签			数 值	存在性
'6F'			FCI 模板	M
	'84'		DF 名	M
	'A5'		FCI 数据专用模板	M
		'88'	目录基本文件的 SFI	M
		'9F0C'	FCI 文件内容	O

3 成功选择 ADF 后回送的 FCI 定义见表 4-33。

表 4-33 成功选择 ADF 响应报文 FCI

标　　签	数　　值			存在性
'6F'	FCI 模板			M
	'84'	DF 名		M
	'A5'	FCI 数据专用模板		M
		'88'	目录基本文件的 SFI	M
		'9F0C'	FCI 文件内容	O

4.6.9.5 响应报文状态码

OBE-SAM 回送的响应信息中的状态码见表 4-34。

表 4-34 SELECT FILE 响应报文状态码

SW1	SW2	说　　明
90	00	命令执行成功
62	83	选择文件无效
62	84	FCI 格式与 P2 指定的不符
64	00	标志状态位没变
67	00	Lc 长度错误
6A	81	功能不支持
6A	82	未找到文件
6A	86	P1、P2 参数错
6A	87	Lc 与 P1、P2 不匹配
6D	00	命令不存在
6E	00	CLA 错
93	03	应用永久锁定

4.6.10 UPDATE BINARY 命令

4.6.10.1 定义和范围

UPDATE BINARY 命令用于更新二进制文件中的数据。

4.6.10.2 命令报文格式

UPDATE BINARY 命令报文格式见表 4-35。

表 4-35 UPDATE BINARY 命令报文格式

代 码	数 值								
CLA	'00' 或 '04'								
INS	'D6'								
P1	b8	b7	b6	b5	b4	b3	b2	b1	说 明
	0	x	x	x	x	x	x	x	当前文件高位地址
	1	0	0	x	x	x	x	x	通过 SFI 方式访问
P2	若 P1 的 b8=0,P2 为文件的低位地址 若 P1 的 b8=1,P2 为文件地址								
Lc	DATA 域数据长度								
DATA	明文方式:明文数据 加密方式:密文数据 校验方式:明文数据 ‖ 校验码 校验加密方式:密文数据 ‖ 校验码								
Le	不存在								

4.6.10.3 命令报文数据域
命令报文数据域包括更新原有数据的数据域。

4.6.10.4 响应报文数据域
响应报文数据域不存在。

4.6.10.5 响应报文状态码
OBE-SAM 回送的响应信息中的状态码见表 4-36。

表 4-36 UPDATE BINARY 响应报文状态码

SW1	SW2	说 明
90	00	命令执行成功
65	81	写 EEPROM 失败
67	00	Lc 长度错误
69	81	当前文件不是二进制文件
69	82	不满足安全状态
69	83	认证密钥锁定
69	84	引用数据无效(未申请随机数)
69	85	使用条件不满足
69	86	未选择文件
69	88	安全信息(MAC 和加密)数据错误
6A	81	功能不支持
6A	82	未找到文件
6A	86	P1、P2 参数错
6A	88	未找到密钥数据
6B	00	起始地址超出范围
6D	00	命令不存在
6E	00	CLA 错
93	03	应用永久锁定

4.6.11 UPDATE RECORD 命令

4.6.11.1 定义和范围

UPDATE RECORD 命令用于更新记录文件中的数据。

在使用当前记录地址时,该命令将在修改记录成功后重新设定记录指针。

4.6.11.2 命令报文

UPDATE RECORD 命令报文见表 4-37。

表 4-37 UPDATE RECORD 命令报文

代 码	数 值								
CLA	'00' 或 '04'								
INS	'DC'								
P1	P1 = '00' 表示当前记录 P1 ≠ '00' 表示指定的记录号								
P2	b8	b7	b6	b5	b4	b3	b2	b1	说 明
	0	0	0	0	0	—	—	—	当前文件
	x	x	x	x	x	—	—	—	通过 SFI 方式访问
	—	—	—	—	—	1	0	0	P1 指定的记录号
	—	—	—	—	—	0	0	0	第一条记录
	—	—	—	—	—	0	0	1	最后一条记录
	—	—	—	—	—	0	1	0	下一条记录
	—	—	—	—	—	0	1	1	前一条记录
	任何其他值								保留
Lc	DATA 域数据长度								
DATA	明文方式:明文记录数据 加密方式:密文记录数据 校验方式:明文记录数据 ‖ 校验码 校验加密方式:密文记录数据 ‖ 校验码								
Le	不存在								

4.6.11.3 命令报文数据域

命令报文数据域由更新原有记录的新记录组成。

4.6.11.4 响应报文数据域

响应报文数据域不存在。

4.6.11.5 响应报文状态码

OBE-SAM 回送的响应信息中的状态码见表 4-38。

表 4-38 UPDATE RECORD 响应报文状态码

SW1	SW2	说 明
90	00	命令执行成功
65	81	写 EEPROM 失败
67	00	Lc 长度错误
69	81	当前文件不是记录文件
69	82	不满足安全状态
69	83	认证密钥锁定
69	84	引用数据无效(未申请随机数)
69	85	使用条件不满足
69	86	未选择文件
69	88	安全信息(MAC 和加密)数据错误
6A	81	功能不支持
6A	82	未找到文件
6A	83	未找到记录
6A	84	存储空间不够
6A	85	Lc 与 TLV 结构不匹配
6A	86	P1、P2 参数错
6A	88	未找到密钥数据
6D	00	命令不存在
6E	00	CLA 错
93	03	应用永久锁定

4.6.12 UPDATE KEY 命令

4.6.12.1 定义和范围

UPDATE KEY 命令用于更新一个已经存在的密钥(用于装载正式密钥)。

本命令可支持 8 字节或 16 字节的密钥,密钥写入应采用密文+MAC 的方式,在主控密钥的控制下进行。

在密钥装载前应用 GET CHANLLEGE 命令从 OBE-SAM 取一个 4 字节的随机数。

4.6.12.2 命令报文格式

UPDATE KEY 命令报文格式见表 4-39。

表 4-39 UPDATE KEY 命令报文格式

代 码	值	代 码	值
CLA	'84'	Lc	'14' 或 '1C'
INS	'D4'	DATA	密文密钥信息 ‖ MAC
P1	'01'	Le	不存在
P2	'00'——更新主控密钥 'FF'——更新其他密钥		

4.6.12.3 命令报文数据域

命令报文数据域包括要装载的密钥密文信息和 MAC。

密钥密文信息是用主控密钥对以下数据加密(按所列顺序)产生的：

1　密钥用途；

2　密钥标识；

3　版本；

4　密钥值。

MAC 是用主控密钥对以下数据进行 MAC 计算(按所列顺序)产生的：

1　CLA；

2　INS；

3　P1；

4　P2；

5　Lc；

6　密钥密文信息。

装载 8 字节的单长度密钥时,数据长度为 14h；装载 16 字节的双长度密钥时,数据长度为 1Ch。

4.6.12.4　响应报文数据域

响应报数据域不存在。

4.6.12.5　响应报文状态码

响应信息中的状态码见表4-40。

表 4-40　UPDATE KEY 响应报文状态码

SW1	SW2	含　义
90	00	命令执行成功
65	81	写 EEPROM 失败
67	00	Lc 长度错误
69	82	不满足安全状态
69	83	认证密钥锁定
69	84	引用数据无效(未申请随机数)
69	85	使用条件不满足
69	88	安全信息(MAC 和密文)数据错误
6A	80	数据域参数错误
6A	81	功能不支持
6A	82	未找到文件
6A	83	未找到密钥数据
6A	84	文件空间已满
6A	86	P1、P2 参数错
6A	88	未找到密钥数据
6D	00	命令不存在
6E	00	CLA 错
93	03	应用永久锁定

4.7　数据编码定义

其他未说明的数据编码,应符合《收费公路联网收费技术要求》的规定。

5 OBU 初始化设备

5.1 应用总则

5.1.1 系统构成

OBU 初始化系统由前端系统和后台数据库系统组成。前端系统主要包括 PC 机、OBU 初始化设备和 OBU。前端系统的总体架构如图 5-1 所示。

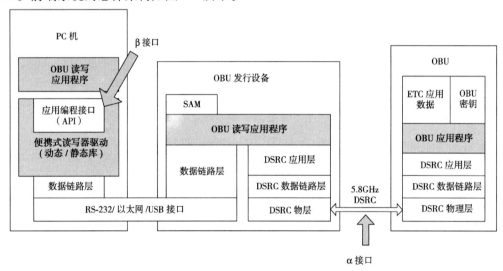

图 5-1 联机初始化前端系统总体架构

为了便于描述,规定上述系统架构中涉及的数据接口为:
1 α 接口:OBU 初始化设备与 OBU 之间的 DSRC 接口;
2 β 接口:OBU 初始化设备驱动程序的 API。

前端系统构成共分为 3 个部分:PC 机、OBU 初始化设备、OBU。各个部分的功能和接口应符合表 5-1 的规定。

表 5-1 前端系统构成及接口说明

构成部分	功能职责	连接接口	连接对象
OBU 初始化设备	接收并执行 PC 机指令,完成初始化流程;便携式初始化设备脱机使用时,由其自行组织数据,发起并控制发行流程或交易流程	β 接口:TCP/IP、标准 RS-232、USB 接口等。 α 接口:5.8GHz 无线链路	PC 机、OBU
OBU	接收并执行发行设备指令,存储关键读写数据	α 接口:5.8GHz 无线链路	OBU 初始化设备
PC 机	负责组织数据,发起并控制初始化流程,主要以编程 API 形式提供给应用程序调用	β 接口:TCP/IP、标准 RS-232、USB 接口等	OBU 初始化设备

5.1.2 工作方式

OBU初始化设备按照应用方式划分,分为OBU桌面式初始化设备和OBU便携式初始化设备。视应用场合的不同,既可以采用桌面式OBU初始化设备对OBU进行联机初始化,也可以采用便携式OBU初始化设备对OBU进行脱机初始化。

1 采用联机工作方式时,由PC机控制发行流程,此时桌面式OBU初始化设备作为透明通道,转发PC机与OBU之间的数据通信,数据传入、流程控制等工作均由PC机完成。

2 采用脱机工作方式时,由OBU便携式初始化设备控制发行流程,数据传入、流程控制等工作也均由OBU便携式初始化设备完成。

5.2 设备技术要求

5.2.1 通信接口

5.2.1.1 OBU初始化设备与OBU的微波通信接口(α接口)

OBU初始化设备与OBU的通信接口为DSRC无线链路,除了OBU桌面式初始化设备的部分物理层参数指标应符合表5-2的特别规定外,其他物理参数指标和OBU便携式初始化设备的所有物理参数指标均应符合GB/T 20851.1相关规定,链路层、应用层、设备应用均应符合GB/T 20851.2、GB/T 20851.3以及GB/T 20851.4的规定。

表5-2 OBU桌面式初始化设备部分物理参数表

序 号	参 数	A 类
1	e.i.r.p	≤ +10dBm
2	天线半功率波瓣宽度	<90°

5.2.1.2 OBU初始化设备与PC间的通信接口(β接口)

OBU初始化设备与PC间的通信接口(含接口物理形式、通信数据帧格式、特殊字节转义以及DATA数据域定义)应符合第二部分"7 RSU与车道控制器接口"相关定义。

5.2.1.3 OBU初始化设备提供给PC机的应用编程接口(β接口)

OBU初始化设备与PC间的通信接口调用方式:PC机调用封装过的API函数方式与初始化设备进行通信,API以动态/静态库的形式由初始化设备提供。API应基于应用层和设备应用服务原语的接口方式,OBU初始化设备与PC间交互的接口指令应符合表5-3的规定,具体接口函数定义应符合第二部分"7 RSU与车道控制器接口"相关定义。

5.2.2 IC卡读写

5.2.2.1 接触式读写

PSAM卡座数量应不少于2个,并符合GB/T 16649协议,支持$T=0,T=1$两种协议。

5.2.2.2 非接触式读写

非接触式读写接口可选支持,如果支持,接口应符合ISO/IEC 14443协议。

5.2.3 图像处理

支持图像抓拍、存储可选支持。

表 5-3　OBU 初始化设备与 PC 间的接口指令

指令类型	指令名称	API 函数	功能说明
设备指令	打开设备端口	RSU_Open	打开与初始化设备连接的物理端口
	关闭设备端口	RSU_Close	关闭与初始化设备物理端口的连接
	设备初始化	RSU_Init_rq	对初始化设备关键参数（如功率、信道号、BST 发送时间间隔）进行初始化设置，建立与设备的连接
	设备初始化返回	RSU_Init_rs	返回设备相关信息（如设备状态、设备厂商代码、设备编号、设备软件版本号等）
	设备信息查询	RSU_Info_rq	查询设备信息（包括设备厂商代码、设备编号、设备软件版本号等）
	初始化设备信息查询返回	RSU_Info_rs	查询设备信息的返回
	PSAM 通道复位	PSAM_Reset_rq	对初始化设备中 PSAM 卡进行复位操作
	PSAM 通道复位返回	PSAM_Reset_rs	对初始化设备中 PSAM 卡进行复位操作的返回
	PSAM 通道指令	PSAM_Channel_rq	对初始化设备中 PSAM 卡的通道操作
	PSAM 通道指令返回	PSAM_Channel_rs	对 PSAM 卡通道操作返回
INITIALISATION 原语指令	BST	INITIALISATION_rq	初始化设备广播 BST 数据帧给 OBU
	VST	INITIALISATION_rs	初始化设备接收 OBU 返回的 VST 数据帧
ACTION 原语指令	GetSecure.request	GetSecure_rq	对 OBU 文件进行安全读取请求（用于测试验证初始化成功与否）
	GetSecure.response	GetSecure_rs	初始化设备接收 OBU 返回的信息（用于测试验证初始化成功与否）
	TransferChannel.request	TransferChannel_rq	初始化设备对 OBE-SAM 进行读写操作请求
	TransferChannel.response	TransferChannel_rs	初始化设备接收 OBE-SAM 的操作响应
	SetMMI.request	SetMMI_rq	初始化设备向 OBU 发出界面提示请求
	SetMMI.response	SetMMI_rs	初始化设备接收 OBU 界面提示响应
EVENT_REPORT 原语指令	EVENT_REPORT.request	Event_Report_rq	释放与 OBU 的通信链路

5.2.4　数据存储

数据存储功能可选支持。

5.2.5　环境适应性

1　工作温度：-20 ~ +55℃。

2　存储温度：-20 ~ +55℃。

3 相对工作湿度:10%~90%。
4 振动:符合 GB/T 2423.10 的要求,频率 2~150Hz,在 2~9Hz 时按位移控制,位移峰值7.5mm,在 9~150Hz 时按加速度控制,加速度为 20m/s^2,1min 1 倍频程,循环 20 周期。

5.2.6 安全
符合 GB 4943 的规定。

5.2.7 可靠性
MTBF 不少于 5000h。

5.2.8 电池工作时间
针对 OBU 便携式初始化设备,其在电池充满电后,应能够连续工作 6h 以上。

5.2.9 传入界面(可选)
键盘、触摸屏。

5.3 应用交易流程

5.3.1 总体说明
OBU 初始化操作,包括一次发行、二次发行(个人化)、防拆功能设置等,其应用涉及 BST、VST、Transfer_Channel、SetMMI、Event_Report(Release)等服务原语。

OBU 的信息存取、发行均基于 OBE-SAM 进行,所有对密钥和文件的建立或修改均应符合第二部分"4 OBE-SAM 数据格式和技术要求"相关规定。

5.3.2 OBU 初始化总体流程
5.3.2.1 通信阶段划分
整个 OBU 初始化过程可划分为通信链路建立及应用信息获取、OBE-SAM 初始化操作、用户提示、链路释放等四个阶段。

5.3.2.2 通信链路建立和应用信息获取
1 初始化设备:BST;
2 OBU:VST。

该阶段主要完成通信链路的建立,协商通信及应用参数的获取。

5.3.2.3 OBE-SAM 发行操作阶段
1 初始化设备:TransferChannel.request;
2 OBU:TransferChannel.response。

使用多条 TransferChannel 携带 OBE-SAM 操作命令/响应,完成 OBU(OBE-SAM)和初始化设备(母卡/PSAM 卡)之间的双向认证,以及各项 OBU(OBE-SAM)发行操作。

5.3.2.4 用户提示阶段
1 初始化设备:SetMMI.request;
2 OBU:SetMMI.response。

提示用户 OBU 的发行操作结果。

5.3.2.5 链路释放阶段
初始化设备:Event_Report(Release)。

初始化设备释放与 OBU 的通信连接。

5.3.3 一次发行

一次发行的主要功能应包括替换 OBE-SAM 的系统维护密钥和应用密钥,以及更新主目录下的系统信息文件。一次发行流程可参考附录 C.1。

5.3.4 二次发行

OBU 二次发行是根据用户的个人化信息,应包括对"ETC 应用车辆信息文件"的更新写入,以及"系统信息文件"中"合同签署日期"、"合同到期日期"以及"拆卸状态"等字节的更新写入。二次发行流程可参考附录 C.2。

6 IC 卡读写器

6.1 通用要求

1 外观和结构、电源、环境要求、电磁兼容性、可靠性及寿命等,均应符合 GB/T 18239 中的相关规定;
2 具备声音提示功能(可选);
3 具备发光二极管指示终端设备的不同状态(可选);
4 读写模块消耗电流小于 150mA,整机消耗电流小于 300mA;
5 读写精度错误率应小于 10^{-5}。

6.2 硬件接口要求

6.2.1 与主机接口
至少应支持 RS232、USB、RS485 或 TCP/IP 中的一种。

6.2.2 非接触式接口
1 应同时符合 ISO/IEC 14443 TYPE A 和 TYPE B 的要求;
2 频率:13.56 MHz ±7kHz;
3 通信距离:天线读写距离 0~100mm,且有效范围内没有盲区,IC 卡与天线平面间夹角不大于 80°应能正常读写;
4 在读写有效区域内的最小场强:1.5A/m(rms);
5 在读写有效区域内的最大场强:7.5A/m(rms);
6 通信波特率:应支持 106kbit/s、212kbit/s、424kbit/s、848kbit/s;
7 典型交易时间:终端与非接触式 CPU 卡完成一个完整的复合消费交易流程时间应小于 300ms。

6.2.3 与 SAM 接口
1 至少应具备 4 个 SAM 卡座;
2 物理接口应符合 GB/T 16649.1~16649.2;
3 通信接口应符合 GB/T 16649.3;
4 应能支持 5V、3V 和 1.8V 工作电压的 SAM;
5 数据通信速率:通信速率应能自动识别,并至少支持 9600~115200 bit/s;
6 当任意两个触点之间短路时,读写器不应损坏。

6.3 软件接口要求

6.3.1 总体要求
车道系统采用调用封装过的 API 函数方式与 IC 卡读写器进行通信,API 以动态/静态库的形式提供,应支持 Windows、Linux 操作系统。IC 卡读写器提供的动态/静态库应以 ReaderApi.dll(Windows 操作系统)、libReaderApi.a(Linux 操作系统)命名,相应的头文件以 ReaderApi.h 命名,以方便车道系统调用。

6.3.2 读写器基本控制命令

1 打开读写器命令

函数:long JT_OpenReader(int Mode, char * Paras)

功能描述:在 PC 机与读写器之间建立通信连接。

参数说明见表 6-1。

返回值说明见表 6-2。

表 6-1 打开读写器命令参数说明

参 数	参数类型	说 明
Mode	传入	0:串口,1:TCP/IP,2:USB 口,其他保留
Paras	传入	端口参数: 例:"9600,n,8,1"(串口模式) "192.168.1.1:6666"(TCP 模式) "USB1"(USB 接口模式)

表 6-2 打开读写器命令返回值说明

返回值	说 明	返回值	说 明
>0	打开设备成功,返回值为设备句柄号	-1001	设备被占用
-100	设备无响应	-1002	设备打开失败
-1000	传入参数错误	-2000	其他错误

2 关闭读写器命令

函数名称:int JT_CloseReader(long DevHandle)

功能描述:关闭 PC 机与读写器之间的通信连接。

参数说明见表 6-3。

返回值说明见表 6-4。

表 6-3 关闭读写器命令参数说明

参 数	参数类型	说 明
DevHandle	传入	设备句柄号

表 6-4 关闭读写器命令返回值说明

返回值	说 明	返回值	说 明
0	关闭设备成功	-1000	传入参数错误
-100	设备无响应	-2000	其他错误

3 获取读写器以及接口版本信息命令

函数名称:int JT_GetReaderVersion
(
  long DevHandle,
  char * sReaderVersion,
  int iRVerMaxLength,
  char * sAPIVersion,

int iAPIVerMaxLength
)

功能描述:获取读写器版本信息等,如读写器型号、生产厂家信息等。

参数说明见表6-5。

返回值说明见表6-6。

表6-5　获取读写器以及接口版本信息命令参数说明

参　　数	参 数 类 型	说　　明
DevHandle	传入	设备句柄号
sReaderVersion	传出	读写器版本信息
iRVerMaxLength	传入	读写器版本信息字符串的最大字节数长度
sAPIVersion	传出	读写器接口函数库版本信息,为出口参数
iAPIVerMaxLength	传入	读写器接口函数库版本信息字符串的最大字节数长度

表6-6　获取读写器以及接口版本信息命令返回值说明

返　回　值	说　　明	返　回　值	说　　明
0	获取设备信息成功	-1000	传入参数错误
-100	设备无响应	-2000	其他错误

4　打开卡片命令

函数名称:int JT_OpenCard(long DevHandle)

功能描述:打开相关卡片,让卡片处于可以与读写器进行通信的状态,未能打开卡片时也应立即返回。

参数说明见表6-7。

返回值说明见表6-8。

表6-7　打开卡片命令参数说明

参　　数	参 数 类 型	说　　明
DevHandle	传入	设备句柄号

表6-8　打开卡片命令返回值说明

返　回　值	说　　明	返　回　值	说　　明
0	卡片类型为CPU卡	-2	打开卡片失败
1	卡片类型为块格式	-100	设备无响应
2	卡片类型为MAD格式	-1000	传入参数错误
其他正值	预留的卡片类型定义值	-2000	其他错误
-1	无卡		

5　关闭卡片命令

函数名称:int JT_CloseCard(long DevHandle)

功能描述:关闭卡片。

参数说明见表6-9。

返回值说明见表6-10。

表6-9　关闭卡片命令参数说明

参　　数	参 数 类 型	说　　明
DevHandle	传入	设备句柄号

表 6-10 关闭卡片命令返回值说明

返 回 值	说 明	返 回 值	说 明
0	关闭卡片成功	-100	设备无响应
-1	无卡	-1000	传入参数错误
-2	关闭卡片失败	-2000	其他错误

6 设置读写器发光二极管命令

函数名称:int JT_SetReaderLED
(
  long DevHandle,
  unsigned char cRed,
  unsigned char cGreen,
  unsigned char cBlue
)

功能描述:控制读写器发光二极管状态。

参数说明见表 6-11。

返回值说明见表 6-12。

表 6-11 设置读写器发光二极管命令参数说明

参 数	参数类型	说 明
DevHandle	传入	设备句柄号
cRed	传入	对应红色灯,0x01——亮,0x02——灭,0x03——闪烁,默认为灭
cGreen	传入	对应绿色灯,0x01——亮,0x02——灭,0x03——闪烁,默认为灭
cBlue	传出	对应蓝色灯,0x01——亮,0x02——灭,0x03——闪烁,默认为灭

表 6-12 设置读写器发光二极管命令返回值说明

返 回 值	说 明	返 回 值	说 明
0	设置发光二极管状态成功	-3	蓝色灯设置错误
-1	红色灯设置错误	-2000	其他错误
-2	绿色灯设置错误		

7 设置读写器发音命令

函数名称:int JT_SetReaderVoice
(
  long DevHandle,
  unsigned char cTimes,
  unsigned char cVoice
)

功能描述:控制读写器发音状态。

参数说明见表 6-13。

返回值说明见表 6-14。

表6-13 设置读写器发音命令参数说明

参　　数	参 数 类 型	说　　明
DevHandle	传入	设备句柄号
cTimes	传入	发音次数
cVoice	传入	发音声调,取值范围是0x01~0x07,频率可由提供商自定义

表6-14 设置读写器发音命令返回值说明

返 回 值	说　　明	返 回 值	说　　明
0	成功	其他	失败,由设备提供商自定义

6.3.3 CPU卡通用命令

函数名称:int JT_CPUCommand
(
  long DevHandle,
  int iCommandLength,
  unsigned char *sCommand,
  int iReplyLength,
  unsigned char *sReply
)

功能描述:给CPU卡发送通用指令。
参数说明见表6-15。
返回值说明见表6-16。

表6-15 CPU卡通用命令参数说明

参　　数	参 数 类 型	说　　明
DevHandle	传入	设备句柄号
iCommandLength	传入	命令长度
sCommand	传入	命令内容
iReplyLength	传出	返回数据长度
sPeply	传出	返回数据内容

表6-16 CPU卡通用命令返回值说明

返 回 值	说　　明
0	成功
其他	卡片返回错误代码或设备提供商自定义错误代码

6.3.4 SAM卡命令

1 SAM卡复位命令

函数名称:int JT_SAMReset
(
  int DevHandle,
  int iSockID,
  int iProtocolType,
  int iReplyLength,

        unsigned char *sReply

)

功能描述:给 SAM 发送复位指令。

参数说明见表 6-17。

返回值说明见表 6-18。

表 6-17 SAM 卡复位命令参数说明

参　　数	参 数 类 型	说　　明
DevHandle	传入	设备句柄号
iSockID	传入	SAM 卡槽顺序号
iProtocolType	传入	SAM 卡通信协议类型,如果为 0 则代表 $T=0$ 协议,为 1 则代表 $T=1$ 协议,其他值保留
iReplyLength	传出	返回数据长度
sReply	传出	返回数据内容

表 6-18 SAM 卡复位命令返回值说明

返　回　值	说　　明
0	成功
其他	卡片返回错误代码或设备提供商自定义错误代码

2　SAM 卡通用命令

函数名称:int JT_SAMCommand

(

　　long DevHandle,

　　int iSockID,

　　int iCommandLength,

　　unsigned char *sCommand,

　　int iReplyLength,

　　unsigned char *sReply

)

功能描述:给 SAM 卡发送指令。

参数说明见表 6-19。

返回值说明见表 6-20。

表 6-19 SAM 卡通用命令参数说明

参　　数	参 数 类 型	说　　明
DevHandle	传入	设备句柄号
iSockID	传入	SAM 卡槽顺序号
iCommandLength	传入	命令长度
sCommand	传入	命令内容
iReplyLength	传出	返回数据长度
sReply	传出	返回数据内容

表 6-20　SAM 卡通用命令返回值说明

返 回 值	说　　明
0	成功
其他	卡片返回错误代码或设备提供商自定义错误代码

6.3.5　非接触逻辑加密卡命令

1　数值块减值命令

函数名称:int JT_PurseDecrease

(
　　　long DevHandle,
　　　int iSector,
　　　int iKeyType,
　　　int iDecrement,
　　　int * iBalance
)

功能描述:对数值进行减值,可用于操作钱包、计数器等,使用静态密钥,即在使用本命令前应该显式下载相关扇区的密钥到读写器中,卡片类型不限制,可以为块格式或 MAD 格式。

参数说明见表 6-21。

返回值说明见表 6-22。

表 6-21　数值块减值命令参数说明

参　　数	参 数 类 型	说　　明
DevHandle	传入	设备句柄号
iSector	传入	数值扇区号
iKeyType	传入	减值密钥,0 为 KEYA,1 为 KEYB
iDecrement	传入	减值数额
iBalance	传出	数值余额

表 6-22　数值块减值命令返回值说明

返 回 值	说　　明
0	成功
其他	失败,由设备提供商自定义

2　数值文件减值命令

函数名称:int JT_PurseFileDecrease

(
　　　long DevHandle,
　　　short sFileID,
　　　char cKeyType,
　　　int iDecrement,
　　　int * iBalance
)

功能描述:对数值进行减值,可用于操作钱包、计数器等,使用动态密钥,即在使用本命令前不要显式下载相关扇区的密钥到读写器中,而是通过读写器中的 SAM 卡计算相关的密钥,卡片格式应为 MAD 格式。

参数说明见表 6-23。

返回值说明见表 6-24。

表 6-23 数值文件减值命令参数说明

参　　数	参 数 类 型	说　　明
DevHandle	传入	设备句柄号
sFileID	传入	文件 ID
iKeyType	传入	减值密钥,0 为 KEYA,1 为 KEYB
iDecrement	传入	减值数额
iBalance	传出	数值余额

表 6-24 数值文件减值命令参数说明

返 回 值	说　　明	返 回 值	说　　明
0	成功	其他	失败,由设备提供商自定义

3 数值块增值命令

函数名称:int JT_PurseIncrease
(
　　long DevHandle,
　　int iSector,
　　int iKeyType,
　　int iIncrement,
　　int *iBalance
)

功能描述:对数值进行增值,可用于操作钱包、计数器等,使用静态密钥,即在使用本命令前应该显式下载相关扇区的密钥到读写器中,卡片类型不限制,可以为块格式或 MAD 格式。

参数说明见表 6-25。

返回值说明见表 6-26。

表 6-25 数值块增值命令参数说明

参　　数	参 数 类 型	说　　明
DevHandle	传入	设备句柄号
iSector	传入	数值扇区号
iKeyType	传入	增值密钥,0 为 KEYA,1 为 KEYB
iIncrement	传入	增值数额
iBalance	传出	数值余额

表 6-26 数值块增值命令返回值说明

返 回 值	说　　明	返 回 值	说　　明
0	成功	其他	失败,由设备提供商自定义

4 数值文件增值命令

函数名称:int JT_PurseFileIncrease
(
    long DevHandle,
    short sFileID,
    char cKeyType,
    int iIncrement,
    int *iBalance
)

功能描述:对数值进行增值,可用于操作钱包、计数器等,使用动态密钥,即在使用本命令前不要显式下载相关扇区的密钥到读写器中,而是通过读写器中的 SAM 卡计算相关的密钥,卡片格式应为 MAD 格式。

参数说明见表 6-27。

返回值说明见表 6-28。

表 6-27 数值文件增值命令参数说明

参　数	参 数 类 型	说　　明
DevHandle	传入	设备句柄号
sFileID	传入	文件 ID
iKeyType	传入	增值密钥,0 为 KEYA,1 为 KEYB
iIncrement	传入	增值数额
iBalance	传出	数值余额

表 6-28 数值文件增值命令返回值说明

返 回 值	说　明	返 回 值	说　明
0	成功	其他	失败,由设备提供商自定义

5 数值块检查命令

函数名称:int JT_PurseCheck
(
    long DevHandle,
    int iSector,
    int iKeyType,
    int iPurseType,
    int *iBalance
)

功能描述:对数值进行检查,可用于操作钱包、计数器等,使用静态密钥,即在使用本命令前应该显式下载相关扇区的密钥到读写器中,卡片类型不限制,可以为块格式或 MAD 格式。

参数说明见表 6-29。

返回值说明见表 6-30。

表 6-29 数值块检查命令参数说明

参　数	参 数 类 型	说　　明
DevHandle	传入	设备句柄号
iSector	传入	数值扇区号
iKeyType	传入	检查密钥,0 为 KEYA,1 为 KEYB
iPurseType	传入	钱包或计数器类型
iBalance	传出	数值余额

表 6-30 数值块检查命令返回值说明

返 回 值	说　明	返 回 值	说　明
0	成功	其他	失败,由设备提供商自定义

6　数值文件检查命令

函数名称:int JT_PurseFileCheck
(
　　　long DevHandle,
　　　short sFileID,
　　　char cKeyType,
　　　int iPurseType,
　　　int *iBalance
)

功能描述:对数值进行检查,可用于操作钱包、计数器等,使用动态密钥,即在使用本命令前不要显式下载相关扇区的密钥到读写器中,而是通过读写器中的 SAM 卡计算相关的密钥,卡片格式应为 MAD 格式。

参数说明见表 6-31。

返回值说明见表 6-32。

表 6-31 数值文件检查命令参数说明

参　数	参 数 类 型	说　　明
DevHandle	传入	设备句柄号
sFileID	传入	文件 ID
iKeyType	传入	检查密钥,0 为 KEYA,1 为 KEYB
iPurseType	传入	钱包或计数器类型
iBalance	传出	数值余额

表 6-32 数值文件检查命令返回值说明

返 回 值	说　明	返 回 值	说　明
0	成功	其他	失败,由设备提供商自定义

7　数值块恢复命令

函数名称:int JT_PurseRestore
(
　　　long DevHandle,
　　　int iSector,

    int iKeyType,
    int iPurseType,
    int *iBalance
)

功能描述：对数值进行恢复，可用于操作钱包、计数器等，使用静态密钥，即在使用本命令前应该显式下载相关扇区的密钥到读写器中，卡片类型不限制，可以为块格式或 MAD 格式。

参数说明见表 6-33。

返回值说明见表 6-34。

表 6-33 数值块恢复命令参数说明

参　　数	参 数 类 型	说　　　明
DevHandle	传入	设备句柄号
iSector	传入	数值扇区号
iKeyType	传入	恢复密钥，0 为 KEYA，1 为 KEYB
iPurseType	传入	钱包或计数器类型
iBalance	传出	数值余额

表 6-34 数值块恢复命令返回值说明

返　回　值	说　　　明	返　回　值	说　　　明
0	成功	其他	失败，由设备提供商自定义

8 数值文件恢复命令

函数名称：int JT_PurseFileRestore
(
    long DevHandle,
    short sFileID,
    char cKeyType,
    int iPurseType,
    int *iBalance
)

功能描述：对数值进行恢复，可用于操作钱包、计数器等，使用动态密钥，即在使用本命令前不要显式下载相关扇区的密钥到读写器中，而是通过读写器中的 SAM 卡计算相关的密钥，卡片格式应为 MAD 格式。

参数说明见表 6-35。

返回值说明见表 6-36。

表 6-35 数值文件恢复命令参数说明

参　　数	参 数 类 型	说　　　明
DevHandle	传入	设备句柄号
sFileID	传入	文件 ID
iKeyType	传入	恢复密钥，0 为 KEYA，1 为 KEYB
iPurseType	传入	钱包或计数器类型
iBalance	传出	数值余额

表 6-36　数值文件恢复命令返回值说明

返 回 值	说　　明	返 回 值	说　　明
0	成功	其他	失败,由设备提供商自定义

9　下载扇区密钥命令

函数名称:int JT_LoadKey

(

　　　long DevHandle,

　　　int iKeyType,

　　　int iSector,

　　　unsigned char *sKeyValue

)

功能描述:下载相关的扇区密钥到读写器。

参数说明见表 6-37。

返回值说明见表 6-38。

表 6-37　下载扇区密钥命令参数说明

参　　数	参 数 类 型	说　　明
DevHandle	传入	设备句柄号
iKeyType	传入	密钥类型,0 为 KEYA,1 为 KEYB
iSector	传入	要下载密钥的扇区
sKeyValue	传出	密钥值

表 6-38　下载扇区密钥命令返回值说明

返 回 值	说　　明	返 回 值	说　　明
0	成功	其他	失败,由设备提供商自定义

10　读块信息命令

函数名称:int JT_ReadBlock

(

　　　long DevHandle,

　　　int iKeyType,

　　　int iBlockNumber,

　　　unsigned char *sReply

)

功能描述:从指定的数据块中读取块信息。

参数说明见表 6-39。

返回值说明见表 6-40。

表 6-39　读块信息命令参数说明

参　　数	参 数 类 型	说　　明
DevHandle	传入	设备句柄号
iKeyType	传入	密钥类型,0 为 KEYA,1 为 KEYB
iBlockNumber	传入	要读出信息的块号
sReply	传出	读出的块信息

表 6-40 读块信息命令返回值说明

返 回 值	说 明	返 回 值	说 明
0	成功	其他	失败,由设备提供商自定义

11 读文件信息命令

函数名称:int JT_ReadFile
(
    long DevHandle,
    char * sFileID,
    char * sKeyType,
    char * cFileType,
    int iAddr,
    int iLength,
    unsigned char * sReply
)

功能描述:从指定的参数中读取文件信息,卡片为 MAD 格式。

参数说明见表 6-41。

返回值说明见表 6-42。

表 6-41 读文件信息命令参数说明

参 数	参数类型	说 明
DevHandle	传入	设备句柄号
sFileID	传入	文件标识
sKeyType	传入	密钥类型,0 为 KEYA,1 为 KEYB
cFileType	传入	文件类型,即按文件占有的扇区数分,1 为一个扇区,2 为多扇区
iAddr	传入	读取文件的偏移量
iLength	传入	读取文件的长度
sReply	传出	读出的文件信息

表 6-42 读文件信息命令返回值说明

返 回 值	说 明	返 回 值	说 明
0	成功	其他	失败,由设备提供商自定义

12 写块信息命令

函数名称:int JT_WriteBlock
(
    long DevHandle,
    int iKeyType,
    int iBlockNumber,
    unsigned char * sData
)

功能描述:从指定的参数中写具体的块,只能写数据块,对密钥块不能执行本命令。

参数说明见表 6-43。

返回值说明见表 6-44。

表 6-43 写块信息命令参数说明

参　　数	参 数 类 型	说　　明
DevHandle	传入	设备句柄号
iKeyType	传入	密钥类型,0 为 KEYA,1 为 KEYB
iBlockNumber	传入	要写入信息的块号
sData	传出	要写入的块信息

表 6-44 写块信息命令返回值说明

返 回 值	说　　明	返 回 值	说　　明
0	成功	其他	失败,由设备提供商自定义

13 写文件信息命令

函数名称:int JT_WriteFile

(

  long DevHandle,

  char *sFileID,

  char *sKeyType,

  char *cFileType,

  int iAddr,

  int iLength,

  unsigned char *sData

)

功能描述:通过指定的参数写文件信息,卡片为 MAD 格式。

参数说明见表 6-45。

返回值说明见表 6-46。

表 6-45 写文件信息命令参数说明

参　　数	参 数 类 型	说　　明
DevHandle	传入	设备句柄号
sFileID	传入	文件标识
sKeyType	传入	密钥类型,0 为 KEYA,1 为 KEYB
cFileType	传入	文件类型,即按文件占有的扇区数分,1 为一个扇区,2 为多扇区
iAddr	传入	写文件的偏移量
iLength	传入	写文件的长度
sData	传入	写入的文件信息

表 6-46 写文件信息命令返回值说明

返 回 值	说　　明	返 回 值	说　　明
0	成功	其他	失败,由设备提供商自定义

14 更新扇区密钥命令

函数名称:int JT_WriteKey

(

  long DevHandle,

```
    int iKeyType,
    int iSector,
    unsigned char * sKeyData
)
```

功能描述:通过指定的参数写文件信息,卡片为 MAD 格式。

参数说明见表 6-47。

返回值说明见表 6-48。

表 6-47 更新扇区密钥命令参数说明

参　　数	参 数 类 型	说　　明
DevHandle	传入	设备句柄号
iKeyType	传入	密钥类型,0 为 KEYA,1 为 KEYB
iSector	传入	要更新密钥的扇区
sKeyData	传入	新密钥内容,包括 KEYA、KEYB 及控制块

表 6-48 更新扇区密钥命令返回值说明

返 回 值	说　　明	返 回 值	说　　明
0	成功	其他	失败,由设备提供商自定义

7 RSU 与车道控制器接口

7.1 应用总则

7.1.1 ETC 系统构成

ETC 系统由前端系统和后台数据库系统组成。前端系统包括车道控制系统、RSU、OBU 以及 CPU 用户卡。

OBU 应为双片式类型,即支持 CPU 用户卡的读写。在 ETC 应用中,涉及电子支付的功能由 CPU 用户卡实现,OBU 提供 CPU 用户卡至 RSU 信息转发功能。ETC 系统构成见图 7-1。

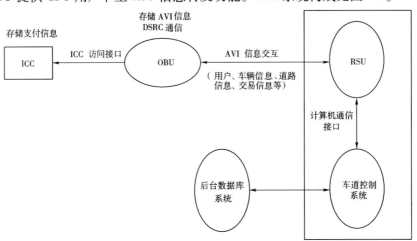

图 7-1 ETC 系统构成

注:方框中的内容为本技术要求规定的内容。

7.1.2 接口描述

ETC 前端应用系统总体架构见图 7-2。

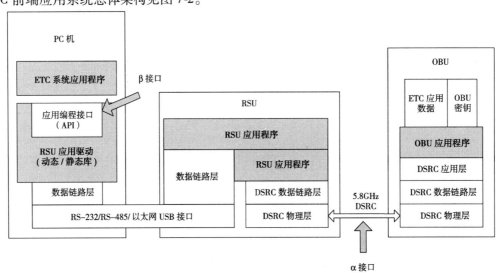

图 7-2 ETC 前端应用系统总体架构

为了便于描述,规定上述系统架构中涉及的数据接口为:
1 α 接口:OBU 与 RSU 之间的 DSRC 接口;
2 β 接口:RSU 设备驱动程序的 API。
其中,α 接口应满足 GB/T 20851 系列国家标准。本技术要求对上述总体架构中的 β 接口进行规定。符合本技术要求的 RSU 应满足上述两个接口的标准要求。

7.2 通信接口的应用模式

RSU 与车道控制器间通信应采用 β 接口方式:车道控制器通过调用 API 与 RSU 进行通信(即图 7-2 中 β 接口),API 以动态/静态库的形式提供,应支持 Windows、Linux 操作系统。RSU 提供的动态/静态库应以 ETCApi.dll(Windows 操作系统)、libETCApi.a(Linux 操作系统)命名,相应的头文件以 ETCApi.h 命名,以方便车道控制器调用。API 应采用基于 DSRC 应用层和设备应用服务原语的接口方式;同时,RSU 与 PC 间通信接口均应满足各种 ETC 交易流程的应用要求。

7.3 通信接口的物理形式

RSU 与车道控制器之间的通信接口应支持以太网接口,标准串行接口和 USB 接口可选,具体要求如下:
1 以太网接口
采用 10/100M 及以上以太网(RJ45 接口),及 TCP/IP 协议进行连接。
2 标准串行接口
采用 RS-232、RS-485 等接口,通信波特率应至少达到 115200bit/s。宜设置为:串行接口采用半双工的异步串行通信方式,协议格式为"115200,N,8,1",即波特率 115200bit/s,无奇偶校验,8 位数据,1 个停止位。
3 USB 接口
兼容 USB1.1 或 USB2.0。

7.4 通信数据帧格式

7.4.1 数据帧的结构

1 在各种接口应用模式及物理接口形式下,RSU 和车道控制器之间通信的数据帧结构应满足图 7-3。

| STX | RSCTL | DATA | BCC | ETX |

图 7-3 RSU 和车道控制器之间通信的数据帧格式

2 数据帧中各数据域应符合表 7-1 的规定。

表 7-1 数据域说明

字 段	描 述
STX	帧开始标志,取值为 FFFFH
RSCTL	数据帧序列号,1 个字节: (1)RSU 发送的数据帧序列号的低半字节为 8,高半字节一般为 0~7; (2)车道控制器发送的数据帧序列号是将收到的数据帧号高低半字节互换; (3)RSU 发送的数据帧序号为 X8H,其中 X 为 0、1、2、3、4、5、6、7; (4)车道控制器发送的数据帧序号为 8XH,其中 X 为 0、1、2、3、4、5、6、7
DATA	发送的数据包,具体定义见本部分第 6 章
BCC	异或校验值,从 RSCTL 到 DATA 所有字节的异或值
ETX	帧结束标志,取值为 FFH

7.4.2 特殊字节转义处理

1 当RSU与车道控制器之间采用4.1数据帧格式通信时,需要进行特殊字节转义处理。

2 数据帧开始标志为FFFFH,帧结束标志为FFH。其他字段不能出现FFH,如果数据确实为FFH,需对其进行转义处理。

3 发送数据时,如果在其他字段中出现FFH字节时,将FFH分解为FEH和01H这两个字节来发送;如果在其他字段出现FEH字节时,需将FEH分解为FEH和00H这两个字节来发送。

4 接收数据时,如果出现"FE 01"这样连续两个字节,将之合为一个字节FFH;如果出现"FE 00"这样连续两个字节,将之合为一个字节FEH。

7.4.3 通信方式说明

RSU与车道控制器之间是一种应答式的通信方式。RSU发送信息帧给车道控制器,车道控制器收到应答后,应返回应答指令给RSU,否则RSU将反复发送该信息帧直到车道控制器应答为止。

7.4.4 DATA数据域的使用

DATA数据域应符合本章7.6要求的数据格式。

7.5 API指令函数定义

7.5.1 指令集

1 RSU指令见表7-2。

表7-2 RSU指令集

指令名称	函数	功能说明
打开设备端口	RSU_Open	打开与RSU连接的物理端口,如以太网口、标准串行接口、USB接口
关闭设备端口	RSU_Close	关闭与RSU物理端口的连接
RSU初始化	RSU_Init_rq	对RSU关键参数(如功率、信道号、BST发送时间间隔等)进行初始化/设置,建立与RSU的连接
RSU初始化返回	RSU_Init_rs	返回RSU设备等相关信息(如RSU状态、RSU厂商代码、RSU编号、RSU软件版本号)
PSAM通道复位	PSAM_Reset_rq	对RSU中PSAM卡进行复位操作
PSAM通道复位返回	PSAM_Reset_rs	对RSU中PSAM卡进行复位操作的返回
PSAM通道指令	PSAM_Channel_rq	对RSU中PSAM卡的通道操作
PSAM通道指令返回	PSAM_Channel_rs	对PSAM卡通道操作响应
RSU信息查询	RSU_Info_rq	查询RSU信息(包括RSU厂商代码、RSU编号、RSU软件版本号)
RSU信息查询返回	RSU_Info_rs	查询RSU信息的返回

2 INITIALISATION原语指令见表7-3。

表 7-3 INITIALISATION 原语指令

原语名称	函数	功能说明
BST	INITIALISATION_rq	RSU 广播 BST 数据帧给 OBU
VST	INITIALISATION_rs	RSU 接收 OBU 返回的 VST 数据帧

3 ACTION 原语指令见表 7-4。

表 7-4 ACTION 原语指令

原语名称	函数	功能说明
GetSecure.request	GetSecure_rq	对 OBU 文件进行安全读取请求
GetSecure.response	GetSecure_rs	RSU 接收 OBU 返回的车辆文件信息
TransferChannel.request	TransferChannel_rq	RSU 通过 OBU 透明通道对 ICC 进行操作
TransferChannel.response	TransferChannel_rs	RSU 通过 OBU 透明通道接收 ICC 操作响应
SetMMI.request	SetMMI_rq	RSU 向 OBU 发出界面提示请求
SetMMI.response	SetMMI_rs	RSU 接收 OBU 进行界面提示的响应
GetSecure.request ∪ TransferChannel.request	GetSecureTransferChannel_rq	GetSecure 与 TransferChannel 带链接的拼接请求
GetSecure.response ∪ TransferChannel.response	GetSecureTransferChannel_rs	GetSecure 与 TransferChannel 带链接的拼接应答
TransferChannel.request ∪ SetMMI.request	TransferChannelSetMMI_rq	TransferChannel 与 SetMMI 带链接的拼接请求
TransferChannel.response ∪ SetMMI.response	TransferChannelSetMMI_rs	TransferChannel 与 SetMMI 带链接的拼接应答

4 EVENT_REPORT 原语指令见表 7-5。

表 7-5 EVENT_REPORT 原语指令

原语名称	函数	功能说明
EVENT_REPORT.request	Event_Report_rq	释放与 OBU 的通信链路

7.5.2 API 函数定义

7.5.2.1 RSU 设备指令

1 打开设备端口

函数:long RSU_Open(int mode,char * dev,int port)

参数说明见表 7-6。

返回值说明见表 7-7。

表 7-6 函数 RSU_OPEN 参数说明

参数	参数类型	说明
mode	传入	0:串口,1:TCP/IP,2:USB 口,其他保留
dev	传入	设备号,如"COM1"(串口模式),"USB1"(USB 接口模式),"/dev/ttyS0"(Linux 操作系统下的串口模式),"/dev/ttyUSB0"(Linux 操作系统的 USB 接口),"192.168.1.1"(TCP 模式下)
port	传入	TCP 模式下服务端口号;串口/USB 模式时不用,可填 0

表 7-7　函数 RSU_OPEN 返回值说明

返回值	说明	返回值	说明
>0	打开设备成功,该值为设备句柄号	-1001	设备被占用
-100	设备无响应	-1002	设备打开失败
-1000	传入参数错误	-2000	其他错误

2　关闭设备端口

函数:int RSU_Close(long fd)

参数说明见表 7-8。

返回值说明见表 7-9。

表 7-8　函数 RSU_CLOSE 参数说明

参　数	参数类型	说　明
fd	传入	设备句柄号

表 7-9　函数 RSU_CLOSE 返回值说明

返回值	说明	返回值	说明
0	关闭设备成功	-1000	传入参数错误
-100	设备无响应	-2000	其他错误

3　RSU 初始化

函数:int RSU_INIT_rq(long fd, char *Time, int BSTInterval, int TxPower,
　　　int PLLChannelID, int TimeOut)

参数说明见表 7-10。

返回值说明见表 7-11。

表 7-10　函数 RSU_INIT_rq 参数说明

参　数	参数类型	说　明
fd	传入	设备句柄号
Time	传入	UNIX 时间,从 1970 年 1 月 1 日 00:00 开始累计的秒数(长度 4 字节)
BSTInterval	传入	RSU 自动发送 BST 的间隔,单位 ms,范围 1~10ms
TxPower	传入	RSU 发射功率设置,取值范围为 0~33,步进值为 1
PLLChannelID	传入	信道号,范围 0~1
TimeOut	传入	超时时间,范围 1~1000ms

表 7-11　函数 RSU_INIT_rq 返回值说明

返回值	说明	返回值	说明
0	命令发送成功	-1001	设备未打开
-100	超时,RSU 设备无响应	-2000	其他错误
-1000	传入参数错误		

4　RSU 初始化返回

函数:int RSU_INIT_rs(long fd, int *RSUStatus, int *rlen, char *RSUinfo, int TimeOut)

参数说明见表 7-12。

返回值说明见表 7-13。

表 7-12　函数 RSU_INIT_rs 参数说明

参　　数	参 数 类 型	说　　明
fd	传入	设备句柄号
RSUStatus	传出	RSU 主状态参数;0 表示正常,否则表示异常,具体厂商自定义
rlen	传出	返回信息的长度
RSUinfo	传出	RSU 设备信息,包括 RSU 厂商代码(1 字节)、RSU 编号(3 字节)、RSU 软件版本号(2 字节)等
TimeOut	传入	超时时间,范围 1~1000ms

表 7-13　函数 RSU_INIT_rs 返回值说明

返 回 值	说　　明	返 回 值	说　　明
0	命令执行成功	-1001	设备未打开
-100	超时,RSU 设备无响应	-2000	其他错误
-1000	传入参数错误		

5　PSAM 通道复位

函数:int PSAM_Reset_rq(long fd, int PSAMSlot, long baud, int TimeOut)

参数说明见表 7-14。

返回值说明见表 7-15。

表 7-14　函数 PSAM_Reset_rq 参数说明

参　　数	参 数 类 型	说　　明
fd	传入	设备句柄号
PSAMSlot	传入	PSAM 卡槽号 0x00~0x05
baud	传入	PSAM 通信速率
TimeOut	传入	超时时间,范围 1~1000ms

表 7-15　函数 PSAM_Reset_rq 返回值说明

返 回 值	说　　明	返 回 值	说　　明
0	命令执行成功	-1001	设备未打开
-100	超时,RSU 设备无响应	-2000	其他错误
-1000	传入参数错误		

6　PSAM 通道复位返回

函数:int PSAM_Reset_rs(long fd, int PSAMSlot, int *rlen, char *Data, int TimeOut)

参数说明见表 7-16。

返回值说明见表 7-17。

表 7-16　函数 PSAM_Reset_rs 参数说明

参　　数	参 数 类 型	说　　明
fd	传入	设备句柄号
PSAMSlot	传入	PSAM 卡槽号 0x00~0x05
rlen	传出	PSAM 上电复位信息的长度
Data	传出	PSAM 上电复位信息
TimeOut	传入	超时时间,范围 1~1000ms

表 7-17 函数 PSAM_Reset_rs 返回值说明

返 回 值	说　　明	返 回 值	说　　明
0	命令执行成功	-1010	无卡
-100	超时,RSU 设备无响应	-1011	非 PSAM 卡
-102	超时,PSAM 无响应	-1012	PSAM 执行命令失败
-1000	传入参数错误	-2000	其他错误
-1001	设备未打开		

7　PSAM 通道指令

函数:int PSAM_CHANNEL_rq(int fd, int PSAMSlot, int APDUList, char * APDU, int TimeOut)

参数说明见表 7-18。

返回值说明见表 7-19。

表 7-18　函数 PSAM_CHANNEL_rq 参数说明

参　　数	参数类型	说　　明
fd	传入	设备句柄号
PSAMSlot	传入	PSAM 卡槽号 0x00~0x05
APDUList	传入	PSAM 指令数
APDU	传入	PSAM 指令,按顺序为指令 1 长度(1 字节)、指令 1、指令 2 长度(1 字节)、指令 2……
TimeOut	传入	超时时间,范围 1~1000ms

表 7-19　函数 PSAM_CHANNEL_rq 返回值说明

返 回 值	说　　明	返 回 值	说　　明
0	命令执行成功	-1010	无卡
-100	超时,RSU 设备无响应	-1011	非 PSAM 卡
-1000	传入参数错误	-1012	PSAM 执行命令失败
-1001	设备未打开	-2000	其他错误

8　PSAM 通道指令返回

函数:int PSAM_CHANNEL_rs (int fd, int PSAMSlot, int * APDUList, char * Data, int TimeOut)

参数说明见表 7-20。

返回值说明见表 7-21。

表 7-20　函数 PSAM_CHANNEL_rs 参数说明

参　　数	参数类型	说　　明
fd	传入	设备句柄号
PSAMSlot	传入	PSAM 卡槽号 0x00~0x05
APDUList	传出	PSAM 指令数
Data	传出	PSAM 指令返回,按顺序为数据 1 长度(1 字节)、数据 1、数据 2 长度(1 字节)、数据 2……
TimeOut	传入	超时时间,范围 1~1000ms

表 7-21 函数 PSAM_CHANNEL_rs 返回值说明

返 回 值	说　　明	返 回 值	说　　明
0	命令执行成功	-1010	无卡
-100	超时,RSU 设备无响应	-1011	非 PSAM 卡
-102	超时,PSAM 无响应	-1012	PSAM 执行命令失败
-1000	传入参数错误	-2000	其他错误
-1001	设备未打开		

9　RSU 信息查询

函数:int RSU_Info_rq(long fd, int TimeOut)

参数说明见表 7-22。

返回值说明见表 7-23。

表 7-22　函数 RSU_Info_rq 参数说明

参　　数	参 数 类 型	说　　明
fd	传入	设备句柄号
TimeOut	传入	超时时间,范围 1~1000ms

表 7-23　函数 RSU_Info_rq 返回值说明

返 回 值	说　　明	返 回 值	说　　明
0	命令发送成功	-1001	设备未打开
-100	超时,RSU 设备无响应	-2000	其他错误
-1000	传入参数错误		

10　RSU 信息查询返回

函数:int RSU_Info_rs(long fd, int *rlen, char *RSUinfo, int TimeOut)

参数说明见表 7-24。

返回值说明见表 7-25。

表 7-24　函数 RSU_Info_rs 参数说明

参　　数	参 数 类 型	说　　明
fd	传入	设备句柄号
rlen	传出	返回 RSU 设备信息的长度
RSUinfo	传出	RSU 设备信息,包括 RSU 厂商代码(1 字节)、RSU 编号(3 字节)、RSU 软件版本号(2 字节)等
TimeOut	传入	超时时间,范围 1~1000ms

表 7-25　函数 RSU_Info_rs 返回值说明

返 回 值	说　　明	返 回 值	说　　明
0	命令执行成功	-1001	设备未打开
-100	超时,RSU 设备无响应	-2000	其他错误
-1000	传入参数错误		

7.5.2.2　INITIALIZATION 原语指令

1　BST

函数：int INITIALIZATION_rq（long fd，char ＊BeaconID，char ＊Time，

　　　int Profile，

　　　int MandApplicationlist,char ＊MandApplication，int Profilelist，int TimeOut）

参数说明见表7-26。

返回值说明见表7-27。

车道控制器发 BST 消息到 RSU,RSU 收到消息后按照一定时间间隔(时间间隔为7.5.2.1第3款 RSU 初始化时传入的参数 BSTInterval,建议取值范围1～10ms)连续发送 BST,直到收到 VST。RSU 在其通信区域内始终搜索不到 OBU 的情况下,也应在超时时间范围内向车道控制器应答此帧,作为心跳信息使用,表示天线处于正常工作状态。

表7-26　函数 INITIALIZATION_rq 参数说明

参　　数	参数类型	说　　明
fd	传入	设备句柄号
BeaconID	传入	由1字节 manufacturerID 和3字节 individualID 组成
Time	传入	UNIX 时间,长度为4字节,从1970年1月1日00:00起,以秒计算的累计值
Profile	传入	配置选项,长度为1字节,配置值如下: 00H——配置0(A 类)的信道1　01H——配置0(A 类)的信道2 10H——配置1(B 类)的信道1　11H——配置1(B 类)的信道2
MandApplicationlist	传入	应用数
MandApplication	传入	BST 发送的应用指令,按顺序为指令1长度(1字节)、指令1、指令2长度(1字节)、指令2…… ETC 应用指令的具体定义见 GB/T 20851.3、GB/T 20851.4及第二部分"8　基于 DSRC 的 ETC 交易"
Profilelist	传入	配置文件号
TimeOut	传入	超时时间,范围1～1000ms

表7-27　函数 INITIALIZATION_rq 返回值说明

返　回　值	说　　明	返　回　值	说　　明
0	命令执行成功	-1001	设备未打开
-100	超时,RSU 设备无响应	-2000	其他错误
-1000	传入参数错误		

2　VST

函数：int INITIALIZATION_rs（long fd，int ＊ReturnStatus，int ＊Profile，

　　　int ＊Applicationlist，char ＊Application，

　　　char ＊OBUConfiguration，　int TimeOut ）

参数说明见表7-28。

返回值说明见表7-29。

表 7-28　函数 INITIALIZATION_rs 参数说明

参　　数	参数类型	说　　明
fd	传入	设备句柄号
ReturnStatus	传出	0 表示收到 VST；1 表示未收到 VST，此返回数据为心跳应答，后面参数值均可忽略
Profile	传出	OBU 返回的配置，长度为 1 字节，配置值如下： 00H——配置 0（A 类）的信道 1　01H——配置 0（A 类）的信道 2 10H——配置 1（B 类）的信道 1　11H——配置 1（B 类）的信道 2
Applicationlist	传出	应用列表数
Application	传出	应用列表，按顺序为： Did1、Container1、Container1_Data、Container2、Container2_Data…… Did2、Container1、Container1_Data、Container2、Containcr2_Data…… …… 应用列表的具体定义见 GB/T 20851.3、GB/T 20851.4 及第二部分"8　基于 DSRC 的 ETC 交易"
OBUConfiguration	传出	OBU 配置信息内容，长度为 7 字节，包括以下内容： 4 字节 OBU 的 MAC 地址，1 字节设备硬件状态，2 字节 OBU 状态。见 GB/T 20851.3 及第二部分"8　基于 DSRC 的 ETC 交易"
TimeOut	传入	超时时间，范围 1~1000ms

表 7-29　函数 INITIALIZATION_rs 返回值说明

返回值	说　　明	返回值	说　　明
0	命令执行成功	-1001	设备未打开
-100	超时，RSU 设备无响应	-2000	其他错误
-1000	传入参数错误		

7.5.2.3　ACTION 原语指令

1　GetSecure_request

函数：int GetSecure_rq（long fd, int AccessCredentialsOp, int Mode, int DID,
　　　char *AccessCredentials, int KeyIdForEncryptOp, int FID,
　　　int Offset, int Length, char *RandRSU, int KeyIdForAuthen,
　　　int KeyIdForEncrypt, int TimeOut）

参数说明见表 7-30。

返回值说明见表 7-31。

表 7-30　函数 GetSecure_rq 参数说明

参　　数	参数类型	说　　明
fd	传入	设备句柄号
AccessCredentialsOp	传入	是否带有认证码，0：否，1：是
Mode	传入	确认模式，1：需应答，0：无需应答

续上表

参　　数	参数类型	说　　明
DID	传入	要读取的 OBU 应用号,ETC 应用为 1,标识站应用为 2,城市道路收费为 3,4~10 保留
AccessCredentials	传入	OBU 认证码,8 字节;根据 AccessCredentialsOp 决定 RSU 发出的数据帧中是否有该域
KeyIdForEncryptOp	传入	是否存在 KeyIdForEncrypt 域,0:否,1:是
FID	传入	要读取的 OBU 文件号
Offset	传入	要读取的 OBU 文件偏移地址
Length	传入	要读取的 OBU 文件长度
RandRSU	传入	RSU 发出的随机数,8 字节
KeyIdForAuthen	传入	OBU 计算认证码的密钥索引号
KeyIdForEncrypt	传入	OBU 加密密钥索引号,根据 KeyIdForEncryptOp 决定 RSU 发出的数据帧中是否有该域
TimeOut	传入	超时时间,范围 1~1000ms

表 7-31　函数 GetSecure_rq 返回值说明

返　回　值	说　　明	返　回　值	说　　明
0	命令执行成功	-1001	设备未打开
-100	超时,RSU 设备无响应	-2000	其他错误
-1000	传入参数错误		

2　GetSecure. response

函数:int GetSecure_rs(long fd, int * DID, int * FID, int * Length, char * File,
　　char * Authenticator,int * ReturnStatus, int TimeOut)

参数说明见表 7-32。

返回值说明见表 7-33。

表 7-32　函数 GetSecure _rs 参数说明

参　　数	参数类型	说　　明
fd	传入	设备句柄号
DID	传出	读取的 OBU 应用号,ETC 应用为 1,标识站应用为 2,城市道路收费为 3,4~10 保留
FID	传出	读取的 OBU 文件号
Length	传出	返回的 OBU 文件内容长度
File	传出	OBU 文件内容,是用 OBU 认证密钥对鉴别码和文件信息进行加密得到的密文
Authenticator	传出	OBU 认证码,当函数 GetSecure_rq 的参数 AccessCredentialsOp 为 0 时,Authenticator 为 8 字节 0x00
ReturnStatus	传出	OBU 处理状态
TimeOut	传入	超时时间,范围 1~1000ms

表 7-33 函数 GetSecure_rs 返回值说明

返回值	说明	返回值	说明
0	命令执行成功	-1000	传入参数错误
-100	超时,RSU 设备无响应	-1001	设备未打开
-101	超时,OBU 无响应	-2000	其他错误

3　TransferChannel.request

函数:int TransferChannel_rq(long fd, int Mode, int DID, int ChannelID,
　　　int APDULIST,char * APDU, int TimeOut)

参数说明见表 7-34。

返回值说明见表 7-35。

表 7-34　函数 TransferChannel_rq 参数说明

参数	参数类型	说明
fd	传入	设备句柄号
Mode	传入	确认模式,1:需应答,0:无需应答
DID	传入	要读取的 OBU 应用号,ETC 应用为 1,标识站应用为 2,城市道路收费为 3,4~10 保留
ChannelID	传入	通道 ID 号,具体定义见 GB/T 20851.4
APDULIST	传入	对通道操作的 APDU 命令数
APDU	传入	对通道操作的 APDU 命令,按顺序为指令 1 长度(1 字节)、指令 1、指令 2 长度(1 字节)、指令 2……
TimeOut	传入	超时时间,范围 1~1000ms

表 7-35　函数 TransferChannel_rq 返回值说明

返回值	说明	返回值	说明
0	命令执行成功	-1001	设备未打开
-100	超时,RSU 设备无响应	-2000	其他错误
-1000	传入参数错误		

4　TransferChannel.response

函数:int TransferChannel_rs(long fd, int DID,int * ChannelID,int * APDULIST,char * Data,int *
　　　ReturnStatus, int TimeOut)

参数说明见表 7-36。

返回值说明见表 7-37。

表 7-36 函数 TransferChannel_rs 参数说明

参　　数	参数类型	说　　明
fd	传入	设备句柄号
DID	传出	OBU 应用号,ETC 应用为 1,标识站应用为 2,城市道路收费为 3,4~10 保留
ChannelID	传出	通道 ID 号
APDULIST	传出	对通道操作的 APDU 命令数
Data	传出	对通道操作的 APDU 命令返回数据,按顺序为数据 1 长度(1 字节)、数据 1、数据 2 长度(1 字节)、数据 2……
ReturnStatus	传出	OBU 处理状态
TimeOut	传入	超时时间,范围 1~1000ms

表 7-37 函数 TransferChannel_rs 返回值说明

返　回　值	说　　明	返　回　值	说　　明
0	命令执行成功	-1000	传入参数错误
-100	超时,RSU 设备无响应	-1001	设备未打开
-101	超时,OBU 无响应	-2000	其他错误
-103	超时,通道设备(CPU 用户卡、ESAM 等)无响应		

5　SetMMI.request

函数:int SetMMI_rq(long fd, int Mode, int DID, int SetMMIPara, int TimeOut)

参数说明见表 7-38。

返回值说明见表 7-39。

表 7-38 函数 SetMMI_rq 参数说明

参　　数	参数类型	说　　明
fd	传入	设备句柄号
Mode	传入	确认模式,1:需应答,0:无需应答
DID	传入	OBU 应用号,ETC 应用为 1,标识站应用为 2,城市道路收费为 3,4~10 保留
SetMMIPara	传入	人机界面参数,具体定义见 GB/T 20851.4
TimeOut	传入	超时时间,范围 1~1000ms

表 7-39 函数 SetMMI_rq 返回值说明

返　回　值	说　　明	返　回　值	说　　明
0	命令执行成功	-1001	设备未打开
-100	超时,RSU 设备无响应	-2000	其他错误
-1000	传入参数错误		

6　SetMMI.response

函数:int SetMMI_rs(long fd, int *DID, int *ReturnStatus, int TimeOut)

参数说明见表 7-40。

返回值说明见表 7-41。

表 7-40 函数 SetMMI_rs 参数说明

参 数	参数类型	说 明
fd	传入	设备句柄号
DID	传出	OBU 应用号,ETC 应用为 1,标识站应用为 2,城市道路收费为 3,4~10 保留
ReturnStatus	传出	OBU 处理状态
TimeOut	传入	超时时间,范围 1~1000ms

表 7-41 函数 SetMMI_rs 返回值说明

返 回 值	说 明	返 回 值	说 明
0	命令执行成功	-1000	传入参数错误
-100	超时,RSU 设备无响应	-1001	设备未打开
-101	超时,OBU 无响应	-2000	其他错误

7 GetSecure.request ∪ TransferChannel.request

函数:int GetSecureTransferChannel_rq (long fd, int AccessCredentialsOp, int G_mode, int G_DID, char * AccessCredentials, int KeyIdForEncryptOp, int FID, int Offset, int Length, char * RandRSU, int KeyIdForAuthen, int KeyIdForEncrypt, int T_mode, int T_DID, int ChannelID, int APDULIST, char * APDU, int TimeOut)

参数说明见表 7-42,参数的具体定义见 GB/T 20851.3、GB/T 20851.4 及第二部分"8 基于 DSRC 的 ETC 交易"。

返回值说明见表 7-43。

表 7-42 函数 GetSecureTransferChannel_rq 参数说明

参 数	参数类型	说 明
fd	传入	设备句柄号
AccessCredentialsOp	传入	是否带有认证码,0:否,1:是
G_mode	传入	GetSecure 确认模式,1:需应答,0:无需应答
G_DID	传入	GetSecure 要读取的 OBU 应用号,ETC 应用为 1,标识站应用为 2,城市道路收费为 3,4~10 保留
AccessCredentials	传入	OBU 认证码,8 字节;根据 AccessCredentialsOp 决定 RSU 发出的数据帧中是否有该域
KeyIdForEncryptOp	传入	是否存在 KeyIdForEncrypt 域,0:否,1:是
FID	传入	要读取的 OBU 文件号
Offset	传入	要读取的 OBU 文件偏移地址
Length	传入	要读取的 OBU 文件长度
RandRSU	传入	RSU 发出的随机数,8 字节
KeyIdForAuthen	传入	OBU 计算认证码的密钥索引号
KeyIdForEncrypt	传入	OBU 加密密钥索引号,根据 KeyIdForEncryptOp 决定 RSU 发出的数据帧中是否有该域

续上表

参　　数	参数类型	说　　明
T_mode	传入	TransferChannel 确认模式,1:需应答,0:无需应答
T_DID	传入	TransferChannel 要读取的 OBU 应用号,ETC 应用为 1,标识站应用为 2,城市道路收费为 3,4~10 保留
ChannelID	传入	通道 ID 号,具体定义见 GB/T 20851.4
APDULIST	传入	对通道操作的 APDU 命令数
APDU	传入	对通道操作的 APDU 命令,按顺序为指令 1 长度(1 字节)、指令 1、指令 2 长度(1 字节)、指令 2……
TimeOut	传入	超时时间,范围 1~1000ms

表 7-43　函数 GetSecureTransferChannel_rq 返回值说明

返 回 值	说　　明	返 回 值	说　　明
0	命令执行成功	-1001	设备未打开
-100	超时,RSU 设备无响应	-2000	其他错误
-1000	传入参数错误		

8　GetSecure.response ∪ TransferChannel.response

函数:int GetSecureTransferChannel_rs(long fd, int *G_DID, int *FID, int *Length, char *File, char *Authenticator, int *G_ReturnStatus, int T_DID, int *ChannelID, int *APDULIST, char *Data, int *T_ReturnStatus, int TimeOut)

参数说明见表 7-44。

返回值说明见表 7-45。

补充说明:OBU 采用 ESAM 时,返回的 File 为用 OBU 认证密钥对鉴别码和文件信息进行加密得到的密文,此时 Authenticator 为 8 字节 0x00。

表 7-44　函数 GetSecureTransferChannel_rs 参数说明

参　　数	参数类型	说　　明
fd	传入	设备句柄号
G_DID	传出	GetSecure 读取的 OBU 应用号,ETC 应用为 1,标识站应用为 2,城市道路收费为 3,4~10 保留
FID	传出	GetSecure 读取的 OBU 文件号
Length	传出	GetSecure 返回的 OBU 文件内容长度
File	传出	GetSecure 返回的 OBU 文件内容,是用 OBU 认证密钥对鉴别码和文件信息进行加密得到的密文
Authenticator	传出	GetSecure 返回的 OBU 认证码,当函数 GetSecureTransferChannel_rq 的参数 AccessCredentialsOp 为 0 时,Authenticator 为 8 字节 0x00
G_ReturnStatus	传出	GetSecure 返回的 OBU 处理状态
T_DID	传出	TransferChannel 读取的 OBU 应用号,ETC 应用为 1,标识站应用为 2,城市道路收费为 3,4~10 保留
ChannelID	传出	TransferChannel 读取的通道 ID 号

续上表

参　　数	参数类型	说　　明
APDULIST	传出	TransferChannel 对通道操作的 APDU 命令数
Data	传出	TransferChannel 对通道操作的 APDU 命令返回数据,按顺序为数据 1 长度(1 字节)、数据 1、数据 2 长度(1 字节)、数据 2……
T_ReturnStatus	传出	TransferChannel 返回的 OBU 处理状态

表 7-45　函数 GetSecureTransferChannel_rs 参数说明

返　回　值	说　　明	返　回　值	说　　明
0	命令执行成功	-1000	传入参数错误
-100	超时,RSU 设备无响应	-1001	设备未打开
-101	超时,OBU 无响应	-2000	其他错误

9　TransferChannel. request ∪ SetMMI. request

函数:int TransferChannelSetMMI_rq(long fd, int T_mode, int T_DID, int ChannelID, int APDULIST, char * APDU, int S_mode, int S_DID, int SetMMIPara, int TimeOut)

参数说明见表 7-46。

返回值说明见表 7-47。

表 7-46　函数 TransferChannelSetMMI_rq 参数说明

参　　数	参数类型	说　　明
fd	传入	设备句柄号
T_mode	传入	TransferChannel 确认模式,1:需应答,0:无需应答
T_DID	传入	TransferChannel 要读取的 OBU 应用号,ETC 应用为 1,标识站应用为 2,城市道路收费为 3,4～10 保留
ChannelID	传入	TransferChannel 通道 ID 号,具体定义见 GB/T 20851.4
APDULIST	传入	TransferChannel 对通道操作的 APDU 命令数
APDU	传入	TransferChannel 对通道操作的 APDU 命令,按顺序为指令 1 长度(1 字节)、指令 1、指令 2 长度(1 字节)、指令 2……
S_mode	传入	SetMMI 确认模式,1:需应答,0:无需应答
S_DID	传入	SetMMI 要读取的 OBU 应用号,ETC 应用为 1,标识站应用为 2
SetMMIPara	传入	SetMMI 人机界面参数,具体定义见 GB/T 20851.4
TimeOut	传入	超时时间,范围 1～1000ms

表 7-47　函数 TransferChannelSetMMI_rq 返回值说明

返　回　值	说　　明	返　回　值	说　　明
0	命令执行成功	-1001	设备未打开
-100	超时,RSU 设备无响应	-2000	其他错误
-1000	传入参数错误		

10　TransferChannel. response ∪ SetMMI. response

函数:int TransferChannel SetMMI_rs(long fd, int T_DID, int * ChannelID, int * APDULIST, char * Data, int * T_ReturnStatus, int * S_DID, int * S_ReturnStatus, int TimeOut)

参数说明见表7-48。

返回值说明见表7-49。

表 7-48 函数 TransferChannelSetMMI_rs 参数说明

参　　数	参 数 类 型	说　　明
fd	传入	设备句柄号
T_DID	传出	TransferChannel 读取的 OBU 应用号，ETC 应用为1，标识站应用为2，城市道路收费为3，4~10保留
ChannelID	传出	TransferChannel 通道 ID 号
APDULIST	传出	TransferChannel 对通道操作的 APDU 命令数
Data	传出	TransferChannel 对通道操作的 APDU 命令返回数据，按顺序为数据1长度(1字节)、数据1、数据2长度(1字节)、数据2……
T_ReturnStatus	传出	TransferChannel 返回的 OBU 处理状态
S_DID	传出	SetMMI 读取的 OBU 应用号，ETC 应用为1，标识站应用为2
S_ReturnStatus	传出	SetMMI 返回的 OBU 处理状态
TimeOut	传入	超时时间，范围 1~1000ms

表 7-49 函数 TransferChannelSetMMI_rs 返回值说明

返 回 值	说　　明	返 回 值	说　　明
0	命令执行成功	-1000	传入参数错误
-100	超时，RSU 设备无响应	-1001	设备未打开
-101	超时，OBU 无响应	-2000	其他错误
-103	超时，通道设备(CPU 用户卡、ESAM 等)无响应		

7.5.2.4 EVENT_REPORT 原语指令

函数：int　EVENT_REPORT_rq(long fd, int Mode, int DID, int EventType, int TimeOut)

参数说明见表7-50。

返回值说明见表7-51。

表 7-50 函数 EVENT_REPORT_rq 参数说明

参　　数	参 数 类 型	说　　明
fd	传入	设备句柄号
Mode	传入	确认模式，1:需应答，0:无需应答
DID	传入	DSRC-DID，目录号
EventType	传入	Release = 0
TimeOut	传入	超时时间，范围 1~1000ms

表 7-51 函数 EVENT_REPORT_rq 返回值说明

返 回 值	说　　明	返 回 值	说　　明
0	命令执行成功	-1001	设备未打开
-100	超时，RSU 设备无响应	-2000	其他错误
-1000	传入参数错误		

7.6 DATA 数据域定义

7.6.1 DATA 数据域格式

RSU 和车道控制器间通信的数据帧结构中的 DATA 数据域格式,见图 7-4。

| Type | Content |

图 7-4　DATA 数据域格式

注：①Type：数据类型，1 字节，具体定义见 7.6.2。
　　②Content：数据内容，具体定义见 7.6.3。

7.6.2　DATA 数据类型的定义

7.6.2.1　车道控制器发往 RSU 的数据类型

车道控制器发送到 RSU 的指令说明见表 7-52。

表 7-52　车道控制器发往 RSU 的指令说明

数 据 类 型	代　码	功　能　说　明
RSU 初始化	F0	对 RSU 关键参数进行初始化设置，建立与 RSU 的连接
INITIALIZATION 原语指令	F1	指示 RSU 发送 BST
ACTION 原语指令	F2	指示 RSU 发送 ACTION 原语指令
EVENT_REPORT 原语指令	F3	指示 RSU 发送 EVENT_REPORT 原语指令
PSAM 通道复位	F8	对 RSU 中 PSAM 卡进行复位操作
PSAM 通道指令	F9	对 RSU 中 PSAM 卡的通道操作

7.6.2.2　RSU 发往车道控制器的数据类型

RSU 发送到车道控制器的指令说明见表 7-53。

表 7-53　RSU 发往车道控制器的指令说明

数 据 类 型	代　码	功　能　说　明
RSU 初始化返回	E0	返回 RSU 设备编号等信息
INITIALIZATION 原语返回	E1	返回 OBU 的 BST 应答数据
ACTION 原语命令返回	E2	返回 OBU 应答的 ACTION 原语响应
PSAM 通道复位返回	E8	对 RSU 中 PSAM 卡的复位操作响应
PSAM 通道指令返回	E9	对 RSU 中 PSAM 卡的通道操作响应

7.6.3　DATA 域的定义

7.6.3.1　车道控制器指令数据帧结构

1　RSU 初始化

RSU 初始化指令说明见表 7-54。

表 7-54 RSU 初始化指令说明

位 置	字 节 数	数 据 元	数 据 内 容
0	1	CMD Type	指令代码,此处取值 F0H
1	4	Datetime	UNIX 当前时间,高位在前
5	1	BST Interval	BST 间隔,单位 ms,范围 1~10ms
6	1	TxPower	功率级数,范围 0~33,步进值为 1
7	1	PLLChannelID	信道号,范围 0~1

2 INITIALIZATION 原语指令

RSU 的 INITIALIZATION 指令说明见表 7-55。

表 7-55 INITIALIZATION 指令说明

位 置	字 节 数	数 据 元	数 据 内 容
0	1	CMD Type	指令代码,此处取值 F1H
1	n	BST Content	BST 原语,由 L7 应用层数据组成,即从分段字头到帧校验 FCS 前的数据,具体定义见 GB/T 20851.3、GB/T 20851.4 及第二部分"8 基于 DSRC 的 ETC 交易"

3 ACTION 原语指令

RSU 的 ACTION 指令说明见表 7-56。

表 7-56 ACTION 指令说明

位 置	字 节 数	数 据 元	数 据 内 容
0	1	CMD Type	指令代码,此处取值 F2H
1	n	ACTION Content	ACTION 原语,由 L7 应用层数据组成,即从分段字头到帧校验 FCS 前的数据,具体定义见 GB/T 20851.4 及第二部分"8 基于 DSRC 的 ETC 交易"

4 EVENT_REPORT 原语指令

RSU 的 EVENT_REPORT 指令说明见表 7-57。

表 7-57 EVENT_REPORT 指令说明

位 置	字 节 数	数 据 元	数 据 内 容
0	1	CMD Type	指令代码,此处取值 F3H
1	n	EVENT_REPORT Content	EVENT_REPORT 原语,由 L7 应用层数据组成,即从分段字头到帧校验 FCS 前的数据,具体定义见 GB/T 20851.4 及第二部分"8 基于 DSRC 的 ETC 交易"

5 PSAM 通道复位

PSAM 通道复位说明见表 7-58。

表 7-58 PSAM 通道复位说明

位 置	字 节 数	数 据 元	数 据 内 容
0	1	CMD Type	指令代码,此处取值 F8H
1	1	PSAM Slot	卡槽号,0x00~0x05
2	1	PSAM Baud	PSAM 通信速率 1-9600;2-38400;3-57600;4-115200;其他-保留

6 PSAM 通道指令

PSAM 通道指令说明见表 7-59。

表 7-59 PSAM 通道指令说明

位 置	字 节 数	数 据 元	数 据 内 容
0	1	CMD Type	指令代码,此处取值 F9H
1	1	PSAM Slot	卡槽号,0x00~0x05
2	1	APDU list	APDU 指令数
3	n	APDU	APDU 指令,按顺序为指令 1 长度(1 字节)、指令 1、指令 2 长度(1 字节)、指令 2……

7.6.3.2 RSU 信息帧数据结构

1 RSU 初始化返回

RSU 初始化返回指令说明见表 7-60。

表 7-60 RSU 初始化返回指令说明

位 置	字 节 数	数 据 元	数 据 内 容
0	1	Frame Type	数据帧类型标识,此处取值 E0
1	1	RSUStatus	RSU 主状态参数;0x00 表示正常,否则表示异常
2	1	rlen	返回信息的长度
3	n	RSUinfo	RSU 设备信息,包括 RSU 厂商代码(1 字节)、RSU 编号(3 字节)、RSU 软件版本号(2 字节)等

2 INITIALIZATION 原语返回

INITIALIZATION 原语返回指令说明见表 7-61。

表 7-61 INITIALIZATION 原语返回指令说明

位 置	字 节 数	数 据 元	数 据 内 容
0	1	Frame Type	数据帧类型标识,此处取值 E1
1	1	Status	0x00 表示收到 VST,0x01 表示未收到 VST
2	n	VST Content	Status 为 0x00 时,有此域;为 0x01 时,此域长度为 0。 VST 信息,由 L7 应用层数据组成,即从分段字头到帧校验 FCS 前的数据,具体定义见 GB/T 20851.3、GB/T 20851.4 及第二部分"8 基于 DSRC 的 ETC 交易"

3 ACTION 原语返回

ACTION 原语返回指令说明见表 7-62。

表 7-62 ACTION 原语返回指令说明

位 置	字 节 数	数 据 元	数 据 内 容
0	1	Frame Type	数据帧类型标识,此处取值 E2
1	1	Status	0x00 表示收到 OBU 应答,0x01 表示超时未收到 OBU 返回
2	n	Content	Status 为 0x00 时,有此域;为 0x01 时,此域长度为 0。ACTION 原语返回信息,由 L7 应用层数据组成,即从分段字头到帧校验 FCS 前的数据,具体定义见 GB/T 20851.4 及第二部分"8 基于 DSRC 的 ETC 交易"

4 PSAM 通道复位返回

PSAM 通道复位返回说明见表 7-63。

表 7-63 PSAM 通道复位返回说明

位 置	字 节 数	数 据 元	数 据 内 容
0	1	Frame Type	数据帧类型标识,此处取值 E8
1	1	Status	0x00 表示正常返回,0x01 表示无响应
2	1	rlen	返回 PSAM 复位信息的长度
3	n	Data	PSAM 复位信息

5 PSAM 通道指令返回

PSAM 通道指令返回说明见表 7-64。

表 7-64 PSAM 通道指令返回说明

位 置	字 节 数	数 据 元	数 据 内 容
0	1	Frame Type	数据帧类型标识,此处取值 E9
1	1	Status	0x00 表示正常返回,0x01 表示无响应
2	1	Data List	响应指令数
3	n	Data	PSAM 指令返回,按顺序为数据 1 长度(1 字节)、数据 1、数据 2 长度(1 字节)、数据 2……

8 基于 DSRC 的 ETC 交易

8.1 物理层

RSE 技术要求见表 8-1，其他规定见 GB/T 20851.1。

OBE 技术要求见表 8-2，其他规定见 GB/T 20851.1。

表 8-1 RSE 技术要求

序 号	参 数		A 类
1	最高输入信号功率		≥ -20dBm
2	同信道干扰抑制比		< +10dB
3	邻信道干扰抑制比		< -20dB
4	阻塞干扰抑制比		< -30dB
5	天线	旁瓣电平	< -20dB
6		前后比	> +25dB
7	前导码		16位"0"前加16位"1"

表 8-2 OBE 技术要求

序 号	参 数	A 类
1	最高输入信号功率	≥ -20dBm
2	同信道干扰抑制比	< +15dB
3	邻信道干扰抑制比	< +15dB
4	阻塞干扰抑制比	< -10dB
5	前导码	16位"0"前加16位"1"

8.2 数据链路层

N1 取值为 0~2。

Tu 为 3ms。

其他规定见 GB/T 20851.2。

8.3 交易流程总体框架

本部分描述了 ETC 交易流程以及交易中服务原语的拼接操作。

8.3.1 通信阶段划分

整个交易过程可划分为通信链路建立及应用信息获取、获取 OBE 数据、ICC-PSAM 消费交易、用户提示、链路释放等五个阶段。OBE 和 RSE 之间的认证包含在前两个阶段中，ICC-PSAM 间安全认证过程包含在第三个阶段中。

8.3.1.1 通信链路建立及应用信息获取阶段

该阶段主要完成通信链路的建立,协商通信参数,协商应用参数,获取部分应用信息等。

1　RSE:BST;
2　OBE:VST。

8.3.1.2 获取 OBE 数据阶段

读取 OBE 信息,主要是车辆信息文件中的车型信息,可完成 OBE 和 RSE 间的认证。

1　RSE:GetSecure.request;
2　OBE:GetSecure.response。

8.3.1.3 ICC-PSAM 消费交易阶段

使用多条 TransferChannel 完成 ICC-PSAM 的消费交易流程。费率计算由车道计算机完成,车型来自于 OBE,计算过程同人工收费。

1　RSE:TransferChannel.request;
2　OBE:TransferChannel.response。

8.3.1.4 用户提示阶段

提示用户交易结果。

1　RSE:SetMMI.request;
2　OBE:SetMMI.response。

8.3.1.5 链路释放阶段

RSE 释放与 OBE 的通信连接。

RSE:Event_Report(Release)。

8.3.2 原语拼接

交易中多个原语可通过拼接的方式实现,示例见附录 D。

最后一个 TransferChannel.request 和 SetMMI.request 可采用链接方式拼接到同一个 LSPU 中,亦即采用"带有链接的拼接",见 GB/T 20851.3。

8.4 DSRC 数据帧格式

8.4.1 BST

8.4.1.1 简要说明

LLC 层使用 UI 命令。

APP 层使用 Initialization.request,T-APDUs = Initialization-Request = BST。

8.4.1.2 数据定义

BST::= SEQUENCE{
　　fill　　　　　　　　　　BIT STRING(SIZE(3)),
　　rsu　　　　　　　　　　BeaconID,
　　time　　　　　　　　　Time,
　　profile　　　　　　　　Profile,

```
    mandapplications         ApplicationList,
    nonmandapplications      ApplicationList OPTIONAL,
    profileList              SEQUENCE (SIZE (0..127,...)) OF Profile
}
```
注:公路电子收费系统应用中无 nonmandapplications 数据元。

其中:

BeaconID::= SEQUENCE{
  manufacturerID   INTEGER(0..255),--1 字节
  individualID   INTEGER(0..16777215)--3 字节
}

ApplicationList::= SEQUENCE (SIZE (0..127,...)) OF
  SEQUENCE{
    aid   DSRCApplicationEntityID,
    did   Dsrc-DID OPTIONAL,
    applicationParameter ApplicationContextMark OPTIONAL
  }

注:①ApplicationList 的 SEQUENCE{ }元素无扩展。
  ②1 个应用,取值 1。
  ③无 did。
  ④有/无 applicationParameter。
  ⑤aid = 1。

applicationParameter 可用于指示当前使用的交易模型等应用参数信息,是否存在取决具体应用。其具体格式见 8.6。

  profileList --无扩展;0 个 Profile。

注:其编码为"0000 0000"。

8.4.2 VST

8.4.2.1 简要说明

LLC 层使用 UI 命令。

APP 层使用 Initialization.response,T-APDUs = Initialization-Response = VST。

8.4.2.2 数据定义

VST::= SEQUENCE{
  fill   BIT STRING (SIZE(4)),
  profile   Profile,
  applications   ApplicationList,
  obuConfiguration ObuConfiguration
}

其中:

ApplicationList::= SEQUENCE (SIZE (0..127,...)) OF
  SEQUENCE{
    aid   DSRCApplicationEntityID,
    did   Dsrc-DID OPTIONAL,
    applicationParameter ApplicationContextMark OPTIONAL

}

注:①SEQUENCE{}元素无扩展。

②有 did。

③有 applicationParameter。

④aid = 1。

Dsrc-DID∷ = INTEGER(0..127,...)

--无扩展,ETC 应用目录号为1,故取值1。

GB/T 20851.3 中,applicationParameter 的类型定义为 ApplicationContextMark,其 ASN.1 定义如下:

ApplicationContextMark∷ = Container

(WITH COMPONENTS {octetstring　PRENSENT})

--ApplicationContextMark 的示例可见 GB/T 20851.4 中 SysInfoFile 的相关内容。

本技术要求在国标 GB/T 20851.3 的基础上补充规定 VST 中的 applicationParameter 的 ASN.1 定义为:

VSTApplicationContextMark ∷ = SEQUENCE {

  sysInfo   Container,

  rndOBE   Container OPTIONAL,

  privateInfo   Container OPTIONAL,

  gbICCInfo   Container OPTIONAL,

  reservedInfo1 Container OPTIONAL,

  reservedInfo2 Container OPTIONAL,

  reservedInfo3 Container OPTIONAL,

  reservedInfo4 Container OPTIONAL,

  reservedInfo5 Container OPTIONAL

}

reservedInfo1 ~5 保留给未来其他应用系统使用。

本标准在 GB/T 20851.3 的基础上对 Container 进行扩充定义如下:

Container∷ = CHOICE {

  ...,

  sysInfo [39] SysInfo,--存放 OBE 中 SysInfoFile 中的部分内容,减少上传无效数据

  ...

}

SysInfo 的 ASN.1 类型定义为:

SysInfo∷ = SEQUENCE {

  contractProvider   OCTET STRING (SIZE(8)),

  contractType   INTEGER(0..127,...),

  contractVersion   INTEGER(0..127,...),

  contractSerialNumber ContractSerialNumber,

  contractSignedDate   Date,

  contractExpiredDate   Date

}

rndOBE 使用 Container[29],其 ASN.1 类型为 Rand。

Rand∷ = OCTET STRING (SIZE(8))

privateInfo 用于存放各地方专有应用的相关信息,其具体定义参见地方相关规范。
gbICCInfo 用于存放国标储值卡、记账卡中卡片发行信息、钱包余额及入口信息等。
VST 中,ObuStatus 的 ASN.1 定义如下:

```
ObuStatus::= SEQUENCE{
    iccPresent      BOOLEAN,--存在(0),无(1)
    iccType         BIT STRING (SIZE(3)),
    iccStatus       BOOLEAN, --IC 卡正常(0),出错(1)
    locked          BOOLEAN, --OBE 未锁(0),被锁(1)
    tampered        BOOLEAN, --OBE 未被拆动(0),被拆动(1)
    battery         BOOLEAN, --OBE 电池正常(0),电池电量低(1)
    reservedBits    BIT STRING (SIZE(8))   --ESAM 第 27 字节"拆卸状态"
}
```

其中,iccType 的最低有效位(Bit4)指示卡片是 CPU 用户卡还是逻辑加密卡,次低有效位(Bit5)指示卡片使用接触式界面还是非接触界面。据此规则,iccType 的格式定义见表 8-3。

表 8-3 iccType 编码含义

类 别	Bit6(保留比特)	Bit5	Bit4
接触式 CPU 卡	0	0	0
非接触 CPU 卡	0	1	0
接触式逻辑加密卡	0	0	1
非接触逻辑加密卡	0	1	1

8.4.3 GetSecure.request

8.4.3.1 简要说明

LLC 层使用 ACn 命令。

APP 层使用 Action.request,T-APDUs = Action-Request。

GetSecure.request 原语可携带访问证书(AccessCredentials),用于获得读取 OBE 中数据的权限——实现 OBE 对 RSE 的单方向认证。

该原语请求从 OBE 中获得一个使用指定密钥计算得到的鉴别报文(Authenticator),在保护 DSRC 传输过程中的数据完整性的同时,也实现了 RSE 对 OBE 合法性的单方向认证。

8.4.3.2 数据定义

```
Action-Request::= SEQUENCE{
    mode                BOOLEAN,
    did                 Dsrc-DID,
    actionType          ActionType,
    accessCredentials   OCTET STRING (SIZE(0..127,...)) OPTIONAL,
    actionParameter     Container OPTIONAL,
    iid                 Dsrc-DID OPTIONAL
}
```

注:accessCredentials 可选性使用,actionParameter 应存在,iid 不存在。

其中:

mode:采用确认模式,取值为 1。

Dsrc-DID::= INTEGER(0..127,...)
--无扩展,ETC 应用目录号为1,故取值1。
ActionType::= INTEGER(0..127,...)
--无扩展,getSecure 为0,故取值0。
accessCredentials   OCTET STRING (SIZE(0..127,...)
--无扩展,Length 为8,故取值8。
--accessCredentials 的取值为8字节。
accessCredentials 为 RSE 计算得到的访问证书,可用于 accessCredentials 计算的随机数 RndOBE 可以从前述 VST 中获得。

本技术要求中,accessCredentials 不存在。
actionParameter   Container
为 Container 类型,Container.Type = 20(GetSecureRq)。
GB/T 20851.4 标准中规定:
GetSecureRq::= SEQUENCE{
  fill   BIT STRING (SIZE(7)),
  fileid   FID,
  offset   INTEGER(0..65535,...),
  length   INTEGER(0..127,...),
  rndRsuForAuthen   Rand,
  keyIdForAuthen   INTEGER(0..255),
  keyIdForEncrypt   INTEGER(0..255) OPTIONAL
}
  fileid   FID,
FID::= INTEGER(0..127,...),无扩展。ETC 应用目录号 = 1(前面已定义),车辆信息文件的文件号 = 1,故取值1。
  offset   INTEGER(0..65535,...),
--无扩展,取值等于实际的偏移量。
  length   INTEGER(0..127,...),
--无扩展,取值等于需要读取的数据的实际长度。
根据国标 GB/T 20851.4 规定,ETC 车辆信息文件的文件内容定义如下:
EtcVehicleFile::= SEQUENCE{
  vehicleLicencePlateNumber   OCTET STRING (SIZE(12)),
  vehicleLicencePlateColor   OCTET STRING (SIZE(2)),
  vehicleClass   INTEGER(0..127,...),
  vehicleUserType   INTEGER(0..127,...),
  vehicleDimensions   VehicleDimensions,
  vehicleWheels   INTEGER(0..127,...),
  vehicleAxles   INTEGER(0..127,...),
  vehicleWheelBases   INTEGER(0..65535),
  vehicleWeightLimits   INTEGER(0..16777215),
  vehicleSpecificInfomation   OCTET STRING (SIZE(16)),
  vehicleEngineNumber   OCTET STRING(SIZE(16)),

    vehicleReserved   OCTET STRING(SIZE(10))

}

rndRsuForAuthen   Rand,

其定义为 OCTET STRING (SIZE(8)),占 8 字节。填入 RSE/车道计算机产生的随机数。

keyIdForAuthen   INTEGER(0..255),

用于指示信息鉴别密钥(etcEncryptKey)的密钥标识。

keyIdForEncrypt   INTEGER(0..255),

用于指示加密密钥(etcEncryptKey)的版本密钥标识。

  ETC 应用中 GetSecure. request 请求的车辆信息文件需要加密,keyIdForEncrypt 应存在,并用于指示加密密钥(etcEncryptKey)的密钥标识。电子收费应用中信息鉴别密钥(etcEncryptKey)的密钥标识与加密密钥(etcEncryptKey)的密钥标识相同。

8.4.4 GetSecure. response

8.4.4.1 简要说明

LLC 层使用 ACn 响应。

APP 层使用 Action. response,T-APDUs = Action-Response。

GetSecure. response 原语应携带 OBE 使用指定密钥计算得到的鉴别报文(Authenticator),在保护 DSRC 传输过程中的数据完整性的同时,也让 RSE 完成对 OBE 合法性的单方向认证。

8.4.4.2 数据定义

Action-Response::= SEQUENCE{

  fill   BIT STRING (SIZE(2)),

  did   Dsrc-DID,

  responseParameter Container OPTIONAL,

  iid   Dsrc-DID OPTIONAL,

  ret   ReturnStatus

}

注:responseParameter 应存在,iid 不存在。

其中:

Dsrc-DID::= INTEGER(0..127,...)

--无扩展,ETC 应用目录号为 1,故取值 1。

responseParameter Container

为 Container 类型,Container. Type = 21(GetSecureRs)。

GB/T 20851.4 标准中规定:

GetSecureRs::= SEQUENCE {

  fileid   FID,

  file   File,

  authenticator   OCTET STRING (SIZE(8))

}

其中:

fileid   FID,

FID::= INTEGER(0..127,...),无扩展,车辆信息文件的文件号 =1,故取值 1。

file   File,

File::= OCTET STRING(SIZE(0..127,...))

用于存放 GetSecure.request 中请求文件的长度及内容。

authenticator OCTET STRING（SIZE(8)）

用于存放 RSE 对 OBE 进行认证的信息鉴别码。本技术要求规定,在采用 ESAM 的 MAC 加密认证模式下,authenticator 填入 8 字节的"0x00"。

8.4.5 TransferChannel.request

8.4.5.1 简要说明

LLC 层使用 ACn 命令。

APP 层使用 Action.request,T-APDUs = Action-Request。

本技术要求规定,以外部组件的形式访问 OBE 中的 CPU 用户卡不需要 DSRC 层面的安全认证,故不需要 accessCredentials.

在 ETC 应用中,TransferChannel.request 原语可通过 RSE-OBE,提供一个操作 OBE 中 CPU 用户卡的透明命令通道,亦即,可通过该通道透明地向 CPU 用户卡发出指令。

8.4.5.2 数据定义

```
Action-Request::= SEQUENCE{
    mode              BOOLEAN,
    did               Dsrc-DID,
    actionType        ActionType,
    accessCredentials OCTET STRING (SIZE(0..127,...)) OPTIONAL,
    actionParameter   Container OPTIONAL,
    iid               Dsrc-DID OPTIONAL
}
```

注:accessCredentials 应不存在,actionParameter 应存在,iid 不存在。

其中:

mode:采用确认模式,取值为 1

Dsrc-DID::= INTEGER(0..127,...)

--无扩展,ETC 应用目录号为 1,故取值 1。

ActionType::= INTEGER(0..127,...)

--无扩展,transferChannel 为 3,故取值 3。

actionParameter Container

为 Container 类型,Container.Type = 24(ChannelRq)。

GB/T 20851.4 标准中规定:

```
ChannelRq::= SEQUENCE{
    channelid    ChannelID,
    apdu         ApduList
}
```

其中:

channelid   ChannelID,

ChannelID 取 icc = 1。

apdu   ApduList

ApduList::= SEQUENCE OF OCTET STRING(0..127)

SEQUENCE OF 中的每一个 OCTET STRING 包含一条完整 CPU 用户卡指令,CPU 用户卡的指令格式见表 8-4。

表 8-4 CPU 用户卡的命令格式

命　令　头				命　令　体		
CLA	INS	P1	P2	Lc	DATA	Le

8.4.6 TransferChannel.response

8.4.6.1 简要说明

LLC 层使用 ACn 响应。

APP 层使用 Action.response,T-APDUs = Action-Response。

在 ETC 应用中,TransferChannel.response 原语可通过 RSE-OBE,提供一个返回 OBE 中 CPU 用户卡针对此前命令执行的响应的透明通道。

8.4.6.2 数据定义

Action-Response::= SEQUENCE{
　　fill　　　　　　　　BIT STRING (SIZE(2)),
　　did　　　　　　　　Dsrc-DID,
　　responseParameter　　Container OPTIONAL,
　　iid　　　　　　　　Dsrc-DID OPTIONAL,
　　ret　　　　　　　　ReturnStatus
}

注:responseParameter 应存在,iid 不存在。

其中:

Dsrc-DID::= INTEGER(0..127,...)

--无扩展,ETC 应用目录号为 1,故取值 1。

responseParameter　Container

为 Container 类型,Container.Type = 25(ChannelRs)。

GB/T 20851.4 标准中规定:

ChannelRs::= SEQUENCE {
　　channelid　　　　　ChannelID,
　　apdu　　　　　　　ApduList
　　}

其中:

channelid　　　　　ChannelID,

ChannelID 取 icc = 1。

apdu　　　　　　　ApduList

ApduList::= SEQUENCE OF OCTET STRING(0..127)

SEQUENCE OF 中的每一个 OCTET STRING 包含一条完整 CPU 用户卡响应信息,CPU 用户卡的响应信息格式见表 8-5。

表 8-5 CPU 用户卡的响应信息格式

响　应　数　据	响　应　状　态　字	
Le 字节的 DATA	SW1	SW2

Le 长度可以为 0。

响应信息的顺序应当与 TransferChannel.request 原语中 CPU 用户卡命令的顺序严格对应。

8.4.7 SetMMI.request

8.4.7.1 简要说明

LLC 层使用 ACn 命令。

APP 层使用 Action.request,T-APDUs = Action-Request。

GB/T 20851.4 标准中规定,SetMMI 中不需要 accessCredentials。

8.4.7.2 数据定义

```
Action-Request::= SEQUENCE{
    mode                BOOLEAN,
    did                 Dsrc-DID,
    actionType          ActionType,
    accessCredentials   OCTET STRING (SIZE(0..127,...)) OPTIONAL,
    actionParameter     Container OPTIONAL,
    iid                 Dsrc-DID OPTIONAL
}
```

注:accessCredentials 应不存在,actionParameter 应存在,iid 不存在。

其中:

mode:采用确认模式,取值为 1

Dsrc-DID::= INTEGER(0..127,...)

--无扩展,根据国标 GB/T 20851.3 规定,取值为 ETC 应用 = 1。

ActionType::= INTEGER(0..127,...)

--无扩展,ActionType = setMMI 为 4,故取值 4。

actionParameter   Container

为 Container 类型,Container.Type = 26(SetMMIRq)。

GB/T 20851.4 标准中规定:

```
SetMMIRq::= INTEGER{
    ok              (0),    --交易正常
    nok             (1),    --交易异常(通信、设备故障等技术方面异常)
    contactOperator (2),    --联系运营商(过期、黑名单等管理方面异常)
    noCard          (3)     --无卡(卡片没有插好)
}
```

其取值取决于实际情况(如:交易结果、obuStatus 的设置等)。

响音的模式:

交易正常:一声短促"嘀";

交易异常:三声短促"嘀";显示"操作失败";

联系运营商:三声短促"嘀";显示"联系运营商";

无卡:两声短促"嘀";显示"请插卡";

其他情况:不响。

8.4.8 SetMMI.response

8.4.8.1 简要说明

LLC 层使用 ACn 响应。

APP 层使用 Action.response,T-APDUs = Action-Response。

8.4.8.2 数据定义

```
Action-Response::= SEQUENCE{
    fill                BIT STRING (SIZE(2)),
    did                 Dsrc-DID,
    responseParameter   Container OPTIONAL,
    iid                 Dsrc-DID OPTIONAL,
    ret                 ReturnStatus
}
```

注:responseParameter 不存在,iid 不存在。

其中:

Dsrc-DID::= INTEGER(0..127,...)

--无扩展,根据国标 GB/T 20851.4 规定,取值为 ETC 应用 = 1。

8.4.9 Event_Report(Release)

8.4.9.1 简要说明

LLC 层使用 UI 命令,无需响应。

APP 层使用 Action.request,T-APDUs = event-report-request。

Event_Report(Release)用于释放 OBE,让 OBE 进入休眠状态。

8.4.9.2 数据定义

```
Event-Report-Request::= SEQUENCE{
    mode                BOOLEAN,
    did                 DirectoryID,
    eventType           EventType,
    accessCredentials   OCTET STRING (SIZE(0..127,...)) OPTIONAL,
    eventParameter      Container OPTIONAL,
    iid                 Dsrc-DID OPTIONAL
}
```

注:accessCredentials 应不存在,actionParameter 应不存在,iid 应不存在。

其中:

mode:采用非确认模式,取值为 0。

Dsrc-DID::= INTEGER(0..127,...)

--无扩展,因为 Event-Report 与应用无关,故应取值为系统(OBE) = 0。

eventType   EventType,

```
EventType::= INTEGER{
    release             (0)
    |(0..127,...)
    -- (1~80)保留为 DSRC 应用。
    -- (81~127)保留为自用。
```

无扩展,eventType = 0。

8.5 ETC 交易中 ICC-PSAM 交易模式

在公路联网不停车收费应用中，ICC-PSAM 间交易采用复合消费交易模式。复合消费交易应用的 RSE 和 OBE 交互 DSRC 数据帧格式见附录 E。

8.6 BST 中 CPU 用户卡消费交易模式的标识

路侧系统可支持的交易模式可通过 BST 中 ApplicationList 内的 applicationParameter 进行指示。

国标 GB/T 20851.3 中规定 BST 中 applicationParameter 的类型定义为 ApplicationContextMark，其 ASN.1 定义如下：

ApplicationContextMark ::= Container
　　(WITH COMPONENTS {octetstring PRENSENT})

本技术要求在国标 GB/T 20851.3 的基础上规定 BST 中的 applicationParameter 的 ASN.1 定义为：

BSTApplicationContextMark ::= SEQUENCE {
　　iccTransMode　　　　　BIT STRING (SIZE(7)),
　　reservedInfo　　　　　Container　　OPTIONAL
}

其中：iccTransMode 用于指示 RSE 所支持的 CPU 用户卡消费交易模式。
reservedInfo 用于其他应用参数信息协商的扩展。
IccTransMode 的结构定义见表 8-6。

表 8-6　IccTransMode 结构定义

Bit6	Bit5	Bit4	Bit3	Bit2	Bit1	Bit0
RSE 支持的 CPU 用户卡交易模式				RSE 优先采用的 CPU 用户卡交易模式		是否支持预处理

路侧系统所支持的 CPU 用户卡消费交易模式使用 iccTransMode 的高 4bit(Bit3~Bit6)进行指示。其编码定义见表 8-7。

表 8-7　路侧系统所支持的 CPU 用户卡消费交易模式编码

支持的消费交易模式	储值卡		记账卡	
	Bit6	Bit5	Bit4	Bit3
支持传统消费和复合交易模式	0	0	0	0
仅支持复合消费交易模式	0	1	0	1
其他保留				

路侧系统优先采用的 CPU 用户卡消费交易模式使用 iccTransMode 中 Bit1~Bit2 进行指示。其编码定义见表 8-8。

表 8-8　路侧系统优先采用的 CPU 用户卡消费交易模式编码

优先采用的消费交易模式	储值卡	记账卡
	Bit2*	Bit1*
传统消费交易模式	0	0
复合消费交易模式	1	1

注*：公路联网电子收费应用中 Bit2、Bit1 的取值应为 1。

iccTransMode 的最低有效位(Bit0)用于指示路侧系统是否支持 CPU 用户卡的 OBE 预处理的快速交易模式。其编码定义见表 8-9。

表 8-9　OBE 预处理快速交易模式支持性编码

是否支持	Bit0
不支持	0
支持	1

本技术要求在国标 GB/T 20851.3 的基础上对 Container 进行扩充定义,如用于指示预处理操作参数的 reservedInfo,其 ASN.1 定义如下:

Container::= CHOICE{

...,

pretreatPara [41] PretreatmentParameter, --指示预处理操作参数的 reservedInfo

...

}

其中,PretreatmentParameter 的 ASN.1 定义为:

PretreatmentParameter ::= SEQUENCE{
　　fill　　　　　　　　BIT STRING(SIZE(4))
　　sysInfoFileMode　　BIT STRING(SIZE(8)), --系统信息文件预读长度
　　pretreat0002　　　OCTET STRING(SIZE(2)) OPTIONAL, --预处理需要读取的电子钱包
　　　　　　　　　　　　--文件偏移量和长度,由 1 字节偏移量和 1 字节长度组成
　　pretreat0012　　　OCTET STRING(SIZE(2)) OPTIONAL, --收费信息文件偏移量和长度,由
　　　　　　　　　　　　--1 字节偏移量和 1 字节长度组成
　　pretreat0015　　　OCTET STRING(SIZE(2)) OPTIONAL, --卡片发行文件偏移量和长度,由
　　　　　　　　　　　　--1 字节偏移量和 1 字节长度组成
　　pretreat0019　　　OCTET STRING(SIZE(2)) OPTIONAL --复合消费文件偏移量和长度,由
　　　　　　　　　　　　--1 字节偏移量和 1 字节长度组成
}

其中,sysInfoFileMode 用于指示 RSE 要求 OBE 在 VST 中返回系统信息文件的长度。结构定义见表 8-10。

表 8-10　sysInfoFileMode 结构定义

Bit7	Bit6	Bit5	Bit4	Bit3	Bit2	Bit1	Bit0
返回系统信息文件的字节数							

其中,pretreat0002、pretreat0012、pretreat0015、pretreat0019 用于指示 RSE 要求 OBE 在 VST 中返回的卡片数据信息,包括读取偏移量和返回长度。结构定义见表 8-11。

表 8-11　读取卡片数据信息的结构定义

Bit7	Bit6	Bit5	Bit4	Bit3	Bit2	Bit1	Bit0	Bit7	Bit6	Bit5	Bit4	Bit3	Bit2	Bit1	Bit0
读取卡片信息的偏移量								返回卡片信息文件的字节数							

8.7　OBE 对 CPU 用户卡处理模式的标识

OBE 通过系统信息文件(目录号为 0,文件号为 1)中的合同版本(contractVersion)来标识 OBE 是否针对 CPU 用户卡进行预处理。

contractVersion 的编码规则见表 8-12。

表 8-12　contractVersion 的编码规则

扩展标志 Bit7	Bit6~Bit4	Bit3~Bit0
0-无扩展	0-OBE 对 CPU 用户卡不做预处理 1-OBE 对 CPU 用户卡做预处理 2~7-保留	1-OBE~RSE 之间采用 ESAM~PSAM 进行安全认证 2~15-保留

8.8　VST 中应携带的 CPU 用户卡相关信息

OBE 可通过 VST 携带 CPU 用户卡的相关预读信息，RSE 可根据这些预读信息对卡片进行有效性判别，获取 CPU 用户卡内的入口信息，以及钱包余额等。

本技术要求在国标 GB/T 20851.3 的基础上对 Container 进行扩充定义如下：

Container::= CHOICE{
　　...,
　　gbICCInfo　[40] GBICCInfo,--存放 CPU 用户卡的相关预读信息
　　...
}

GBICCInfo 的 ASN.1 类型定义为：

GBICCInfo ::= SEQUENCE{
　　iccIssueInfo　　OCTET STRING（SIZE(0..127,...)）,--0015
　　iccUniTollInfo　OCTET STRING（SIZE(0..127,...)）, --0019
　　iccBalance　　OCTET STRING（SIZE(0..127,...)）　--0002
}

iccIssueInfo 中存放 CPU 用户卡"联网收费应用目录"（1001 目录）下卡片"发行基本数据文件"（0015 文件）中的相关信息，iccUniTollInfo 中存放 CPU 用户卡"联网收费应用目录"（1001 目录）下卡片"复合消费专用文件"（0019 文件）中的相关信息，iccBalance 中存放 CPU 用户卡"联网收费应用目录"（1001 目录）下卡片"电子钱包文件"（0002 文件）中的相关信息。具体读取的内容由 BST 中 PretveatPara 指定。

其中，"卡片版本号"的高 3bit（Bit5~Bit7）用于指示该 CPU 用户卡所支持的消费交易模式。其编码定义见表 8-13。

表 8-13　OBE 所支持的 CPU 用户卡消费交易模式编码

支持的消费交易模式	Bit7（保留比特）	Bit6	Bit5
支持传统消费和复合交易模式	0	0	0
仅支持复合消费交易模式	0	0	1
其他保留			

注：CPU 用户卡应支持复合消费交易模式，可选择性支持传统消费交易模式。

"卡片版本号"的低 4bit 用于指示该 CPU 用户卡的"应用版本号"。

8.9　DSRC 交易之外的 OBE 应用处理流程

VST 中的预读信息（gbICCInfo）应当在车辆（OBE）进入天线通信区域之前预先从卡片中读出，并在车辆（OBE）进入天线通信区域收到 BST 后直接在 VST 中传送给 RSE，而无需再执行读卡操作读取相关信息。

在各种情况下，OBE 均应保持预读信息（gbICCInfo）与卡片内相应信息的一致性。当卡片插入

OBE 时，OBE 应自动执行信息预读及数据拼装操作，操作完成后 OBE 进入休眠状态。当卡片插在 OBE 内而其中信息发生改变时，如当 OBE 在收费车道内完成交易（包括正常、异常等各种交易）后，进入休眠状态之前应当再次执行信息预读及数据拼装操作。

当 CPU 用户卡从 OBE 中拔出时，OBE 应自动删除前述各项预读信息（gbICCInfo）。

OBE 进入天线通信区域被唤醒之后，OBE 将 CPU 用户卡上电后应当自动选择 1001 目录，进入待交易状态。

8.9.1 CPU 用户卡插入 OBE 后的预处理

8.9.1.1 记账卡

记账卡在插入 OBE 后应当执行如表 8-14 所示的预处理操作。

表 8-14 记账卡插入 OBE 后执行的预处理操作

CPU 用户卡		OBE	备 注
卡片复位	←	复位用户卡	
进入 1001 目录	←	选择 1001 目录	从返回的 FCI 里面可以获取 PBOC 2.0 标准的 0015 文件内容
返回 0015 文件	→	获得 CPU 用户卡卡号等信息	从 0015 文件中的卡片类型（第 9 字节）判定卡片为记账卡还是储值卡
	←	读 0019 文件	
返回 0019 文件	→	获得 0019 文件	
		组装 VST 信息	OBE 应根据 BST 中指示的，以及其内 CPU 用户卡所优选和支持的交易模式，从 0019 文件中获取用于写入 VST 的相关信息
		关停 CPU 用户卡电源	

8.9.1.2 储值卡

储值卡在插入 OBE 后应当执行如表 8-15 所示的预处理操作。

表 8-15 储值卡插入 OBE 后执行的预处理操作

CPU 用户卡		OBE	备 注
卡片复位	←	复位用户卡	
进入 1001 目录	←	选择 1001 目录	从返回的 FCI 里面可以获取 0015 文件内容
返回 0015 文件	→	获得 CPU 用户卡卡号等信息	从 0015 文件中的卡片类型（第 9 字节）判定卡片为记账卡还是储值卡
	←	读 0019 文件	
返回 0019 文件	→	获得 0019 文件	
	←	读 0002 文件/钱包余额	
返回 0002 文件/钱包余额	→	获得钱包余额	
		组装 VST 信息	OBE 应根据 BST 中指示的，以及其内 CPU 用户卡所优选和支持的交易模式，从 0019 文件中获取用于写入 VST 的相关信息
		关停 CPU 用户卡电源	

8.9.2 交易后 OBE 的卡片信息更新处理流程

OBE 在天线通信区域内完成上述 ETC 封闭式入、出口/开放式收费交易主流程后,在电子标签进入休眠状态之前,还应当继续完成如下"交易后 OBE 的卡片信息更新处理"。在前述交易失败的情况下,OBE 亦应通过超时休眠等机制,确保"交易后 OBE 的卡片信息更新处理"的执行。

8.9.2.1 记账卡

记账卡在 DSRC 交易完成后应当执行如表 8-16 所示的后处理操作。

表 8-16 记账卡在 DSRC 交易完成后执行的后处理操作

CPU 用户卡		OBE	备 注
	←	读 0019 文件	
返回 0019 文件	→	获得 0019 文件	
		更新 VST 信息	OBE 应根据 BST 中指示的,以及其内 CPU 用户卡所优选和支持的交易模式,从 0019 文件中获取用于写入 VST 的相关信息
		关停 CPU 用户卡电源	

8.9.2.2 储值卡

储值卡在 DSRC 交易完成后应当执行如表 8-17 所示的后处理操作。

表 8-17 储值卡在 DSRC 交易完成后执行的后处理操作

CPU 用户卡		OBE	备 注
	←	0019 文件	
返回 0019 文件	→	0019 文件	
	←	读 0002 文件/钱包余额	
返回 0002 文件/钱包余额	→	获得钱包余额	
		更新 VST 信息	OBE 应根据 BST 中指示的,以及其内 CPU 用户卡所优选和支持的交易模式,从 0019 文件中获取用于写入 VST 的相关信息
		关停 CPU 用户卡电源	

9 非现金支付卡交易流程

9.1 ICC-PSAM 交易流程概述

交易流程应符合 JR/T0025 电子钱包扩展应用规范的 ICC-PSAM 复合消费交易流程。

储值卡和记账卡采用相同的文件格式和交易流程。记账卡在封闭式入口的交易中做消费金额为零的复合消费交易,在封闭式出口及开放式收费站完成实际金额的复合消费交易,从虚拟钱包中扣款(虚拟钱包:记账卡中,为保证交易过程的完整性、可靠性和不可抵赖性而使用的电子钱包文件,其余额无实际意义。实际发生的费用按交易记录信息从用户的关联银行账户扣除)。

9.2 复合消费交易流程

9.2.1 封闭式入口消费交易流程

封闭式入口消费交易流程见表9-1。

表 9-1 封闭式入口消费交易流程

CPU 用户卡		RSU		PSAM 卡	备 注
卡片复位	←	复位用户卡			
进入 1001 目录	←	选择 1001 目录			从返回的 FCI 里面可以获取 CPU 用户卡卡号等信息,不必再去 0015 文件读取
	←	读 0019 文件			
返回 0019 文件	→	获得 0019 文件内容			
	←	取钱包余额			
返回电子钱包余额	→	获得钱包余额			
	←	发送复合消费初始化命令,交易金额为 0			
处理复合消费初始化命令	→	得到返回的随机数			
			←	计算 MAC1	
	←	发送更新复合应用数据缓存命令			见 JR/T 0025
处理更新复合应用数据缓存命令	→				
	←	发送复合消费命令			

续上表

CPU 用户卡		RSU		PSAM 卡	备　注
验证 MAC1,如果正确则进行交易处理,并返回 TAC 和 MAC2	→				
		送 MAC2 给 PSAM 校验	→	验证 MAC2	更新终端交易序号文件
		接收校验结果	←	返回校验结果	
卡片复位	←	复位用户卡			

9.2.2 封闭式出口消费交易流程

封闭式出口消费交易流程见表9-2。

表 9-2 封闭式出口消费交易流程

CPU 用户卡		RSU		PSAM 卡	备　注
卡片复位	←	复位用户卡			
进入 1001 目录	←	选择 1001 目录			从 FCI 获得卡号等信息
		读 0019 文件	←		
返回 0019 文件	→				获得 0019 文件内容,车道机计算通行费额
		取钱包余额	←		
返回电子钱包余额	→	获得钱包余额			
		发送复合消费初始化命令	←		
处理复合消费初始化命令	→	得到返回的随机数			
			←	计算 MAC1	
		发送更新复合应用数据缓存命令	←		见 JR/T 0025
处理更新复合应用数据缓存命令	→				
		发送复合消费命令	←		
验证 MAC1,如果正确则进行交易处理,并返回 TAC 码和 MAC2	→				
		MAC2 送 PSAM 进行校验	→	校验 MAC2	更新终端交易序号文件
		接收 MAC2 校验结果			
卡片复位	←	复位用户卡			

10 车道技术要求

10.1 ETC 车道系统基本组成及功能

10.1.1 ETC 车道系统的基本组成

ETC 车道分为入口车道、出口车道。入口、出口 ETC 车道系统的配置设备基本一致,主要由车道控制器、RSU、自动栏杆、报警设备、信息显示屏、雨棚信号灯、车道信号灯、车辆检测器及车道摄像机等组成。

10.1.2 ETC 车道的基本功能

1 入口车道

在正常情况下,入口车道应至少具备以下功能:

1)能够控制 RSU 与其通信区域内的 OBU 建立通信链路,完成双向认证以及对 CPU 用户卡入口信息写入。

2)能够按照 OBU 及 CPU 用户卡信息核对具是否在黑、灰名单之列。

3)将入口车道信息通过 OBU 写用 CPU 用户卡后,能够根据执行结果控制车道外部设备(车道信号灯、自动栏杆、信息显示屏等)状态,放行或拦截车辆。

4)系统自动生成过车记录保存到本地数据库,同时可以通过网络上传至收费站。

5)能够与收费站实现实时数据通信,以完成数据的自动传输;如果通信链路长期故障,可以人工通过移动介质(可读写光盘/U 盘等)对 ETC 车道进行数据采集,到收费站进行数据上载以实现人工传输数据。

6)能够处理异常情况(无 OBU、OBU 故障、非法 OBU 等),凡是异常情况,需要做报警处理,并将本次异常记录信息存储本地数据库,同时通过网络上传至收费站。

7)能够处理特殊情况(如黑名单、灰名单等),凡是特殊情况应能启动相应的车道状态,如灰名单车辆,将车道状态置于 ETC 车道警告通行状态;如黑名单车辆,将车道状态置于 ETC 车道车辆阻截状态。

8)能够接收收费站下发的系统参数及数据表格(时钟参数、费率表、黑名单、灰名单等),并受控使其有效。

9)部分非关键设备发生故障时,系统仍然能够继续工作。

10)能够自动检测部分外围设备故障,将其结果存入本地数据库的同时,通过网络上传至收费站。

11)能够对车道状况进行全天候视频监视。

2 出口车道

在正常情况下,出口车道应至少具备以下功能:

1)能够控制 RSU 与其通信区域内的 OBU 建立通信链路,自动完成双向认证,计算通行费额,扣除本次通行费额,并将本次交易信息写入 OBU。

2)能够根据交易执行结果控制车道外围设备放行、警告通行或拦截车辆,并将出口信息和入口信息组成一条完整的原始收费交易记录数据存入本地数据库,同时通过网络上传至收费站。

3)能够按照 OBU ID 及用户信息核对是否在黑、灰名单之列。

4）能够与收费站实现实时数据通信,以完成数据的自动传输;如果通信链路长期故障,可以人工通过移动介质(可读写光盘/U盘等)对ETC车道进行数据采集,到收费站进行数据上载以实现人工传输数据。

5）能够处理异常情况(无OBU、OBU故障、非法OBU等),凡是异常情况,需要做报警处理,并将本次异常记录信息存入本地数据库,同时通过网络上传至收费站。

6）能够处理特殊情况(如黑名单、灰名单、U转等),凡是特殊情况应能启动相应的车道状态,如灰名单车辆,将车道状态置于ETC车道警告通行状态;如黑名单车辆,将车道状态置于ETC车道车辆阻截状态。

7）能够接受收费站系统下发的系统参数及数据表格(时钟参数、费率表、黑名单、灰名单等),并受控使其有效。

8）部分非关键设备的故障时,系统仍然能够继续工作。

9）能够自动检测其外围设备的故障,将其结果存入本地数据库,同时通过网络上传至收费站。

10）能够对车道状况进行全天候视频监视。

10.1.3 ETC车道系统的性能

在正常情况下,ETC车道系统应满足以下性能指标的要求:

1 每条ETC车道通行能力:不小于550辆/h。

2 交易可靠性:合法ETC车辆在其车载设备工作正常的状态下,以20km/h的速度通过ETC车道,每千笔电子收费交易不能有多于3次的错误。

3 ETC车道信息保存:至少保存40d的电子收费交易记录。

4 MTBF:不小于10000h。

10.2 ETC车道布局模式

10.2.1 ETC车道布局模式类型

ETC车道布局模式可分为以下三种:

1 自动栏杆岛内布局模式;

2 自动栏杆短岛头布局模式;

3 自动栏杆长岛头布局模式。

10.2.2 自动栏杆岛内布局模式

1 基本布局

自动栏杆岛内布局的基本布设见图10-1,具体描述如下:

1）自动栏杆设置在收费岛的后端,处于常闭状态。

2）无线通信区域设置在收费岛的前端。

3）自动栏杆距通信区域的距离较远,两者之间会形成队列。

2 功能要求

1）满足10.1.2 ETC车道的基本功能。

2）能够正常处理ETC车道形成队列情况。

3）拦截在ETC车道内交易失败的车辆,需要人工处理。

10.2.3 自动栏杆短岛头布局模式

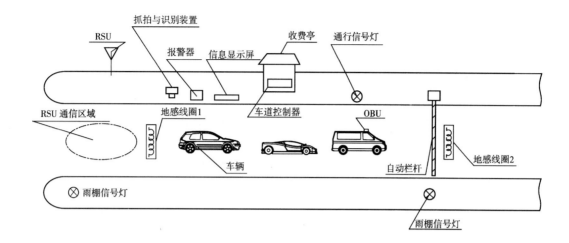

图 10-1 自动栏杆岛内布局示意图

注:除 RSU、地感线圈 1、地感线圈 2、自动栏杆、收费亭等相对位置固定外,其他外设根据实际情况布设。

1 基本布局

自动栏杆短岛头布局的基本布设见图 10-2,具体描述如下:

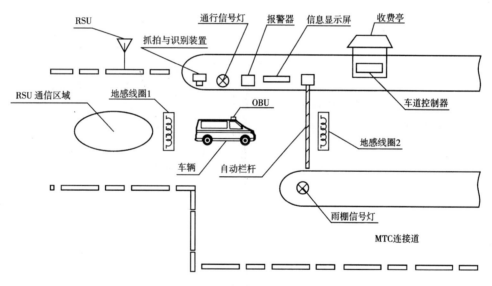

图 10-2 自动栏杆短岛头布局示意图

注:除 RSU、地感线圈 1、地感线圈 2、自动栏杆、收费亭等相对位置固定外,其他外设根据实际情况布设。

1)自动栏杆设置在收费车道的前端,且处于常闭状态。

2)无线通信区域设置在收费岛的前端。

3)车道至少设有两个地感线圈,地感线圈 1 用来检测车辆的驶入,地感线圈 2 用来检测车辆的驶离。

4)自动栏杆离通信区域的距离较近,其间最多只能容纳一辆车。

2 功能要求

1)满足 10.1.2 ETC 车道的基本功能。

2)拦截在 ETC 车道内的非法 ETC 车辆,可以转入邻近的 MTC 车道刷卡通行。

10.2.4 自动栏杆长岛头布局模式

1 基本布局

自动栏杆长岛头布局的基本布设见图10-3,具体描述如下：

1）自动栏杆设置在收费车道的前端,处于常闭状态。

2）无线通信区域设置在收费岛的前端。

3）自动栏杆距通信区域的距离较远,两者之间会形成队列。

4）在ETC车道和邻近的MTC车道之间有一个连接道,且连接道处设置一个地感线圈。

5）车道至少设有3个地感线圈,地感线圈1用来检测车辆的驶入,地感线圈2用来检测车辆的驶离,地感线圈3用来检测车辆从连接道转入邻近MTC车道。

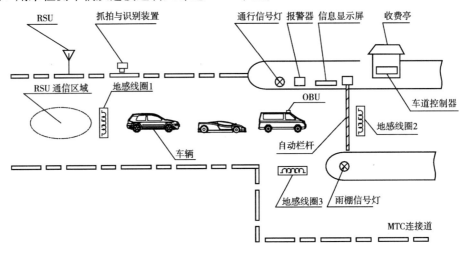

图10-3　自动栏杆长岛头布局示意图

注：除RSU、地感线圈1、地感线圈2、地感线圈3、自动栏杆、收费亭等相对位置固定外,其他外设根据实际情况布设。

2　功能要求

1）满足10.1.2ETC车道的基本功能。

2）能够正常处理ETC车道形成队列情况。

3）拦截在ETC车道内的非法ETC车辆,可以从连接道经地感线圈3转入邻近的MTC车道刷卡通行。

11 ETC 标志标线设置指南

11.1 设置内容

ETC 标志标线的内容主要包括：
1 ETC 车道预告类标志；
2 ETC 车道信息指示类标志；
3 ETC 收费岛头标志；
4 ETC 车道地面标线和文字；
5 ETC 信息中文说明的辅助标志。

11.2 设置要求

ETC 标志标线的设置主要包括以下要求：
1 应设置统一的 ETC 标志标线。
2 ETC 标志标线应醒目,易于确认和识别。
3 ETC 车道预告类标志：一般设置在收费站前 500m 适当位置,主要用于告知驾驶员前方收费站设有 ETC 车道,可单独设置也可与收费站预告标志或出口预告标志设置在一起。
4 ETC 车道信息指示类标志：包括"ETC 车道指示标志"、"ETC 广场前标志",一般设置在收费广场前和收费车道上方,主要用于告知驾驶员前方收费站 ETC 车道的具体位置信息。
5 ETC 收费岛头标志：一般设在 ETC 收费岛的岛头,主要用于对车辆在驶入 ETC 车道后提示建议限速值和保持合理车距。
6 ETC 车道地面文字与 ETC 车道地面标线配合使用,将 ETC 车道与其他车道区别开来,防止普通用户误入 ETC 车道。
7 用于 ETC 信息中文解释说明的辅助标志：一般与用于进行 ETC 预告的标志组合设置。
8 标志、标线中的中、英文和阿拉伯数字应采用 GB 5768—2009 中规定的交通标志专用字体。附录 F.2 中给出了部分字体示例。

11.3 ETC 车道预告类标志
1 版面
1)ETC 车道预告类标志版面样式主要分为单独型和组合型两种,单独型一般多用在改造项目中,组合型一般多用于新建项目中。
2)具体版面样式和尺寸结构详见附录 F.3 中版面设计示例图 F-4～图 F-6。
2 设置要求
1)在现有收费站预告标志的基础上增加对 ETC 车道预告类标志时,可采用单独型的样式附着在现有标志立柱上,当现有收费站预告标志无法利用时,可在其前后适当的位置采用单柱式或悬臂式结构进行预告。
2)当现有收费站预告标志需要全部替换或是新建 ETC 收费站时,一般采用将收费站预告和收费方式结合起来的组合型样式。

11.4 ETC车道信息指示类标志

1 版面

1)用于指示 ETC 车道信息的标志主要包括"ETC 车道指示标志"、"ETC 广场前标志"以及"ETC 车道天棚标志"。

2)"ETC 车道指示标志"一般设置在收费广场渐变段起点前 300m 处,标志版面中黄色箭头表示 ETC 车辆的行驶方向;"ETC 广场前标志"设置在收费广场前,用于指示 ETC 车辆在收费广场的行驶位置;"ETC 车道天棚标志"一般附着在 ETC 车道正上方的天棚上,用于指示 ETC 车道的具体位置。

3)具体版面样式和尺寸结构详见附录 F.3 中版面设计示例图 F-7～图 F-12。

2 设置要求

1)ETC 车道指示标志:一般设置在收费广场渐变段起点前 300m 左右,用图形化的方式指示出 ETC 车道在收费广场的位置,对于交通量大、路幅较宽的收费站建议采用门架结构进行设置,而在较小的匝道收费站则可以采用单悬的结构进行设置。

2)ETC 广场前标志:一般应设置在收费广场渐变段起点前,具体位置应根据现场情况确定。对于大型收费站、主线站,广场前指示标志应根据现场情况适当提前,以便主线上车辆驾驶员能够提前作出判断。广场前指示标志宜采用单悬式结构,在条件限制或者不同方向匝道共同进入收费广场时,可在匝道三角端处设置单柱式标志。

3)ETC 车道天棚标志:一般设置在 ETC 车道(或混合车道)正上方,多附着在天棚上。对于特殊形式的天棚,不宜或无法进行附着时,可采取其他结构形式,但应注意避免遮挡信号灯。同时,标志宜增加夜间的可视性,有条件的地区可在标志牌的上方架设标志牌照射灯,或在标志牌上用小频闪灯勾勒出"ETC 专用"字样的轮廓,用以区别 ETC 专用车道和普通车道,并加强夜间可视效果。

11.5 ETC 收费岛头标志

1 版面

ETC 收费岛头标志主要由"建议限速标志"和"辅助标志"组成,具体版面样式和尺寸结构详见附录 H.3 中版面设计示例图 F-13。

2 设置要求

1)标志设置在 ETC 车道岛头,可单独设置立柱,也可附着在原有岛头立柱上,但应注意避免与岛头其他设施(例如雾灯)的相互遮挡。

2)标志的底板材料宜采用公路用玻璃纤维增强塑料(也称玻璃钢)等非金属类板材,从而降低标志板对 ETC 信号的影响。

11.6 ETC 车道地面标线和文字

1 ETC 车道地面标线包括车行道边缘线、纵向减速标线等多种组合形式,并配合地面文字、警示桩等辅助设施,式样可参考附录 F.3 附图 F-14～图 F-16。

2 ETC 车道地面文字一般包括"ETC 专用"、"限速"等内容。

3 具体设置要求如下:

1)ETC 车道地面标线从 ETC 车道相邻的两个岛头的导流标线头部开始施画,一般应延长至广场直线段末端,各省(市)可结合收费广场的具体情况进行调整。

2)ETC车道地面文字应尽量布置在广场水泥混凝土路面范围内。为了醒目,地面文字建议采用橙黄色。

3)各地可根据自身的管理需要增加其他辅助内容。

11.7　用于 ETC 信息中文说明的辅助标志

各地可根据情况设置 ETC 中文解释类标志,ETC 的中文解释建议为"不停车收费"。

中文说明标志采用白底黑字黑边框,附着在 ETC 预告类标志下方。其具体版面样式和尺寸结构详见附录 F.3 中版面设计示例图 F-17。

12 ETC 专用形象标识设置规范

12.1 标识总体设置要求

ETC 专用形象标识的设置主要包括以下要求：
1　ETC 专用形象标识主要用于与 ETC 业务相关的视觉识别、推广宣传。
2　ETC 专用形象标识以橘光红为标准色，主体标识及中英文字体版面见附录 G 图 G-1、图 G-2。
3　ETC 专用形象标识在制作中可供选择的版本有三种，见附录 G 图 G-3。
1) 四色模式图形（此模式可作为印刷、喷绘使用）；
2) 单色模式图形，包含橘光红色/ 辅助黑色/ 辅助蓝色（此模式可用于 pantone 色印刷、烫金、烫银等印刷工艺，也可用于立体、刺绣、雕刻制版等制作工艺）；
3) 艺术立体图形（此模式可用于网页、印刷品等色彩表现丰富的载体）。

12.2　ETC 形象标识制图规范

12.2.1　版面
ETC 形象标识具体版面样式和尺寸结构见附录 G 图 G-4、图 G-5。

12.2.2　设置要求
1　ETC 专用形象标识应按照本规范附带的矢量图形并根据方格制图法的相关要求进行制作，以保证专用形象标识的规格和各部分比例关系。
2　标识图形最小使用规范：电脑显示最小使用范围宽为 30px（像素），印刷品最小使用范围宽为 10mm，见附录 G 图 G-6。
3　标识中文名称最小使用规范：电脑显示最小使用范围宽为 60px（像素），印刷品最小使用范围宽为 20mm，见附录 G 图 G-7。

12.3　ETC 标识与中英文字体规范

12.3.1　版面
ETC 标识与中英文字体有两种组合方式：横式组合方式及竖式组合方式。具体版面样式和尺寸结构详见附录 G 图 G-8、图 G-9。

12.3.2　设置要求
1　组合标识应按照本规范附带的矢量图形并根据方格制图法的相关要求进行制作，以保证标识的规格和各部分比例关系。
2　横式组合标识最小使用规范：电脑显示最小使用范围宽为 120px（像素），印刷品最小使用范围宽为 40mm，见附录 G 图 G-10。
3　竖式组合标识最小使用规范：电脑显示最小使用范围宽为 90px（像素），印刷品最小使用范围宽为 30mm，见附录 G 图 G-11。

12.4 ETC 标识标准色规范

1 在主要的应用系统中，橘光红色作为基础色。
2 ETC 标识标准色在不同应用场合应符合表 12-1 中的要求。

表 12-1　ETC 标识标准色色值要求

主要应用场合	色值设置要求	备注
平面印刷载体，如名片、信封、信纸、宣传页等	C:0 M:65 Y:100 K:0	C——Cyan 青 M——Magenta 品 Y——Yellow 黄 K——Black 黑
户外设施的喷绘、高速指示牌	PANTONE 716 C	专色色值
电子类显示设备，如电视、网络等	R:238 G:119 B:0	R——Red 红 G——Green 绿 B——Blue 蓝
打印	C:0 M:65 Y:100 K:0	C——Cyan 青 M——Magenta 品 Y——Yellow 黄 K——Black 黑

12.5 ETC 标识辅助色规范

12.5.1 黑色辅助色色值要求

1 黑色辅助色在应用中，不同的色彩度及亮度只作为亮点或点缀小范围使用。
2 黑色辅助色在不同应用场合应符合表 12-2 中的要求。

表 12-2　ETC 标识黑色辅助色色值要求

主要应用场合	色值设置要求	备注
平面印刷载体，如名片、信封、信纸、宣传页等	C:0 M:0 Y:0 K:100	C——Cyan 青 M——Magenta 品 Y——Yellow 黄 K——Black 黑
户外设施的喷绘、高速指示牌	PANTONE 黑	专色色值
电子类显示设备，如电视、网络等	R:35 G:24 B:21	R——Red 红 G——Green 绿 B——Blue 蓝
打印	C:0 M:0 Y:0 K:100	C——Cyan 青 M——Magenta 品 Y——Yellow 黄 K——Black 黑

12.5.2 蓝色辅助色色值要求

1 蓝色辅助色在应用中,不同的色彩度及亮度只作为亮点或点缀小范围使用。
2 蓝色辅助色在不同应用场合应符合表 12-3 中的要求。

表 12-3 ETC 标识蓝色辅助色色值要求

主要应用场合	色值设置要求	备 注
平面印刷载体,如名片、信封、信纸、宣传页等	C:100 M:95 Y:5 K:100	C——Cyan 青 M——Magenta 品 Y——Yellow 黄 K——Black 黑
户外设施的喷绘、高速指示牌	PANTONE 072C	专色色值
电子类显示设备,如电视、网络等	R:32 G:42 B:136	R——Red 红 G——Green 绿 B——Blue 蓝
打印	C:100 M:95 Y:5 K:100	C——Cyan 青 M——Magenta 品 Y——Yellow 黄 K——Black 黑

12.6 客户服务网点标识设置规范

12.6.1 客户服务网点门头标识设置要求

1 客户服务网点门头标识与标准字的组合使用效果见附录 G 图 G-12。
2 根据客户服务网点门头的实际尺寸,按附录 G 图 G-12 中的比例关系设置网点门头标识。

12.6.2 ETC 专用形象标识应用于客户服务网点门面的整体效果

ETC 专用形象标识应用于客户服务网点门面的整体使用效果见附录 G 图 G-13。

12.7 卡面标识应用规范

12.7.1 ETC 专用形象标识用于通行卡卡面的设置要求

ETC 专用形象标识用于通行卡卡面的设置要求见附录 G 图 G-14。

12.7.2 ETC 专用形象标识用于银行卡卡面的使用效果

ETC 专用形象标识用于银行卡卡面的使用效果见附录 G 图 G-15。

13 非现金收费关键设备检测要求及工程质量检验评定标准

13.1 RSU(含手持 RSU)

13.1.1 型式检验

凡有下列情况之一时,应进行型式检验:

1 新产品试制定型鉴定或老产品转厂生产;
2 正式生产后,如结构、材料、工艺有较大改变,可能影响产品性能时;
3 产品停产半年以上,恢复生产时。

型式检验可以以送检或抽检的方式进行。

型式检验内容见表 13-1。

表 13-1 电子收费路侧单元(RSU)型式检验内容

检 测 内 容	依 据 标 准	检测报告有效期
物理参数	GB/T 20851.1 GB/T 20851.5	2 年
环境条件	GB/T 20851.4	
协议及互操作测试	GB/T 20851.2 GB/T 20851.3 GB/T 20851.4 第二部分 "14 协议一致性和互操作测试方法"	

13.1.2 抽样检验

应对每一批量的产品,从出厂检验合格的产品中按照 30% 的比例随机抽取,抽样数量不少于 2 台(套)。

抽样检验的检测内容应至少包括物理参数、协议及互操作测试两项内容。

13.1.3 送检要求

1 递交已填写并加盖申请单位公章的《电子收费专用短程通信 RSU 测试申请表》(见附录 H.1)。
2 提供 2 套 RSU(包括 RSU、RSU 控制设备、相关电源、信号线缆、软件等),测试后作为留样,后续生产的该型号 RSU 应保证与留样的一致性。
3 提交申办型号 RSU 的技术说明书或技术手册,包括用户使用手册、编程手册、安装手册等,及厂商认为有助于本次测试的技术文档和规范。
4 提交用 A4 纸打印的彩色照片一套。
1)该照片应包括受检型号 RSU 的整体照、正面照、侧面照、背面照、内部电路板照。照片应含收、发口、接口等部位。
2)照片上应清晰显示出申请单位、RSU 型号及序列号等信息。
3)此留样和标牌应与该型号 RSU 销售时一致;整体照片的下部还应标明受检设备的结构尺寸。
5 提交该型号 RSU 发射天线、接收天线测试报告,报告内容应包括但不限于如下内容:

1) 频率范围(带宽);
2) VSWR 曲线(5.6~6.0GHz);
3) 阻抗(5.79 GHz、5.80 GHz、5.83 GHz、5.84GHz);
4) 旁瓣电平(5.79 GHz、5.80 GHz、5.83 GHz、5.84GHz);
5) 前后比(5.79 GHz、5.80 GHz、5.83 GHz、5.84GHz);
6) 增益曲线(5.6~6.0GHz)以及典型频点的增益(5.79GHz、5.80GHz、5.83GHz、5.84GHz、11.58GHz、11.60GHz、11.66GHz、11.68GHz、17.37GHz、17.40GHz、17.49GHz、17.52GHz、f1、f2、f3、f4、f5);
7) 方向图及 -3dB 带宽(5.79 GHz、5.80 GHz、5.83 GHz、5.84GHz);
8) 机械尺寸。

其中发射天线增益曲线测试频点 f1、f2、f3、f4、f5 取值待 RSU 具体测试之后而定。天线测试报告出具单位应具有检测资质。

6 被测 RSU 应能够按照 GB/T 20851 的要求以及测试需要收、发测试信号。即能够连续发射载波、调制在工作频点的 PN9 码和 FM0 编码的全零码,能够引出解调后的接收数据及时钟信号,并提供相应测试点。进行高低温测试时,须将 RSU 发射天线接口引到温箱外部,引线长度不小于 3m,并确保不影响整机的防护等级。

7 提供控制 RSU 操作的测试计算机及相关软件。

8 被测 RSU 的 BeaconID 应设置为"制造商代码 + RSU 标识",RSU 标识分别设置为 FFFFFF、FFFFFE。

9 当没有分段时,PDU 编号填为 0010。

10 被测 RSU 应能够按照复合消费交易流程完成 ETC 交易。

13.2 OBU

13.2.1 型式检验

凡有下列情况之一时,应进行型式检验:

1 新产品试制定型鉴定或老产品转厂生产;
2 正式生产后,如结构、材料、工艺有较大改变,可能影响产品性能时;
3 产品停产半年以上,恢复生产时。

型式检验可以以送检或抽检的方式进行。
型式检验内容见表 13-2。

表 13-2 OBU 型式检验内容

检测内容	依据标准	检测报告有效期
物理参数	GB/T 20851.1 GB/T 20851.5	2 年
环境条件	GB/T 20851.4	
协议及互操作测试	GB/T 20851.2 GB/T 20851.3 GB/T 20851.4 第二部分"14 协议一致性和互操作测试方法"	

13.2.2 抽样检验

应对每一批量的产品,从出厂检验合格的产品中按照 0.5% 的比例随机抽取,抽样数量不少于 5

台(套)。

抽样检验的检测内容应至少包括物理参数、协议及互操作测试两项内容。

13.2.3 送检要求

1 递交已填写并加盖申请单位公章的《电子收费专用短程通信 OBU 测试申请表》(见附录 H.2)。

2 提供 50 套 OBU(包括 OBU 测试夹具、控制设备、相关电源、信号线缆、软件等),随机抽取其中 5 套进行测试,并作为留样,后续生产的该型号 OBU 应保证与留样的一致性。

3 提交申办型号 OBU 的技术说明书或技术手册,包括用户使用手册、编程手册、安装手册等,及厂商认为有助于本次测试的技术文档和规范。

4 提交用 A4 纸打印的彩色照片一套。

1)该照片应包括受检型号 OBU 的整体照、正面照、侧面照、背面照、内部电路板照。照片应含收、发口、接口等部位。

2)照片上应清晰显示出申请单位、OBU 型号及序列号等信息。

3)此留样和标牌应与该型号 OBU 销售时一致;整体照片的下部还应标明受检设备的结构尺寸。

5 提交申办型号 OBU 所采用电池的第三方检测报告。该电池的性能以及安全性应符合国家标准 GB 8897 的要求。

6 提交该型号 OBU 发射天线、接收天线测试报告,报告内容应包括但不限于如下内容:

1)频率范围(带宽);

2)VSWR 曲线(5.6~6.0GHz);

3)阻抗(5.79 GHz、5.80 GHz、5.83 GHz、5.84GHz);

4)旁瓣电平(5.79 GHz、5.80 GHz、5.83 GHz、5.84GHz);

5)前后比(5.79 GHz、5.80 GHz、5.83 GHz、5.84GHz);

6)增益曲线(5.6~6.0GHz)以及典型频点的增益(5.79GHz、5.80GHz、5.83GHz、5.84GHz、11.58GHz、11.60GHz、11.66GHz、11.68GHz、17.37GHz、17.40GHz、17.49GHz、17.52GHz、f1、f2、f3、f4、f5);

7)方向图及 -3dB 带宽(5.79 GHz、5.80 GHz、5.83 GHz、5.84GHz);

8)机械尺寸。

其中发射天线增益曲线测试频点 f1、f2、f3、f4、f5 取值待 OBU 具体测试之后而定。天线测试报告出具单位应具有 CMA 或 CNAS 资质。

7 被测 OBU 应能够按照 GB/T 20851 的要求以及测试需要收、发测试信号。即能够发射载波、调制在工作频点的 PN9 码和 FM0 编码的全零码,能够引出解调后的接收数据及时钟信号,并提供相应测试点。进行唤醒灵敏度测试时,OBU 被唤醒后持续发送载波信号(时间长度 20ms)。高低温测试时需提供一根长度不小于 3m 的控制线,用于在温箱外远程控制被测 OBU 电源的开关,以及其在测试状态和正常工作状态之间的切换。

8 被测 OBU 的 MAC 地址应设置为"制造商代码 + OBU 标识",OBU 标识分别设置为 FFFFFF、FFFFFE、FFFFFD、FFFFFC、FFFFFB,每台 OBU 应贴上标签,写明其 MAC 地址。

9 当没有分段时,PDU 编号填为 0010。

13.3 OBU 初始化设备

13.3.1 型式检验

凡有下列情况之一时,应进行型式检验:

1 新产品试制定型鉴定或老产品转厂生产；
2 正式生产后，如结构、材料、工艺有较大改变，可能影响产品性能时；
3 产品停产半年以上，恢复生产时。

型式检验可以以送检或抽检的方式进行。

型式检验内容见表13-3。

表13-3 OBU初始化设备型式检验内容

检测内容	依据标准	检测报告有效期
物理参数	GB/T 20851.1 GB/T 20851.5 第二部分 "5 OBU初始化设备"	2年
环境条件	GB/T 20851.4 第二部分 "5 OBU初始化设备"	
应用测试	第二部分 "5 OBU初始化设备" 第二部分 "14 协议一致性和互操作测试方法"	

13.3.2 抽样检验

应对每一批量的产品，从出厂检验合格的产品中按照30%的比例随机抽取，抽样数量不少于2台(套)。

抽样检验的检测内容应至少包括物理参数、应用测试两项内容。

13.3.3 送检要求

1 递交已填写并加盖申请单位公章的《电子收费OBU初始化设备测试申请表》(见附录H.3)。

2 提供2套OBU初始化设备(包括OBU初始化设备、相关电源、信号线缆、软件等)，测试后作为留样，后续生产的该型号OBU初始化设备应保证与留样的一致性。

3 提交申办型号OBU初始化设备的技术说明书或技术手册，包括用户使用手册、编程手册、安装手册等，及厂商认为有助于本次测试的技术文档和规范。

4 提交用A4纸打印的彩色照片一套。

1)该照片应包括受检型号OBU初始化设备的整体照、正面照、侧面照、背面照、内部电路板照。照片应含收、发口、接口等部位。

2)照片上应清晰显示出申请单位、OBU初始化设备型号及序列号等信息。

3)此留样和标牌应与该型号OBU初始化设备销售时一致；整体照片的下部还应标明受检设备的结构尺寸。

5 提交该型号OBU初始化设备发射天线、接收天线测试报告，报告内容应包括但不限于如下内容：

1)频率范围(带宽)；

2)VSWR曲线(5.6～6.0GHz)；

3)阻抗(5.79 GHz、5.80 GHz、5.83 GHz、5.84GHz)；

4)旁瓣电平(5.79 GHz、5.80 GHz、5.83 GHz、5.84GHz)；

5)前后比(5.79 GHz、5.80 GHz、5.83 GHz、5.84GHz)；

6)增益曲线(5.6～6.0GHz)以及典型频点的增益(5.79GHz、5.80GHz、5.83GHz、5.84GHz、11.58GHz、11.60GHz、11.66GHz、11.68GHz、17.37GHz、17.40GHz、17.49GHz、17.52GHz、f1、f2、f3、f4、f5)；

7)方向图及-3dB带宽(5.79 GHz、5.80 GHz、5.83 GHz、5.84GHz)；

8）机械尺寸。

其中发射天线增益曲线测试频点 f1、f2、f3、f4、f5 取值待 OBU 初始化设备具体测试之后而定。天线测试报告出具单位应具有 CMA 或 CNAS 资质。

6 被测 OBU 初始化设备应能够按照 GB/T 20851 的要求以及测试需要收、发测试信号。即能够发射载波、调制在工作频点的 PN9 码和 FM0 编码的全零码,能够引出解调后的接收数据及时钟信号,并提供相应测试点。

7 提供 OBU 初始化设备的相关软件。

8 被测 OBU 初始化设备的 BeaconID 应设置为"制造商代码 + OBU 初始化设备标识",OBU 初始化设备标识分别设置为 FFFFFD、FFFFFC。

9 当没有分段时,PDU 编号填为 0010。

13.4 OBE-SAM

13.4.1 型式检验

凡有下列情况之一时,应进行型式检验:

1 新产品试制定型鉴定或老产品转厂生产;
2 正式生产后,如结构、材料、工艺有较大改变,可能影响产品性能时;
3 产品停产半年以上,恢复生产时。

型式检验可以以送检或抽检的方式进行。

型式检验内容见表 13-4。

表 13-4 OBE-SAM 型式检验内容

检测内容	依据标准	检测报告有效期
物理特性、化学特性、电特性、通信协议、基本功能、基本安全性能、稳定性、环境条件	JR/T 0025 GB/T 16649	2 年
应用测试(文件结构、指令集、交易流程)	第二部分 "4 OBE-SAM 数据格式和技术要求"	2 年

13.4.2 抽样检验

对所有批量供货的产品进行抽检。每一批量的产品,从出厂检验合格的产品中随机抽取 10 片。抽样检验的检测内容与型式检验相同。

13.4.3 送检要求

1 递交已填写并加盖申请单位公章的《OBE-SAM、PSAM 卡及 CPU 用户卡测试申请表》(见附录 H.4)。

2 提供 10 片 OBE-SAM,测试后作为留样,后续生产的该型号 OBE-SAM 应保证与留样的一致性。

3 提交芯片证明材料。

4 提交申办型号 OBE-SAM 的技术规格说明书。

5 提交 COS 指令手册(包括规范中未定义的自定义指令)。

6 如是硬掩膜产品,需提交硬掩膜证明。

7 提交具有相关检测资质的第三方机构出具的物理部分、安全评估检测报告。

8 提供 OBE-SAM 个人化脚本,脚本编写格式参照附录 I。

文件结构见图 13-1。

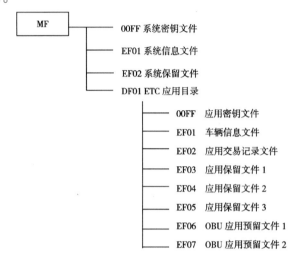

图 13-1 OBE-SAM 文件结构

系统信息文件见表 13-5。

表 13-5 系统信息文件(EF01)

文 件 标 识	EF01
文 件 大 小	99 字节
字节	数据元	内容
1~8	服务提供商编码	bafec4cf00010001
9	协约类型	01
10	合同版本	02
11~18	合同序列号	0000000000000000
19~22	合同签署日期	20070101
23~26	合同过期日期	20101231
27	拆卸状态	1F
28~99	预留	b2e2cad4000000……0000

测试样卡个人化密钥值见表 13-6。

表 13-6 测试样卡个人化密钥值

MF 下的主密钥

	密钥名称	默认值(hex)
1	主控密钥 MK	00000000000000000000000000000000
2	维护密钥 DAMK	00000000000000000000000000000000

DF01 下的主密钥

1	应用主控密钥 MK_DF	00000000000000000000000000000000
2	应用维护密钥 DAMK_DF	00000000000000000000000000000000

13.5 CPU 用户卡

13.5.1 型式检验

凡有下列情况之一时，应进行型式检验：

1. 新产品试制定型鉴定或老产品转厂生产；
2. 正式生产后，如结构、材料、工艺有较大改变，可能影响产品性能时；
3. 产品停产半年以上，恢复生产时。

型式检验可以以送检或抽检的方式进行。

型式检验内容见表 13-7。

表 13-7 CPU 用户卡型式检验内容

检测内容	依据标准	检测报告有效期
物理特性、化学特性、电特性、通讯协议、基本功能、基本安全性能、稳定性、环境条件	JR/T 0025 GB/T 16649 ISO/IEC 14443	2 年
应用测试（文件结构、指令集、交易流程）	第二部分"3 CPU 用户卡数据格式和技术要求"	2 年

13.5.2 抽样检验

对所有批量供货的产品进行抽检。每一批量的产品，从出厂检验合格的产品中随机抽取 10 片。抽样检验的检测内容与型式检验相同。

13.5.3 送检要求

1. 递交已填写并加盖申请单位公章的《OBE-SAM、PSAM 卡及 CPU 用户卡测试申请表》（见附录 H.4）。
2. 提供 10 片 CPU 用户卡，测试后作为留样，后续生产的该型号 CPU 用户卡应保证与留样的一致性。
3. 提交芯片证明材料。
4. 提交申办型号 CPU 用户卡的技术规格说明书。
5. 提交卡片 COS 指令手册（包括规范中未定义的自定义指令）。
6. 如是硬掩膜产品，需提交硬掩膜证明。
7. 提交具有相关检测资质的第三方机构出具的物理部分、安全评估检测报告。
8. 提供 CPU 用户卡个人化脚本，脚本编写格式参照附录 I。

文件结构见图 13-2。

数据文件内容规定见表 13-8、表 13-9。

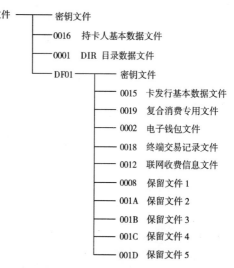

图 13-2 CPU 用户卡文件结构

表 13-8 卡片发行基本数据文件(0015)

文 件 标 识		0015
文 件 大 小		43 字节
字节	数据元	内容
1~8	发卡方标识	bafec4cf00000001
9	卡片类型	16
10	卡片版本号	01
11~12	卡片网络编号	0123
13~20	CPU 卡内部编号	1122334455667788
21~24	启用时间	20070101
25~28	到期时间	20101231
29~40	车牌号码	bea94120313233343 52020
41	用户类型	01
42~43	发卡自定义 FCI 数据	0000

表 13-9 复合消费专用文件(0019)

文 件 标 识		0019
文 件 大 小		43 字节
字节	数据元	内容
1	复合应用类型标识符	AA
2	记录长度	29
3	应用锁定标识	00
4~43	其他	010203……262728

测试样卡个人化密钥值见表 13-10。

CPU 用户卡测试样卡中的密钥值为表 13-10 中数值,经区域信息和内部编号两次分散后所得到的子密钥值,区域信息重复形成 8 个字节的分散因子。

表 13-10 测试样卡个人化密钥值

MF 下的主密钥		
	密钥名称	默认值(hex)
1	主控密钥 MK	00000000000000000000000000000000
2	维护密钥 DAMK	00000000000000000000000000000000
DF01 下的主密钥		
1	应用主控密钥 MK_DF	00000000000000000000000000000000
2	应用维护密钥 DAMK_DF	00000000000000000000000000000000

13.6 PSAM 卡

13.6.1 型式检验

凡有下列情况之一时,应进行型式检验:
1 新产品试制定型鉴定或老产品转厂生产;
2 正式生产后,如结构、材料、工艺有较大改变,可能影响产品性能时;
3 产品停产半年以上,恢复生产时。

型式检验可以以送检或抽检的方式进行。

型式检验内容见表 13-11。

表 13-11 PSAM 卡型式检验内容

检 测 内 容	依 据 标 准	检测报告有效期
物理特性、化学特性、电特性、通讯协议、基本功能、基本安全性能、稳定性、环境条件	JR/T 0025 GB/T 16649	2 年
应用测试(文件结构、指令集、交易流程)	第二部分"2 PSAM 卡数据格式和技术要求"	2 年

13.6.2 抽样检验

对所有批量供货的产品进行抽检。每一批量的产品,从出厂检验合格的产品中随机抽取 10 片。抽样检验的检测内容与型式检验相同。

13.6.3 送检要求

1 递交已填写并加盖申请单位公章的《OBE-SAM、PSAM 卡及 CPU 用户卡测试申请表》(见附录 H.4)。

2 提供 10 片 PSAM 卡,测试后作为留样,后续生产的该型号 PSAM 卡应保证与留样的一致性。

3 提交芯片证明材料。

4 提交申办型号 PSAM 卡的技术规格说明书。

5 提交卡片 COS 指令手册(包括规范中未定义的自定义指令)。

6 如是硬掩膜产品,需提交硬掩膜证明。

7 提供 PSAM 卡个人化脚本,脚本编写格式参照附录 I。

8 提交具有相关检测资质的第三方机构出具的物理部分、安全评估检测报告。

文件结构见图 13-3。

样卡应有三个 DF 应用,AID1 = A00000000386980701,AID2 = A00000000386980702,AID3 = A00000000386980703。

数据文件内容规定见表 13-12 ~ 表 13-15。

表 13-12 卡片公共信息文件(0015)

文 件 标 识		0015
文 件 大 小		14 字节
字节	数据元	内容
1 ~ 10	PSAM 序列号	0102001100000000xx
11	PSAM 版本号	00
12	密钥卡类型	01
13 ~ 14	发卡方自定义 FCI 数据	0000

表 13-13 终端信息文件(0016)

文 件 标 识		0016
文 件 大 小		6 字节
字节	数据元	内容
1 ~ 6	终端机编号	131000000001

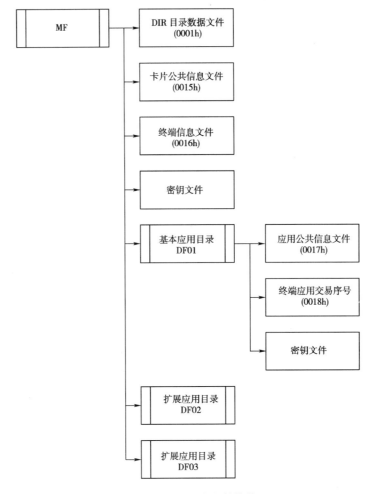

图 13-3　PSAM 卡文件结构

表 13-14　应用公共信息文件(0017)

文 件 标 识		0017
文 件 大 小		25 字节
字节	数据元	内容
1	密钥索引号	01
2~9	发卡方标识	0000000000000000
10~17	应用区域标识	1111111111111111
18~21	应用启用日期	20070101
22~25	应用有效日期	20101231

表 13-15　测试样卡个人化密钥值

MF 下的主密钥

	密钥名称	默认值(hex)	密钥信息
1	主控密钥 MK	00000000000000000000000000000000	000000
2	维护密钥 DAMK (maindamk)	00000000000000000000000000000000	010100

DF01 下的主密钥

1	应用主控密钥 MK_DF	00000000000000000000000000000000	000000
2	应用维护密钥 DAMK_DF	00000000000000000000000000000000	010100

续上表

DF02 下的主密钥			
1	应用主控密钥 MK_DF	22222222222222222222222222222222	000000
2	应用维护密钥 DAMK_DF	22222222222222222222222222222222	010100
DF03 下的主密钥			
1	应用主控密钥 MK_DF	33333333333333333333333333333333	000000
2	应用维护密钥 DAMK_DF	33333333333333333333333333333333	010100

13.7 IC 卡读写器

13.7.1 型式检验

凡有下列情况之一时，应进行型式检验：

1 新产品试制定型鉴定或老产品转厂生产；
2 正式生产后，如结构、材料、工艺有较大改变，可能影响产品性能时；
3 产品停产半年以上，恢复生产时。

型式检验可以以送检或抽检的方式进行。

型式检验内容见表 13-16。

表 13-16 IC 卡读写器型式检验内容

检 测 内 容	依 据 标 准	检测报告有效期
电源、环境适应性、电磁兼容性、可靠性、硬件接口	GB/T 18239—2000 第二部分"6 IC 卡读写器"	2 年
应用测试	第二部分"6 IC 卡读写器"	2 年

13.7.2 抽样检验

对所有批量供货的产品进行抽检。每一批量的产品，从出厂检验合格的产品中按照如下比例随机抽取：

1 总量在 300 台以下的，抽样比例为 5%，抽样数量应不少于 10 台。
2 总量在 300 台以上（含 300 台）1000 台以下的，抽样比例为 2%，抽样数量应不少于 15 台。
3 总量在 1000 台以上（含 1000 台）的，抽样比例为 1%，抽样数量应不少于 20 台。

13.7.3 送检要求

1 递交已填写并加盖申请单位公章的《IC 卡读写器测试申请表》（见附录 H.5）。
2 提供 2 台 IC 卡读写器，测试后作为留样，后续生产的该型号 IC 卡读写器应保证与留样的一致性。
3 提交申办型号 IC 卡读写器的技术规格说明书。
4 提交申办型号 IC 卡读写器基本功能演示软件及源代码。
5 提交用 A4 纸打印的彩色照片一套。
1）该照片应包括受检型号 IC 卡读写器的整体照、正面照、侧面照、背面照、内部电路板照。照片应含发射口、接口等部位。
2）照片上应清晰显示出申请单位、IC 卡读写器型号及序列号等信息。
6 此留样和标牌应与该型号 IC 卡读写器销售时一致；整体照片的下部还应标明受检设备的结

构尺寸。

13.8 非现金收费系统工程质量检验评定标准

13.8.1 一般规定

非现金收费系统工程质量检查频率：施工单位为100%；工程监理单位不低于30%，当项目测点数少于3个时，全部检查。

13.8.2 基本要求

1 电子不停车收费车道及人工非现金收费车道系统基本要求

1）车道系统的设备数量、型号符合要求，部件完整。

2）车道系统的关键设备和交易处理流程应严格按照国家、交通运输行业相关标准及技术规范执行。

3）车道机电系统应符合交通行业标准JTG F80/2。

4）设备安装到位并已连通，处于正常工作状态。

5）车道控制逻辑缜密、稳定、可靠。

6）车道专用标志标线的设置应符合相关标准规范要求。

7）具备完整的设计、施工、验收等材料，以及分项工程自检和设备调试记录、设备及附(备)件清单、有效的设备检验合格报告或证书等资料齐全。

8）设备布线整齐、余留规整、标识清楚；设备之间连线接、插头等部件要求连接可靠、紧密、到位准确；固定螺钉等要求坚固，无松动。

2 清分结算管理中心系统基本要求

1）清分结算管理中心系统在具备保证全省(市)高速公路现金收费清分结算相关管理功能的同时，还应具备全省(市)非现金收费清分结算功能及相应的数据合法性验证(TAC)、传输、统计、存储等管理功能。

2）清分结算管理中心(省级)电子收费密钥管理系统应符合交通运输部统一的密钥管理体系。

3）管理中心系统性能包括主服务器性能以及系统可靠性、安全性和灵活性等，在符合《收费公路联网收费技术要求》相关规定的基础上，应能够满足本省(市)2~3年内应用发展需求。

4）设备布线整齐、余留规整、标识清楚；设备之间连线接、插头等部件要求连接可靠、紧密、到位准确；固定螺钉等要求坚固，无松动。

5）清分结算管理中心系统应严格按照标准进行设计、施工和验收，相关设计、施工、验收材料应齐全。

3 OBU基本要求

1）OBU的设备数量、型号符合要求，部件完整。

2）设备安装到位并已连通，处于正常工作状态。

3）分项工程自检和设备调试记录、设备及附(备)件清单、有效的设备检验合格报告或证书等资料齐全。

13.8.3 实测项目

1 车道系统实测项目

车道系统实测项目见表13-17，其中检测项1——RSU物理层关键参数，若RSU设备已做过抽样检验，则此项测试可不再作为车道系统的实测项目。

表 13-17 车道系统实测项目

车道类型	项次	检查项目	技术要求	检查方法
电子不停车收费车道	1	△RSU 物理层关键参数	GB/T 20851《收费公路联网收费技术要求》第二部分"8 基于 DSRC 的 ETC 交易"第二部分"14 协议一致性和互操作性测试方法"	频谱分析仪等散波测量仪表测量
	1.1	频率容限		
	1.2	等效全向辐射功率		
	1.3	调制系数		
	1.4	占用带宽		
	1.5	前导码		
	1.6	接收带宽		
	1.7	接收机误码率		
	2	△入/出口正常交易流程	GB/T 20851《收费公路联网收费技术要求》第二部分"8 基于 DSRC 的 ETC 交易"第二部分"9 非现金支付卡交易流程"设计要求	实际操作，通过仪表记录交易过程
	3	不停车收费车道系统可靠性测试	①ETC 系统连续交易 50 次，交易及车道控制无异常，用计算机软件核对应无错误。②外设发生故障，应有相应报警信息。③网络中断时，系统提示异常并能够继续运行，保证本地安全存储交易记录，网络恢复时，数据自动上传	实际操作
	4	△RSU 兼容性测试	能适应符合标准的多个省份、多家生产企业的 OBU 和用户卡	实际操作
	5	△ETC 交易处理时间	典型完整交易处理时间≤270ms	实际操作，通过仪表记录交易时间
	6	△防冲突	同时处理两个 OBU	实际操作
	7	△防拆卸	对已经拆卸的 OBU 处理正确	实际操作
	8	黑名单处理流程	符合规定的操作流程	实际操作
	9	△RSU 通信区域	宽度不大于 3.3m	使用场强仪测量

续上表

车道类型	项次	检查项目	技术要求	检查方法
电子不停车收费车道	10	△车道基本控制逻辑	①对合法以及各种情况的非法 ETC 车辆，车道能够正常处理。②合法、非法车辆在各种眼睛情况下，车道能够正常处理。③车道能够正确处理低值车辆和黑名单车辆	实际操作
	11	数据传输	车道与收费站间能够正常交换数据	实际操作
人工非现金收费车道	1	非接触 IC 卡读写器主要技术指标	《收费公路联网收费技术要求》第二部分"6 IC 卡读写器"	非接触 IC 卡读写器测试仪测试，实际操作
	2	△入/出口正常交易流程	GB/T 20851《收费公路联网收费技术要求》第二部分"9 非现金支付卡交易流程"设计要求	实际操作，通过仪表记录交易过程
	3	MTC 非现金支付系统可靠性测试	系统连续交易 50 次及车道无异常，用计算机软件核对应无错误	实际操作
	4	△兼容性测试	能适应符合标准的多家生产企业的 PSAM 卡，以及符合标准的多个省份、多家生产企业的用户卡	实际操作
	5	黑名单处理流程	符合规定的操作流程	实际操作
	6	△防冲突	同时处理两张用户卡，处理正确	实际操作
	7	△CPU 用户卡数据格式及编码规则	《收费公路联网收费技术要求》	通过读卡器读取卡片文件内容，并按照编码规则进行解析
	8	△车道基本逻辑测试	能够正常处理各种情况的 CPU 用户卡	实际操作
	9	数据传输测试	车道与收费站间能够正常数据交换	实际操作
	10	交易可靠性测试	正常 CPU 用户卡连续交易 100 次以上，交易无异常	实际操作

注：其中标△为关键测试项目。

2 清分结算中心系统实测项目

清分结算管理中心系统工程质量检验实测项目见表13-18。

表13-18 清分结算管理中心系统工程质量检验实测项目

序号	实测项目	技术要求	检查方法
1	△主要硬件设备参数	《收费公路联网收费技术要求》设计文件	实际操作
2	△数据传输	《收费公路联网收费技术要求》设计文件	实际操作
3	△参数下发	《收费公路联网收费技术要求》设计文件	实际操作
4	△报表查询及打印	《收费公路联网收费技术要求》设计文件	实际操作
5	△通行费清分记账	《收费公路联网收费技术要求》设计文件	实际操作
6	△通行费拆账	《收费公路联网收费技术要求》设计文件	实际操作
7	△通行费结算	《收费公路联网收费技术要求》设计文件	实际操作
8	△通行费划拨	《收费公路联网收费技术要求》设计文件	实际操作
9	△争议数据处理	《收费公路联网收费技术要求》设计文件	实际操作
10	△黑名单管理	《收费公路联网收费技术要求》设计文件	实际操作
11	参数管理	设计文件	实际操作
12	日志管理	设计文件	实际操作
13	△数据库备份与恢复	《收费公路联网收费技术要求》设计文件	实际操作

注：其中标△为关键测试项目。

3 OBU实测项目

OBU的实测项目见表13-19,若OBU设备已做抽样检验,则本项测试可不再进行。

表13-19 OBU实测项目

项次	检查项目	技术要求	检查方法
1	△OBU物理层关键参数	GB/T 20851《收费公路联网收费技术要求》第二部分"8 基于DSRC的ETC交易"第二部分"14 协议一致性和互操作测试方法"	频谱分析仪等微波测量仪表测量
1.1	频率容限		
1.2	调制系数		
1.3	占用带宽		
1.4	位速率		
1.5	灵敏度一致性		

续上表

项次	检查项目	技术要求	检查方法
2	△OBU 协议符合性	GB/T 20851《收费公路联网收费技术要求》 第二部分"8 基于 DSRC 的 ETC 交易" 第二部分"14 协议一致性和互操作测试方法" 设计要求	DSRC 协议测试专用设备测量
3	△OBU 兼容性测试	能适应符合标准的多省份、多生产企业的 RSU 和用户卡	实际操作
4	△OBE-SAM 数据格式及编码规则	第二部分"4 OBE-SAM 数据格式和技术要求" 第二部分"17 OBE-SAM 应用测试"	读取 OBE-SAM 文件内容,按照编码规则进行解析

注:其中标△为关键测试项目。

14 协议一致性和互操作测试方法

14.1 被测设备测试状态要求

14.1.1 测试信号
1 同信道、邻信道干扰抑制比干扰测试信号

已调制的未编码的周期为511bit的伪随机二进制序列(PN9)信号。

2 阻塞干扰抑制比干扰测试信号

工作频段(5725~5850MHz)带外(30MHz~20GHz)某固定频点连续波信号。

3 OBU唤醒响应信号

发射在相应信道的载波信号,持续时间20ms。

4 其他测试信号

其他测试信号应满足GB/T 20851相关要求。

14.1.2 RSU

被测RSU应能够按照GB/T 20851的要求和测试需要接收、发射测试信号。即能够连续发射载波、调制在工作频点的PN9码和FM0编码的全零码,能够引出解调后的接收数据及时钟信号,并提供测试点。

14.1.3 OBU

被测OBU应能够按照GB/T 20851的要求和测试需要接收、发射测试信号。即能够连续发射载波、调制在工作频点的PN9码和FM0编码的全零码,被唤醒后发送唤醒响应信号,能够引出解调后的接收数据及时钟信号,并提供测试点。

14.1.4 OBU初始化设备

被测OBU初始化设备应能够按照GB/T 20851的要求和测试需要接收、发射测试信号。即能够连续发射载波、调制在工作频点的PN9码和FM0编码的全零码,能够引出解调后的接收数据及时钟信号,并提供测试点。

14.2 RSU测试

14.2.1 接收灵敏度
14.2.1.1 测试设备
矢量信号源、误码仪、频谱分析仪。

14.2.1.2 测试步骤
本测试可在传导或辐射测试条件下完成,测试步骤如下:

1 传导测试

1)设置被测RSU接收机工作频率,设置被测RSU为正常工作状态。

2)用矢量信号源通过测试电缆发送被测 RSU 工作信道中心频率的测试信号至被测 RSU 接收机输入端以及误码仪。

3)将被测 RSU 接收机解调后的数据信号和时钟信号接入误码仪,测量被测接收机的误码率。

4)调整矢量信号源发送测试信号的功率 P_0,直至被测接收机的误码率达到标准要求的限值。

5)计算被测 RSU 在该工作信道的接收灵敏度(单位为 dBm),计算公式见式(14-1)。

$$接收灵敏度 = P_0/G_R \qquad (14\text{-}1)$$

式中:G_R——被测 RSU 接收天线增益。

6)重复以上步骤,测试其他工作信道的接收灵敏度。

2 辐射测试

1)设置被测 RSU 接收机工作频率,设置被测 RSU 为正常工作状态。

2)用矢量信号源通过测试电缆发送被测 RSU 工作信道中心频率的测试信号至被测 RSU 接收机,以及误码仪。

3)将被测 RSU 接收机输出的解调后的数据信号和时钟信号接入误码仪,测量被测接收机的误码率。

4)调整矢量信号源发送测试信号的功率 P_0,直至被测接收机的误码率达到标准要求的限值。

5)在同样的测试条件下,用已知增益的测试天线代替被测 RSU,并用频谱分析仪测量测试天线接收信号的功率 P。

6)计算被测 RSU 在该工作信道的接收灵敏度(单位为 dBm),计算公式见式(14-2)。

$$接收灵敏度 = P/G_t \qquad (14\text{-}2)$$

式中:G_t——测试天线增益。

7)重复以上步骤,测试其他工作信道的接收灵敏度。

14.2.2 接收带宽

14.2.2.1 测试设备

矢量信号源、误码仪、频谱分析仪。

14.2.2.2 测试步骤

本测试可在传导或辐射测试条件下完成,测试步骤如下:

1 传导测试

1)设置被测 RSU 接收机工作频率,设置被测 RSU 为正常工作状态。

2)用矢量信号源通过测试电缆分别发送被测 RSU 工作信道上限、下限频率的测试信号至被测 RSU 接收机输入端以及误码仪。

3)将被测 RSU 接收机解调后的数据信号和时钟信号接入误码仪,分别测量被测 RSU 接收机在工作信道上限、下限频率的误码率。

4)调整矢量信号源发送测试信号的功率 P_0,直至被测接收机的误码率达到标准要求的限值。

5)计算被测 RSU 在该工作信道相应测试频点的接收灵敏度(单位为 dBm),计算公式见式(14-1)。

6)重复以上步骤,测试其他工作信道的接收带宽。

2 辐射测试

1)设置被测 RSU 接收机工作频率,设置被测 RSU 为正常工作状态。

2)用矢量信号源通过测试天线分别发送被测 RSU 工作信道上限、下限频率的测试信号至被测 RSU 接收机输入端以及误码仪。

3)将被测 RSU 接收机解调后的数据信号和时钟信号接入误码仪,分别测量被测 RSU 接收机在工作信道上限、下限频率的误码率。

4)调整矢量信号源发送测试信号的功率 P_0，直至被测接收机的误码率达到标准要求的限值。

5)在同样的测试条件下，用已知增益的测试天线代替被测 RSU，并用频谱分析仪测量测试天线接收信号的功率 P。

6)计算被测 RSU 在该工作信道相应测试频点的接收灵敏度(单位为 dBm)，计算公式见式(14-2)。

7)重复以上步骤，测试其他工作信道的接收带宽。

14.2.3 最高输入信号功率

14.2.3.1 测试设备

矢量信号源、误码仪、频谱分析仪。

14.2.3.2 测试步骤

本测试可在传导或辐射测试条件下完成，测试步骤如下：

1 传导测试

1)设置被测 RSU 接收机工作频率，设置被测 RSU 为正常工作状态。

2)用矢量信号源通过测试电缆发送被测 RSU 工作信道中心频率的测试信号至被测 RSU 接收机输入端以及误码仪。

3)将被测 RSU 接收机解调后的数据信号和时钟信号接入误码仪，测量被测 RSU 接收机的误码率。

4)调整增大矢量信号源发送测试信号的功率 P_0，直至被测接收机的误码率达到但不超过标准要求的限值。

5)计算被测 RSU 在该工作信道的接收误码率达到标准要求时所允许的最高输入信号功率(单位为 dBm)，计算公式见式(14-3)。

$$最高输入信号功率 = P_0/G_R \tag{14-3}$$

式中：G_R——被测 RSU 接收天线增益。

6)重复以上步骤，测试其他工作信道的最高输入信号功率。

2 辐射测试

1)设置被测 RSU 接收机工作频率，设置被测 RSU 为正常工作状态。

2)用矢量信号源通过测试天线发送被测 RSU 工作信道中心频率的测试信号至被测 RSU 接收机以及误码仪。

3)将被测 RSU 接收机解调后的数据信号和时钟信号接入误码仪，测量被测 RSU 接收机的误码率。

4)调整增大矢量信号源发送测试信号的功率 P_0，直至被测接收机的误码率达到但不超过标准要求的限值。

5)在同样的测试条件下，用频谱分析仪和已知增益 G_T 的测试天线代替被测 RSU，并用频谱分析仪测量功率 P_R。

6)计算被测 RSU 在该工作信道的接收误码率达到标准要求时所允许的最高输入信号功率(单位为 dBm)，计算公式见式(14-4)。

$$最高输入信号功率 = P_R/G_T \tag{14-4}$$

式中：G_T——测试天线增益。

7)重复以上步骤，测试其他工作信道的最高输入信号功率。

14.2.4 同信道干扰抑制比

14.2.4.1 测试设备

矢量信号源、误码仪。

14.2.4.2 测试步骤

本测试可在传导或辐射测试条件下完成,测试步骤如下:

1 传导测试

1)设置被测 RSU 接收机工作频率,设置被测 RSU 为正常工作状态。

2)用矢量信号源通过测试电缆发送被测 RSU 工作信道中心频率的测试信号至被测 RSU 接收机输入端以及误码仪。

3)将被测 RSU 接收机解调后的数据信号和时钟信号接入误码仪,测量被测 RSU 接收机的接收灵敏度。

4)用两台矢量信号源分别发送被测 RSU 工作信道中心频率的测试信号、干扰测试信号,经合路后同时送至被测 RSU 接收机输入端。

5)设置测试信号功率 P_0 比被测 RSU 接收机接收灵敏度高 6dB。

6)调整矢量信号源发送干扰测试信号的功率 P_C,直至被测接收机的误码率达到但不超过标准要求的限值。

7)计算被测 RSU 在该工作信道的同信道干扰抑制比(单位为 dB),计算公式见式(14-5)。

$$同信道干扰抑制比 = P_0/P_C \tag{14-5}$$

8)重复以上步骤,测试其他工作信道的同信道干扰抑制比。

2 辐射测试

1)设置被测 RSU 接收机工作频率,设置被测 RSU 为正常工作状态。

2)用矢量信号源通过测试天线发送被测 RSU 工作信道中心频率的测试信号至被测 RSU 接收机以及误码仪。

3)将被测 RSU 接收机解调后的数据信号和时钟信号接入误码仪,测量被测 RSU 接收机的接收灵敏度。

4)用两台矢量信号源分别发送被测 RSU 工作信道中心频率的测试信号、干扰测试信号,通过测试天线送至被测 RSU 接收机。

5)设置测试信号功率 P_0 比被测 RSU 接收机接收灵敏度高 6dB。

6)调整矢量信号源发送干扰测试信号的功率 P_C,直至被测接收机的误码率达到但不超过标准要求的限值。

7)计算被测 RSU 在该工作信道的同信道干扰抑制比(单位为 dB),计算公式见式(14-6)。

$$同信道干扰抑制比 = P_0/P_C \tag{14-6}$$

8)重复以上步骤,测试其他工作信道的同信道干扰抑制比。

14.2.5 邻信道干扰抑制比

14.2.5.1 测试设备

矢量信号源、误码仪。

14.2.5.2 测试步骤

本测试可在传导或辐射测试条件下完成,测试步骤如下:

1 传导测试

1)设置被测 RSU 接收机工作频率,设置被测 RSU 为正常工作状态。

2)用矢量信号源通过测试电缆发送被测 RSU 工作信道中心频率的测试信号至被测 RSU 接收机输入端以及误码仪。

3)将被测 RSU 接收机解调后的数据信号和时钟信号接入误码仪,测量被测 RSU 接收机的接收灵敏度。

4)用两台矢量信号源分别发送被测 RSU 工作信道中心频率的测试信号、相邻工作信道中心频率的干扰测试信号,经合路后同时送至被测 RSU 接收机输入端。

5)设置测试信号功率 P_0 比被测 RSU 接收机接收灵敏度高 6dB。

6)调整矢量信号源发送干扰测试信号的功率 P_A,直至被测接收机的误码率达到但不超过标准要求的限值。

7)计算被测 RSU 在该工作信道的邻信道干扰抑制比(单位为 dB),计算公式见式(14-7)。

$$邻信道干扰抑制比 = P_0/P_A \tag{14-7}$$

8)重复以上步骤,测试其他工作信道的邻信道干扰抑制比。

2 辐射测试

1)设置被测 RSU 接收机工作频率,设置被测 RSU 为正常工作状态。

2)用矢量信号源通过测试天线发送被测 RSU 工作信道中心频率的测试信号至被测 RSU 接收机以及误码仪。

3)将被测 RSU 接收机解调后的数据信号和时钟信号接入误码仪,测量被测 RSU 接收机的接收灵敏度。

4)用两台矢量信号源分别发送被测 RSU 工作信道中心频率的测试信号、相邻工作信道中心频率的干扰测试信号,通过测试天线送至被测 RSU 接收机。

5)设置测试信号功率 P_0 比被测 RSU 接收机接收灵敏度高 6dB。

6)调整矢量信号源发送干扰测试信号的功率 P_A,直至被测接收机的误码率达到但不超过标准要求的限值。

7)计算被测 RSU 在该工作信道的邻信道干扰抑制比(单位为 dB),计算公式见式(14-8)。

$$邻信道干扰抑制比 = P_0/P_A \tag{14-8}$$

8)重复以上步骤,测试其他工作信道的邻信道干扰抑制比。

14.2.6 阻塞干扰抑制比

14.2.6.1 测试设备

矢量信号源、误码仪。

14.2.6.2 测试步骤

本测试可在传导或辐射测试条件下完成,测试步骤如下:

1 传导测试

1)设置被测 RSU 接收机工作频率,设置被测 RSU 为正常工作状态。

2)用矢量信号源通过测试电缆发送被测 RSU 工作信道中心频率的测试信号至被测 RSU 接收机输入端以及误码仪。

3)将被测 RSU 接收机解调后的数据信号和时钟信号接入误码仪,测量被测 RSU 接收机的接收灵敏度。

4)用两台矢量信号源分别发送被测 RSU 工作信道中心频率的测试信号、工作频带之外的阻塞干扰测试信号,经合路后同时送至被测 RSU 接收机输入端。

5)设置测试信号功率 P_0 比被测 RSU 接收机接收灵敏度高 6dB。

6)调整矢量信号源发送阻塞干扰测试信号的功率 P_B,直至被测接收机的误码率达到但不超过标准要求的限值。

7)计算被测 RSU 在该工作信道的阻塞干扰抑制比(单位为 dB),计算公式见式(14-9)。

$$阻塞干扰抑制比 = P_0/P_B \tag{14-9}$$

8）重复以上步骤,测试其他工作信道的阻塞干扰抑制比。

2 辐射测试

1）设置被测 RSU 接收机工作频率,设置被测 RSU 为正常工作状态。

2）用矢量信号源通过测试天线发送被测 RSU 工作信道中心频率的测试信号至被测 RSU 接收机以及误码仪。

3）将被测 RSU 接收机解调后的数据信号和时钟信号接入误码仪,测量被测 RSU 接收机的接收灵敏度。

4）用两台矢量信号源分别发送被测 RSU 工作信道中心频率的测试信号、工作频带之外的阻塞干扰测试信号,通过测试天线送至被测 RSU 接收机。

5）设置测试信号功率 P_0 比被测 RSU 接收机接收灵敏度高 6dB。

6）调整矢量信号源发送阻塞干扰测试信号的功率 P_B,直至被测接收机的误码率达到但不超过标准要求的限值。

7）计算被测 RSU 在该工作信道的阻塞干扰抑制比(单位为 dB),计算公式见式(14-10)。

$$阻塞干扰抑制比 = P_0/P_B \tag{14-10}$$

8）重复以上步骤,测试其他工作信道的阻塞干扰抑制比。

14.2.7 通信区域

14.2.7.1 测试地点

本测试应在开阔场地进行。

14.2.7.2 安装要求

将被测 RSU 安装到悬臂上,悬挂点位于 5.5~6.0m 高度,调整天线角度,使其处于正常工作角度。

14.2.7.3 被测 RSU 设置

将被测 RSU 设置为连续发射载波状态。

14.2.7.4 测试方法

1 在距离水平地面 1m 高处架设测试天线。

2 移动测试天线,测试被测 RSU 在规定区域内的场强。

3 场强为 113dBuV/m 的点应处于图 14-1 所示阴影范围内。

14.2.8 工作温度

14.2.8.1 试验前对被测 RSU 进行检验

被测 RSU 外表应无镀涂层剥落、毛刺、开裂、变形等现象,文字、符号标志应清晰,结构件与控制元件应完整、无机械损伤、功能应正常。

14.2.8.2 高温试验

1 要求

被测 RSU 在温度为 +55℃(寒区 +40℃)时应能够正常工作,并符合 14.2.8.1 的规定。

2 试验设备

试验设备应符合 GB 2423.2 的规定。

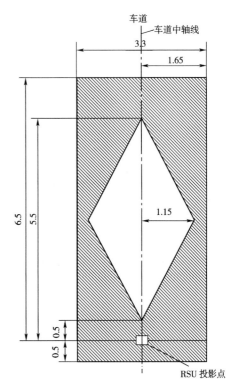

图 14-1 通信区域(尺寸单位:m)

3 试验方法

1)将被测 RSU 在不包装、不通电、"准备使用"状态,按其正常位置或其他规定放入具有室温的试验箱(室)内。

2)使试验箱(室)的温度调控到 +55℃(寒区 +40℃)±2℃,温度上升变化速度的平均值不超过 3℃/min。

3)当被测 RSU 达到温度稳定 2h 后,接通电源,设置被测 RSU 为连续发送载波状态。按 GB/T 20851.5 的规定对频率容限进行测量,结果应符合 GB/T 20851.1 的规定。

4)设置被测 RSU 为正常工作状态,应可以稳定持续交易。

5)将被测 RSU 断开电源,仍保持在箱(室)内,将箱(室)温度逐渐降低至正常的试验大气条件范围内的某个值,温度下降变化速度的平均值仍不超过 3℃/min。

6)试验结束后,被测 RSU 应符合 14.2.8.1 的规定。

14.2.8.3 低温试验

1 要求

被测 RSU 在温度为 -20℃(寒区 -35℃)时应能够正常工作,并符合 14.2.8.1 的规定。

2 试验设备

试验设备应符合 GB 2423.2 的规定。

3 试验方法

将被测 RSU 在不包装、不通电、"准备使用"状态,按其正常位置或其他规定放入具有室温的试验箱(室)内。

1)使试验箱(室)的温度调控到 -20℃(寒区 -35℃)±2℃,温度下降变化速度的平均值不超过 3℃/min。

2)当被测 RSU 达到温度稳定 2h 后,接通电源,设置被测 RSU 为连续发送载波状态。按 GB/T 20851.5 的规定对频率容限进行测量,结果应符合 GB/T 20851.1 的规定。

3)设置被测 RSU 为正常工作状态,应可以稳定持续交易。

4)将被测 RSU 断开电源,仍保持在箱(室)内,将箱(室)温度逐渐降低至正常的试验大气条件范围内的某个值,温度下降变化速度的平均值仍不超过 3℃/min。

5)试验结束后,被测 RSU 应符合 14.2.8.1 的规定。

14.2.9 冲击试验

14.2.9.1 要求

被测 RSU 在峰值加速度 300m/s²、持续时间 18ms、半正弦脉冲作用后,功能正常,结构不受影响,零部件无松动。

14.2.9.2 试验设备

试验设备应符合 GB 2423.5 的规定。

14.2.9.3 试验方法

1)将被测 RSU 在不包装、不通电的状态下,按其正常位置或其他规定紧固在试验设备(台)上。

2)设置试验设备(台)冲击方式为峰值加速度 300m/s²、持续时间 18ms、半正弦脉冲。

3)对被测 RSU 除向下的安装面外的其他五个方向各施加 3 次冲击。

4)试验完成后,被测 RSU 功能正常,结构不受影响,零部件无松动。

14.2.10 振动试验

14.2.10.1 要求

被测 RSU 在 2~150Hz 的频率范围内进行循环扫频振动,完成后功能正常,结构不受影响,零部件无松动。

14.2.10.2 试验设备

试验设备应符合 GB 2423.10 的规定。

14.2.10.3 试验方法

1 将被测 RSU 在不包装、不通电的状态下,按其正常位置或其他规定紧固在试验设备(台)上。

2 设置试验设备(台)振动方式,振动频率在范围 2~150Hz 内按 GB/T 2423.10 的方法进行扫频振动。其中在 2~9Hz 时按位移控制,位移峰值 7.5mm,在 9~150Hz 时按加速度控制,加速度为 20m/s^2。振动试验中,2Hz→9Hz→150Hz→9Hz→2Hz 为一个循环,扫频速度为每分钟一个倍频程。

3 对被测 RSU 进行 20 次循环振动试验。

4 试验完成后,被测 RSU 功能正常,结构不受影响,零部件无松动。

14.2.11 DSRC 协议

14.2.11.1 测试设备要求

测试设备物理层技术指标应符合 GB/T 20851.1 的要求。

测试设备采用专用的协议测试软件,应能够实现 GB/T 20851 规定的协议机制、服务原语、典型交易流程等。

14.2.11.2 BST 和 VST

1 测试目的

确认被测 RSU 能否正确发出 BST,并正确接收 VST。

2 测试步骤

1)设置被测 RSU 按照一定时间间隔顺序发送多种 BST。

2)测试设备接收并保存以上 BST,分析接收到的 BST 文件结构是否正确,各个数据位是否正确,并发出相应的 VST。

3)判断被测 RSU 是否正确接收到 VST,接收到的 VST 文件结构是否正确,Profile、Application SEQUENCE 等值是否正确。

14.2.11.3 Get Secure

1 测试目的

确认被测 RSU 正确发出 Get Secure.request 原语,并能够正确接收 Get Secure.response,同时完成安全认证过程。

2 测试步骤

1)将被测 RSU 加电,设置其发送 BST。

2)测试设备接收 BST,确认其正确性,并返回 VST。

3)被测 RSU 接收来自测试设备的 VST,判断 VST 的正确性,并登记其 MAC 地址。

4)被测 RSU 发送 GetSecure.request 读取车辆信息文件。

5)判断被测 RSU 是否正确发送 GetSecure.request。

6)测试设备接收被测 RSU 发送的 GetSecure.request,并返回 GetSecure.response。

7)确认被测 RSU 接收到的 GetSecure.response 文件结构及内容是否正确。

8)验证安全机制是否正确。

14.2.11.4 TransferChannel

1 测试目的

确认被测 RSU 发出的 TransferChannel.request 原语的正确性,并判断其能否正确接收 Transfer-

Channel. response。

   2　测试步骤

   1）将被测 RSU 加电,设置其发送 BST。

   2）测试设备接收 BST,确认其正确性,并返回 VST。

   3）被测 RSU 接收来自测试设备的 VST,判断 VST 的正确性,并登记其 MAC 地址。

   4）被测 RSU 发送 TransferChannel. request,使用 CPU 用户卡指令完成一些应用。

   5）判断被测 RSU 是否正确发送 TransferChannel. request。

   6）测试设备接收来自被测 RSU 的 TransferChannel. request,并返回 TransferChannel. response。

   7）确认被测 RSU 接收到的 TransferChannel. response 文件结构及内容是否正确。

   8）验证安全机制是否正确。

14.2.11.5　SetMMI

   1　测试目的

   验证被测 RSU 发出 SetMMI. request 原语的正确性,并确定被测 RSU 接收 SetMMI. response 是否正确。

   2　测试步骤

   1）将被测 RSU 加电,设置其发送 BST。

   2）测试设备接收 BST,确认其正确性,并返回 VST。

   3）被测 RSU 接收来自测试设备的 VST,判断 VST 的正确性,并登记其 MAC 地址。

   4）被测 RSU 发送 SetMMI. request 设置测试设备的界面。

   5）判断被测 RSU 是否正确发送 SetMMI. request。

   6）被测 RSU 接收测试设备返回的 SetMMI. response,判断文件结构及内容是否正确。

14.2.11.6　封闭式入口、不带拼接、复合消费交易流程

   1　测试目的

   验证被测 RSU 能否与测试设备正确完成封闭式入口、不带拼接、复合消费的交易流程。

   2　测试步骤

   1）将测试设备加电,执行封闭式入口、不带拼接、复合消费的交易流程。

   2）测试设备与被测 RSU 完成封闭式入口、不带拼接、复合消费的交易流程。

   3）判断交易过程是否正确完成。

   4）判断安全认证是否能正确验证。

   5）判断交易过程数据是否符合规范。

   6）判断交易时间是否符合规范要求。

14.2.11.7　封闭式入口、带有拼接、复合消费交易流程

   1　测试目的

   验证被测 RSU 能否与测试设备正确完成封闭式入口、带有拼接、复合消费的交易流程。

   2　测试步骤

   1）将测试设备加电,执行封闭式入口、带有拼接、复合消费的交易流程。

   2）测试设备与被测 RSU 完成封闭式入口、带有拼接、复合消费的交易流程。

   3）判断交易过程是否正确完成。

   4）判断安全认证是否能正确验证。

   5）判断交易过程数据是否符合规范。

   6）判断交易时间是否符合规范要求。

14.2.12 与 PC 的接口

14.2.12.1 测试说明

针对被测 RSU 与车道控制器的接口标准符合性的测试，测试系统框图如图 14-2 所示。

1）PC 端控制软件作为参与测试的标准源，应符合第二部分"7 路侧单元与车道控制器接口"的规定，测试中涉及的交易类型和原语指令均符合 GB/T 20851 和《收费公路联网收费技术要求》的规定。

2）PC 端控制软件通过调用被测 RSU 提供的 API 函数库，实现与被测 RSU 的通信。

3）OBU 作为配合测试设备，应符合 GB/T 20851 和《收费公路联网收费技术要求》的规定。

4）DSRC 信号监听仪用来捕捉被测 RSU 与 OBU 的无线通信信号，配合测试系统分析被测 RSU 空中数据帧是否符合 PC 发出的控制指令。

5）物理接口监视作为辅助测试分析工具，用来获取 PC 机与被测 RSU 物理接口的原始通信数据。

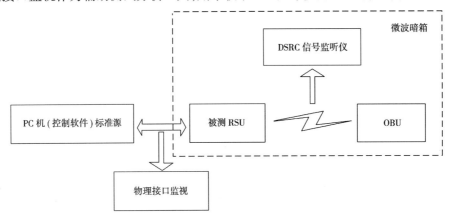

图 14-2 RSU 与车道控制器接口测试系统框图

14.2.12.2 测试项

1 设备指令有效性测试见表 14-1。

表 14-1 设备指令有效性测试

序号	测 试 项	测 试 方 法	要 求
1	打开设备端口	PC 下发"打开设备端口"指令，从返回值判断执行结果，同时观察设备状态反应	必测
2	关闭设备端口	PC 下发"关闭设备端口"指令，从返回值判断执行结果，同时观察设备状态反应	必测
3	RSU 初始化	输入 RSU 初始化关键参数，发送"RSU 初始化"指令，从返回值判断执行结果	必测
4	RSU 初始化返回	执行"RSU 初始化返回"指令，从返回值判断执行结果，并读取返回信息判断有效性	必测
5	RSU 信息查询	PC 下发"RSU 信息查询"指令，从返回值判断执行结果	必测
6	RSU 信息查询返回	发送"RSU 信息查询返回"指令，从返回值判断执行结果，并读取返回信息判断有效性	必测
7	PSAM 通道复位	PC 下发"PSAM 通道复位"指令，从返回值判断执行结果	必测

续上表

序号	测试项	测试方法	要求
8	PSAM 通道复位返回	发送"PSAM 通道复位返回"指令,从返回值判断执行结果,并读取返回信息判断有效性	必测
9	PSAM 通道指令	与"PSAM 通道指令返回"指令配合测试,分别输入 2~3 条 CPU 用户卡操作指令,通过一条"PSAM 通道指令"发出,从返回值判断执行结果,并发送"PSAM 通道指令返回"指令,从返回信息获取 CPU 用户卡操作指令执行结果,综合判断指令有效性	必测
10	PSAM 通道指令返回	与"PSAM 通道指令"配合测试,分别输入 2~3 条 CPU 用户卡操作指令,通过一条"PSAM 通道指令"发出,从返回值判断执行结果,并发送"PSAM 通道指令返回"指令,从返回信息获取 CPU 用户卡操作指令执行结果,综合判断指令有效性	必测

2 服务原语测试见表 14-2。

表 14-2 服务原语指令测试

序号	测试项	测试方法	要求
1	BST（INITIALIZATION. request）	输入多种形式 BST 关键参数,由 PC 控制软件组帧发送 BST 指令给被测 RSU,从返回值判断初步执行结果,后通过 DSRC 信号监听仪捕获空中数据帧,分析 BST 数据帧是否符合指令要求	必测
2	VST（INITIALIZATION. response）	1) 通过执行 INITIALIZATION. response 原语指令,获取和分析 OBU 返回 VST 信息,配合 DSRC 信号监听仪的监听数据,判断指令有效性。2) 被测 RSU 收到 BST 消息后按照一定时间间隔连续发送 BST,直到收到 VST,若在其通信区域内始终搜索不到 OBU 的情况下,测试 RSU 是否在超时时间范围内也向车道控制器应答此帧,作为心跳信息使用,表示 RSU 正常工作状态	必测
3	GetSecure. request	在通信链路已建立的基础上,发送"GetSecure. request"原语指令,从返回值判断初步执行结果,后通过 DSRC 信号监听仪捕获空中数据帧,分析 GetSecure. request 数据帧是否符合指令要求	必测
4	GetSecure. response	通过执行 GetSecure. response 原语指令,获取和分析 OBU 返回车辆信息,控制软件通过"PSAM 通道指令"对返回的车辆信息进行解密和认证,根据解密和认证结果,并配合 DSRC 信号监听仪的监听数据,判断指令有效性	必测
5	TransferChannel. request	在通信链路已建立的基础上,输入各种 CPU 用户卡指令,由 PC 控制软件组帧发送"TransferChannel. request"原语指令,从返回值判断初步执行结果,后通过 DSRC 信号监听仪捕获空中数据帧,分析 TransferChannel. request 数据帧是否符合指令要求	必测
6	TransferChannel. response	通过执行 TransferChannel. response 原语指令,获取和分析 CPU 用户执行返回信息,配合 DSRC 信号监听仪的监听数据,判断指令有效性	必测

续上表

序号	测试项	测试方法	要求
7	SetMMI.request	在通信链路已建立的基础上,输入 SetMMI.request 关键参数,由控制软件组帧发送"SetMMI.request"原语指令,从返回值判断初步执行结果,后结合 DSRC 信号监听仪,分析 SetMMI.request 数据帧是否符合指令要求	必测
8	SetMMI.response	通过执行 SetMMI.response 原语指令,获取 OBU SetMMI 返回信息,配合 DSRC 信号监听仪的监听数据,判断指令有效性	必测
9	EventReport	在通信链路已建立的基础上,PC 发送 EventReport 指令,释放 OBU,从返回值判断执行结果,同时观察设备状态反应	必测

3 典型交易流程测试见表14-3。

表14-3 典型交易流程测试

序号	测试项	测试方法	要求
1	复合消费(不带拼接)	由标准控制软件组织复合消费(不带拼接)的交易控制流程,配合 DSRC 信号监听仪,分析被测 RSU 能否按照交易控制流程执行并完成交易过程	必测
2	复合消费(带拼接)	由标准控制软件组织复合消费(带拼接)的交易控制流程,配合 DSRC 信号监听仪,分析被测 RSU 能够按照交易控制流程执行并完成交易过程	必测

14.2.13 可靠性测试

14.2.13.1 测试环境

微波暗室或微波暗箱。

14.2.13.2 测试目的

验证被测 RSU 在大样本量测试中的交易成功率和交易时间是否符合要求。

14.2.13.3 测试步骤

1 开启测试设备,执行封闭式入口、带有拼接、复合消费的交易流程,启动计时。
2 当正确完成封闭式入口、带有拼接、复合消费的交易流程后,停止计时。
3 无法正确完成交易流程的不记入交易时间的统计。
4 得到的时间为一次抽样交易成功的交易时间。
5 按照每次交易时间间隔为3s,重复上述步骤,进行大样本量测试,统计交易成功率和交易时间,交易成功率应大于或等于99.97%,交易时间应符合《收费公路联网收费技术要求》的规定。

14.3 OBU 测试

14.3.1 唤醒灵敏度

14.3.1.1 测试设备

矢量信号源、误码仪、频谱分析仪。

14.3.1.2 测试步骤

本测试可在传导或辐射测试条件下完成,测试步骤如下:

1 传导测试

1)设置被测 OBU 接收机工作频率,设置被测 OBU 为正常工作状态。

2)用矢量信号源通过测试电缆发送被测 OBU 工作信道中心频率的唤醒信号至被测 OBU 接收机输入端。

3)调整矢量信号源发送测试唤醒信号的功率 P_0,直至被测 OBU 被唤醒。

4)计算被测 OBU 在该工作信道的唤醒灵敏度(单位为 dBm),计算公式见式(14-11)。

$$唤醒灵敏度 = P_0/G_R \tag{14-11}$$

式中:G_R——被测 OBU 接收天线增益。

5)重复以上步骤,测试其他工作信道的唤醒灵敏度。

2 辐射测试

1)设置被测 OBU 接收机工作频率,设置被测 OBU 为正常工作状态。

2)用矢量信号源通过测试天线发送被测 OBU 工作信道中心频率的唤醒信号至被测 OBU 接收机。

3)调整矢量信号源发送测试唤醒信号的功率 P_0,直至被测 OBU 被唤醒。

4)在同样的测试条件下,用已知增益的测试天线代替被测 OBU,并用频谱分析仪测量测试天线接收信号的功率 P。

5)计算被测 OBU 在该工作信道的唤醒灵敏度(单位为 dBm),计算公式见式(14-12)。

$$唤醒灵敏度 = P/G_t \tag{14-12}$$

式中:G_t——测试天线增益。

6)重复以上步骤,测试其他工作信道的唤醒灵敏度。

14.3.2 唤醒时间

14.3.2.1 测试设备

矢量信号源、数字示波器。

14.3.2.2 测试步骤

本测试可在传导或辐射测试条件下完成,测试步骤如下:

1 传导测试

1)设置被测 OBU 接收机工作频率,设置被测 OBU 为正常工作状态。

2)用矢量信号源通过测试电缆发送被测 OBU 工作信道中心频率的唤醒信号至被测 OBU 接收机输入端。

3)调整矢量信号源发送测试唤醒信号的功率 P_0,直至被测 OBU 被唤醒并发送响应信号。

4)用数字示波器记录矢量信号源发送测试唤醒信号的起始时间 T_0,以及被测 OBU 发送响应信号的起始时间 T_R。

5)计算被测 OBU 在该工作信道的唤醒时间(单位为 ms),计算公式见式(14-13)。

$$唤醒时间 = T_R - T_0 \tag{14-13}$$

6)重复以上步骤,测试其他工作信道的唤醒时间。

2 辐射测试

1)设置被测 OBU 接收机工作频率,设置被测 OBU 为正常工作状态。

2)用矢量信号源通过测试天线发送被测 OBU 工作信道中心频率的唤醒信号至被测 OBU 接收机输入端。

3)调整矢量信号源发送测试唤醒信号的功率 P_0,直至被测 OBU 被唤醒并发送响应信号。

4）用数字示波器记录矢量信号源发送测试唤醒信号的起始时间 T_0，以及被测 OBU 发送响应信号的起始时间 T_R。

5）计算被测 OBU 在该工作信道的唤醒时间（单位为 ms），计算公式见式（14-14）。

$$唤醒时间 = T_R - T_0 \tag{14-14}$$

6）重复以上步骤，测试其他工作信道的唤醒时间。

14.3.3 接收灵敏度

14.3.3.1 测试设备

矢量信号源、误码仪、频谱分析仪。

14.3.3.2 测试步骤

本测试可在传导或辐射测试条件下完成，测试步骤如下：

1 传导测试

1）设置被测 OBU 接收机工作频率，设置被测 OBU 为正常工作状态。

2）用矢量信号源通过测试电缆发送被测 OBU 工作信道中心频率的测试信号至被测 OBU 接收机输入端以及误码仪。

3）将被测 OBU 接收机输出的解调后的数据信号和时钟信号接入误码仪，测量被测接收机的误码率。

4）调整矢量信号源发送测试信号的功率 P_0，直至被测接收机的误码率达到标准要求的限值。

5）计算被测 OBU 在该工作信道的接收灵敏度（单位为 dBm），计算公式见式（14-15）。

$$接收灵敏度 = P_0/G_R \tag{14-15}$$

式中：G_R——被测 OBU 接收天线增益。

6）重复以上步骤，测试其他工作信道的接收灵敏度。

2 辐射测试

1）设置被测 OBU 接收机工作频率，设置被测 OBU 为正常工作状态。

2）用矢量信号源通过测试天线发送被测 OBU 工作信道中心频率的测试信号至被测 OBU 接收机以及误码仪。

3）将被测 OBU 接收机输出的解调后的数据信号和时钟信号接入误码仪，测量被测接收机的误码率。

4）调整矢量信号源发送测试信号的功率 P_0，直至被测接收机的误码率达到标准要求的限值。

5）在同样的测试条件下，用已知增益的测试天线代替被测 OBU，并用频谱分析仪测量测试天线接收信号的功率 P。

6）计算被测 OBU 在该工作信道的接收灵敏度（单位为 dBm），计算公式见式（14-16）。

$$接收灵敏度 = P/G_t \tag{14-16}$$

式中：G_t——测试天线增益。

7）重复以上步骤，测试其他工作信道的接收灵敏度。

14.3.4 最高输入信号功率

14.3.4.1 测试设备

矢量信号源、误码仪、频谱分析仪。

14.3.4.2 测试步骤

本测试可在传导或辐射测试条件下完成，测试步骤如下：

1 传导测试

1)设置被测 OBU 接收机工作频率,设置被测 OBU 为正常工作状态。

2)用矢量信号源通过测试电缆发送被测 OBU 工作信道中心频率的测试信号至被测 OBU 接收机输入端以及误码仪。

3)将被测 OBU 接收机解调后的数据信号和时钟信号接入误码仪,测量被测接收机的误码率。

4)调整增大矢量信号源发送测试信号的功率 P_0,直至被测接收机的误码率达到但不超过标准要求的限值。

5)计算被测 OBU 在该工作信道的接收误码率达到标准要求时所允许的最高输入信号功率(单位为 dBm),计算公式见式(14-17)。

$$最高输入信号功率 = P_0/G_R \qquad (14-17)$$

式中:G_R——被测 OBU 接收天线增益。

6)重复以上步骤,测试其他工作信道的最高输入信号功率。

2 辐射测试

1)设置被测 OBU 接收机工作频率,设置被测 OBU 为正常工作状态。

2)用矢量信号源通过测试天线发送被测 OBU 工作信道中心频率的测试信号,至被测 OBU 接收机以及误码仪。

3)将被测 OBU 接收机解调后的数据信号和时钟信号接入误码仪,测量被测 OBU 接收机的误码率。

4)调整增大矢量信号源发送测试信号的功率 P_0,直至被测接收机的误码率达到但不超过标准要求的限值。

5)在同样的测试条件下,用频谱分析仪和已知增益 G_T 的测试天线代替被测 OBU,并用频谱分析仪测量功率 P_R。

6)计算被测 OBU 在该工作信道的接收误码率达到标准要求时所允许的最高输入信号功率(单位为 dBm),计算公式见式(14-18)。

$$最高输入信号功率 = P_R/G_T \qquad (14-18)$$

式中:G_T——测试天线增益。

7)重复以上步骤,测试其他工作信道的最高输入信号功率。

14.3.5 同信道干扰抑制比

14.3.5.1 测试设备

矢量信号源、误码仪。

14.3.5.2 测试步骤

本测试可在传导或辐射测试条件下完成,测试步骤如下:

1 传导测试

1)设置被测 OBU 接收机工作频率,设置被测 OBU 为正常工作状态。

2)用矢量信号源通过测试电缆发送被测 OBU 工作信道中心频率的测试信号至被测 OBU 接收机输入端以及误码仪。

3)将被测 OBU 接收机解调后的数据信号和时钟信号接入误码仪,测量被测 OBU 接收机的接收灵敏度。

4)用两台矢量信号源分别发送被测 OBU 工作信道中心频率的测试信号、干扰测试信号,经合路后同时送至被测 OBU 接收机输入端。

5)设置测试信号功率 P_0 比被测 OBU 接收机接收灵敏度高 6dB。

6)调整矢量信号源发送干扰测试信号的功率 P_C,直至被测接收机的误码率达到但不超过标准要求的限值。

7）计算被测 OBU 在该工作信道的同信道干扰抑制比（单位为 dB），计算公式见式（14-19）。
$$同信道干扰抑制比 = P_0/P_C \tag{14-19}$$

8）重复以上步骤，测试其他工作信道的同信道干扰抑制比。

2　辐射测试

1）设置被测 OBU 接收机工作频率，设置被测 OBU 为正常工作状态。

2）用矢量信号源通过测试天线发送被测 OBU 工作信道中心频率的测试信号至被测 OBU 接收机以及误码仪。

3）将被测 OBU 接收机解调后的数据信号和时钟信号接入误码仪，测量被测 OBU 接收机的接收灵敏度。

4）用两台矢量信号源分别发送被测 OBU 工作信道中心频率的测试信号、同信道干扰抑制比干扰测试信号，通过测试天线送至被测 OBU 接收机。

5）设置测试信号功率 P_0 比被测 OBU 接收机接收灵敏度高 6dB。

6）调整矢量信号源发送干扰测试信号的功率 P_C，直至被测接收机的误码率达到但不超过标准要求的限值。

7）计算被测 OBU 在该工作信道的同信道干扰抑制比（单位为 dB），计算公式见式（14-20）。
$$同信道干扰抑制比 = P_0/P_C \tag{14-20}$$

8）重复以上步骤，测试其他工作信道的同信道干扰抑制比。

14.3.6　邻信道干扰抑制比

14.3.6.1　测试设备

矢量信号源、误码仪。

14.3.6.2　测试步骤

本测试可在传导或辐射测试条件下完成，测试步骤如下：

1　传导测试

1）设置被测 OBU 接收机工作频率，设置被测 OBU 为正常工作状态。

2）用矢量信号源通过测试电缆发送被测 OBU 工作信道中心频率的测试信号至被测 OBU 接收机输入端以及误码仪。

3）将被测 OBU 接收机解调后的数据信号和时钟信号接入误码仪，测量被测 OBU 接收机的接收灵敏度。

4）用两台矢量信号源分别发送被测 OBU 工作信道中心频率的测试信号、相邻工作信道中心频率的干扰测试信号，经合路后同时送至被测 OBU 接收机输入端。

5）设置测试信号功率 P_0 比被测 OBU 接收机接收灵敏度高 6dB。

6）调整矢量信号源发送干扰测试信号的功率 P_A，直至被测接收机的误码率达到但不超过标准要求的限值。

7）计算被测 OBU 在该工作信道的邻信道干扰抑制比（单位为 dB），计算公式见式（14-21）。
$$邻信道干扰抑制比 = P_0/P_A \tag{14-21}$$

8）重复以上步骤，测试其他工作信道的邻信道干扰抑制比。

2　辐射测试

1）设置被测 OBU 接收机工作频率，设置被测 OBU 为正常工作状态。

2）用矢量信号源通过测试天线发送被测 OBU 工作信道中心频率的测试信号至被测 OBU 接收机以及误码仪。

3)将被测 OBU 接收机解调后的数据信号和时钟信号接入误码仪,测量被测 OBU 接收机的接收灵敏度。

4)用两台矢量信号源分别发送被测 OBU 工作信道中心频率的测试信号、相邻工作信道中心频率的干扰测试信号,通过测试天线送至被测 OBU 接收机。

5)设置测试信号功率 P_0 比被测 OBU 接收机接收灵敏度高 6dB。

6)调整矢量信号源发送干扰测试信号的功率 P_A,直至被测接收机的误码率达到但不超过标准要求的限值。

7)计算被测 OBU 在该工作信道的邻信道干扰抑制比(单位为 dB),计算公式见式(14-22)。

$$邻信道干扰抑制比 = P_0/P_A \tag{14-22}$$

8)重复以上步骤,测试其他工作信道的邻信道干扰抑制比。

14.3.7 阻塞干扰抑制比

14.3.7.1 测试设备

矢量信号源、误码仪。

14.3.7.2 测试步骤

本测试可在传导或辐射测试条件下完成,测试步骤如下:

1 传导测试

1)设置被测 OBU 接收机工作频率,设置被测 OBU 为正常工作状态。

2)用矢量信号源通过测试电缆发送被测 OBU 工作信道中心频率的测试信号至被测 OBU 接收机输入端以及误码仪。

3)将被测 OBU 接收机解调后的数据信号和时钟信号接入误码仪,测量被测 OBU 接收机的接收灵敏度。

4)用两台矢量信号源分别发送被测 OBU 工作信道中心频率的测试信号、工作频带之外的阻塞干扰测试信号,经合路后同时送至被测 OBU 接收机输入端。

5)设置测试信号功率 P_0 比被测 OBU 接收机接收灵敏度高 6dB。

6)调整矢量信号源发送阻塞干扰测试信号的功率 P_B,直至被测接收机的误码率达到但不超过标准要求的限值。

7)计算被测 OBU 在该工作信道的邻信道干扰抑制比(单位为 dB),计算公式见式(14-23)。

$$阻塞干扰抑制比 = P_0/P_B \tag{14-23}$$

8)重复以上步骤,测试其他工作信道的阻塞干扰抑制比。

2 辐射测试

1)设置被测 OBU 接收机工作频率,设置被测 OBU 为正常工作状态。

2)用矢量信号源通过测试天线发送被测 OBU 工作信道中心频率的测试信号至被测 OBU 接收机以及误码仪。

3)将被测 OBU 接收机解调后的数据信号和时钟信号接入误码仪,测量被测 OBU 接收机的接收灵敏度。

4)用两台矢量信号源分别发送被测 OBU 工作信道中心频率的测试信号、工作频带之外的阻塞干扰测试信号,通过测试天线送至被测 OBU 接收机。

5)设置测试信号功率 P_0 比被测 OBU 接收机接收灵敏度高 6dB。

6)调整矢量信号源发送阻塞干扰测试信号的功率 P_B,直至被测接收机的误码率达到但不超过标准要求的限值。

7)计算被测 OBU 在该工作信道的邻信道干扰抑制比(单位为 dB),计算公式见式(14-24)。

$$\text{阻塞干扰抑制比} = P_0/P_B \qquad (14\text{-}24)$$

8）重复以上步骤，测试其他工作信道的阻塞干扰抑制比。

14.3.8 对 CPU 用户卡的兼容测试

14.3.8.1 测试说明

本测试主要针对被测 OBU 对 CPU 用户卡的读写（含非接触式读写）功能及兼容性进行测试。

14.3.8.2 测试设备

通过正式测试的所有型号 CPU 用户卡。

14.3.8.3 测试步骤

1 将测试用 CPU 用户卡插入被测 OBU 卡槽内。

2 被测 OBU 能够正确预读 CPU 用户卡内的电子钱包余额并显示。

3 被测 OBU 能够对 CPU 用户卡正确执行复合消费交易流程。

4 重复上述步骤，直至完成对所有型号 CPU 用户卡的兼容测试。

14.3.9 DSRC 协议

14.3.9.1 测试设备要求

测试设备物理层技术指标应符合 GB/T 20851.1 的要求。

测试设备采用专用的协议测试软件，应能够实现 GB/T 20851 规定的协议机制、服务原语、典型交易流程等。

14.3.9.2 BST 和 VST

1 测试目的

对于测试设备发送的 BST，确认被测 OBU 能否正确接收，并返回正确的 VST。

2 测试步骤

1）开启测试设备端口，进行 RSU 初始化，PSAM 通道复位。

2）使测试设备按照一定时间间隔顺序发送多种 BST。

3）测试设备在超时时间范围内成功收到 VST 信息，监听数据，并记录数据报文。

4）分析结果，确认各个数据帧中 VST 的文件结构是否正确，Profile、Application SEQUENCE 等值是否正确。

14.3.9.3 GetSecure

1 测试目的

对于测试设备发出的 GetSecure.request 原语，确认被测 OBU 能否正确地接收，并作出正确地响应。

2 测试步骤

1）将测试设备加电，发出 BST。

2）被测 OBU 收到 BST，返回 VST。

3）测试设备接收来自被测 OBU 的 VST，并登记其 MAC 地址。

4）测试设备发送 GetSecure.request。

5）被测 OBU 收到 GetSecure.request，返回 GetSecure.response。

6）确认测试设备接收到的 GetSecure.response 文件结构及内容是否正确，并验证安全认证是否正确。

14.3.9.4 TransferChannel

1 测试目的

对于测试设备发出的 TransferChannel. request 原语,确认被测 OBU 能否正确地接收,并作出正确地响应。

2　测试步骤

1)将测试设备加电,发出 BST。

2)被测 OBU 收到 BST,返回 VST。

3)测试设备接收来自被测 OBU 的 VST,并登记其 MAC 地址。

4)测试设备发送 TransferChannel. request,使用 CPU 用户卡指令完成一些应用。

5)测试设备接收来自被测 OBU 的 TransferChannel. response。

6)确认接收到的 TransferChannel. response 文件结构及内容是否正确。

7)需要安全认证的,验证是否正确。

14.3.9.5　SetMMI

1　测试目的

对于测试设备发出的 SetMMI. request 原语,确认被测 OBU 能否正确地接收和执行。

2　测试步骤

1)将测试设备加电,发出 BST。

2)被测 OBU 收到 BST,返回 VST。

3)测试设备接收来自被测 OBU 的 VST,并登记其 MAC 地址。

4)测试设备发送 SetMMI. request 设置被测 OBU 的界面。

5)测试设备接收被测 OBU 返回的 SetMMI. response,并验证文件格式和内容是否正确。

6)确认被测 OBU 的动作是否正确。

14.3.9.6　封闭式入口、不带拼接、复合消费交易流程

1　测试目的

被测 OBU 能否与测试设备正确完成封闭式入口、不带拼接、复合消费的交易流程。

2　测试步骤

1)将测试设备加电,执行封闭式入口、不带拼接、复合消费的交易流程。

2)测试设备与被测 OBU 完成封闭式入口、不带拼接、复合消费的交易流程。

3)判断交易过程是否正确完成。

4)判断安全认证是否能正确验证。

5)判断交易过程数据是否符合规范。

6)判断交易时间是否符合规范要求。

14.3.9.7　封闭式入口、带有拼接、复合消费交易流程

1　测试目的

被测 OBU 能否与测试设备正确完成封闭式入口、带有拼接、复合消费的交易流程。

2　测试步骤

1)将测试设备加电,执行封闭式入口、带有拼接、复合消费的交易流程。

2)测试设备与被测 OBU 完成封闭式入口、带有拼接、复合消费的交易流程。

3)判断交易过程是否正确完成。

4)判断安全认证是否能正确验证。

5)判断交易过程数据是否符合规范要求。

6)判断交易时间是否符合规范要求。

14.3.9.8　255s 计时测试

1　测试目的

确认被测 OBU 计时 255s 是从与 RSU 成功握手开始。

2 测试步骤

本测试应在辐射测试条件下完成，测试步骤如下：

1）将测试设备加电，发出 BST。

2）被测 OBU 收到 BST，返回 VST，此时被测 OBU 应开始计时。

3）测试设备在收到 VST 后，向被测 OBU 发出 GetSecure 指令，确认被测 OBU 在超时时间内接收到测试设备的 GetSecure 指令后（计时应有效），此时测试设备开始计时并重新发出 BST，检测被测 OBU 是否返回 VST，直到被测 OBU 返回 VST，记录时间。

14.3.10 防拆卸

14.3.10.1 测试目的

验证被测 OBU 是否具有防拆卸功能，以及对 OBU 拆卸位的设置是否符合规范要求。

13.4.10.2 测试步骤

本测试应在辐射测试条件下完成，测试步骤如下：

1 通过 DSRC 空中接口读取被测 OBU 系统信息文件，查询被测 OBU 拆卸状态是否正确。

2 将被测 OBU 拆卸，验证其功能，是否还能够正常使用，并通过 DSRC 空中接口读取被测 OBU 系统信息文件，查询 ESAM 拆卸状态是否正确。

3 通过 DSRC 空中接口将被测 OBU 系统信息文件拆卸状态置位。

4 验证被测 OBU 系统信息文件拆卸状态是否被正确置位。

14.3.11 工作温度

14.3.11.1 试验前对被测 OBU 进行检验

被测 OBU 外表应无镀涂层剥落、毛刺、开裂、变形等现象，文字、符号标志应清晰，结构件与控制元件应完整、无机械损伤、功能应正常。

14.3.11.2 高温试验

1 要求

被测 OBU 在温度为 +70℃ 时应能够正常工作，并符合 14.3.11.1 的规定。

2 试验设备

试验设备应符合 GB 2423.2 的规定。

3 试验方法

1）将被测 OBU 在不包装、不通电、"准备使用"状态，按其正常位置或其他规定放入具有室温的试验箱（室）内。

2）使试验箱（室）的温度调控到 +70℃ ±2℃，温度上升变化速度的平均值不超过 3℃/min。

3）当被测 OBU 达到温度稳定 2h 后，接通电源，设置被测 OBU 为连续发送载波状态。按 GB/T 20851.5 中规定对频率容限进行检测，检测结果应符合 GB/T 20851.1 的规定。

4）设置被测 OBU 为正常工作状态，可以稳定持续交易。

5）被测 OBU 断开电源，仍保持在箱（室）内，而将箱（室）温度逐渐降低至正常的试验大气条件范围内的某个值，温度下降变化的平均速度值仍不超过 3℃/min。

6）试验结束后，被测 OBU 应符合 14.3.11.1 的规定。

14.3.11.3 低温试验

1 要求

被测 OBU 在温度为 −25℃（寒区 −40℃）±2℃ 时应能够正常工作，并符合 14.3.11.1 的规定。

2 试验设备

试验设备应符合 GB 2423.2 的规定。

3 试验方法

1)将被测 OBU 在不包装、不通电、"准备使用"状态,按其正常位置或其他规定放入具有室温的试验箱(室)内。

2)使试验箱(室)的温度调控到 -25℃(寒区 -40℃)±2℃,温度下降变化速度的平均值不超过3℃/min。

3)当被测 OBU 达到温度稳定 2h 后,接通电源,设置被测 OBU 为连续发送载波状态,按 GB/T 20851.5 中规定对频率容限进行检测,检测结果应符合 GB/T 20851.1 的规定。

4)设置被测 OBU 为正常工作状态,可以稳定持续交易。

5)被测 OBU 断开电源,仍保持在箱(室)内,而将箱(室)温度逐渐降低至正常的试验大气条件范围内的某个值,温度下降变化的速度平均值仍不超过3℃/min。

6)试验结束后,被测 OBU 应符合 14.3.11.1 的规定。

14.3.12 冲击试验

14.3.12.1 要求

被测 OBU 在峰值加速度 $500m/s^2$、持续时间 11ms、半正弦脉冲作用后,功能正常,结构不受影响,零部件无松动。

14.3.12.2 试验设备

试验设备应符合 GB 2423.5 的规定。

14.3.12.3 试验方法

1 将被测 OBU 在不包装、不通电的状态下,按其正常位置或其他规定紧固在试验设备(台)上。

2 设置试验设备(台)冲击方式为峰值加速度 $500m/s^2$、持续时间 11ms、半正弦脉冲。

3 对被测 OBU 除向下的安装面外的其他五个方向各施加 3 次冲击。

4 试验完成后,被测 OBU 功能正常,结构不受影响,零部件无松动。

14.3.13 振动试验

14.3.13.1 要求

被测 OBU 在 2~500Hz 的频率范围内进行循环扫频振动,完成后功能正常,结构不受影响,零部件无松动。

14.3.13.2 试验设备

试验设备应符合 GB 2423.10 的规定。

14.3.13.3 试验方法

1 将被测 OBU 在不包装、不通电的状态下,按其正常位置或其他规定紧固在试验设备(台)上。

2 设置试验设备(台)振动方式,振动频率在范围 2~500Hz 内按 GB/T 2423.10 的方法进行扫频振动。其中在 2~9Hz 时按位移控制,位移峰值 7.5mm,在 9~500Hz 时按加速度控制,加速度为 $20m/s^2$。振动试验中,2Hz→9Hz→500Hz→9Hz→2Hz 为一个循环,扫频速度为每分钟一个倍频程。

3 对被测 OBU 进行 20 次循环振动试验。

4 试验完成后,被测 OBU 功能正常,结构不受影响,零部件无松动。

14.3.14 可靠性测试

14.3.14.1 测试环境

微波暗室或微波暗箱。

14.3.14.2 测试目的

验证被测OBU在大样本量测试中的交易成功率和交易平均时间是否符合要求。

14.3.14.3 测试步骤

1　开启测试设备,执行封闭式入口、带有拼接、复合消费的交易流程,启动计时。

2　当正确完成封闭式入口、带有拼接、复合消费的交易流程时,停止计时。

3　无法正确完成交易流程的不记入交易时间的统计。

4　得到的时间为一次抽样交易成功的交易时间。

5　按照每次交易时间间隔为3s,重复上述步骤,测试项所用的交易流程为封闭式入口、带有拼接、复合消费,进行大样本量测试,统计交易成功率和交易平均时间,交易成功率应大于或等于99.97%,交易平均时间应符合《收费公路联网收费技术要求》的规定。

14.4　OBU初始化设备测试

OBU初始化设备技术要求见第二部分"5　OBU初始化设备",其相关测试方法参见14.2RSU测试。

15 PSAM 卡应用测试

15.1 卡片文件结构测试

对文件结构进行测试,检查每项写入是否与第二部分"2 PSAM 卡数据格式和技术要求"一致。

15.1.1 DIR 文件

1 测试目的

DIR 文件是 MF 下的目录文件,读权限为自由,检查返回数据内容的正确性。

2 测试步骤

1)选择 MF,读 DIR 文件。

2)读记录一,应返回 70 13 61 11 4F 09 A0 00 00 00 03 86 98 07 01 50 04 50 42 4F 43。

3)读记录二,应返回 70 13 61 11 4F 09 A0 00 00 00 03 86 98 07 02 50 04 50 42 4F 43。

4)读记录三,应返回 70 13 61 11 4F 09 A0 00 00 00 03 86 98 07 03 50 04 50 42 4F 43。

5)读记录四,应返回 6A83。

6)Le = 00,应返回 6CXX。

15.2 基本指令功能测试

15.2.1 概述

本技术要求测试的基本指令包括:

1 文件读写相关指令

1)READ BINARY;

2)UPDATE BINARY。

2 应用安全相关指令

1)APPLICATION BLOCK;

2)APPLICATION UNBLOCK;

3)CARD BLOCK;

4)RELOAD PIN;

5)GET CHALLENGE。

3 文件选择相关指令

1)SELECT FILE;

2)GET RESPONSE。

4 密钥管理

1)CHANGE KEY;

2)WRITE KEY。

5 PSAM 卡专有指令

1)CIPHER DATA;

2)DELIVERY KEY;

3）INIT SAM FOR PURCHASE；

4）CREDIT SAM FOR PURCHASE。

15.2.2 文件读写相关命令

15.2.2.1 READ BINARY

1 测试目的

READ BINARY 命令用于读出二进制文件的内容或部分内容。

2 测试步骤

1）读 0015、0016 和 0017 文件的内容，与预期相同。

2）读不是二进制文件类型的文件时，应返回 6981。

3）读 ID 不存在的文件，应返回 6A82。

4）当 Le 大于文件的实际长度时，应返回 6CXX，XX 为实际长度。

5）如果 P1、P2 或 P2 指定的偏移量超出文件范围，应返回 6B00。

6）如果 P1、P2 或 P2 指定的偏移量加上要读的长度超过实际文件地址空间，应返回 6CXX，XX 为实际长度。

7）按偏移量读文件，P2 + Lc 超过文件范围，应返回 6B00。

15.2.2.2 UPDATE BINARY

1 测试目的

UPDATE BINARY 命令用于更新二进制文件中的数据。

2 测试步骤

1）正确性测试：使用明文 + MAC 方式写入，成功应返回 9000。

2）所写文件不是二进制文件，应返回 6981。

3）写 ID 不存在的文件，应返回 6A82。

4）没有当前文件时，指定写当前文件，应返回 6A82。

5）如果 P1、P2 或 P2 指定的偏移量加上要写的长度超过实际文件地址空间，应返回 6700。

6）当 Lc 长度大于文件的实际长度时，返回 6700。

7）在没有取随机数的情况下，使用带 MAC 方式执行此命令时（CLA = 04），应返回 6984。

8）明文 + MAC 方式写文件时，如果命令报文中的 MAC 连续三次不对，应用会被永久锁定：第一次执行该命令的 MAC 不对，应返回 6988；第二次执行该命令的 MAC 不对，应返回 6988；第三次执行该命令的 MAC 不对，应返回 9303，且该应用被永久锁定。

15.2.3 应用安全相关命令

15.2.3.1 APPLICATION BLOCK

1 测试目的

应用锁定命令执行成功后，锁定当前有效的应用。应用临时锁定后选择应用应返回 6A81，可以通过 GET RESPONSE 命令获取 FCI 信息，应用被永久锁定应返回 9303。

2 测试步骤

1）在应用下可以执行该指令（应用下已经安装了应用维护密钥）：复位，选择应用，执行应用临时锁定，再次选择该应用，应返回 6A81。

2）当 Lc 长度错时，返回 6700。

3）执行此命令前应先从卡取随机数，否则返回 6984。

4）应用已被临时锁定时，再次执行应用临时锁定命令，应返回 9000。

5)执行应用临时锁定或应用永久锁定,只要 MAC 不对,都应返回 6988。

6)应用临时锁定后,执行选择该应用的指令,返回 6A81,仍可以通过取响应指令得正确的 FCI,取出全部响应返回 9000,取出部分响应返回 61XX,代表有 XX 字节要返回。

7)应用临时锁定后,在该应用下只能执行取随机数、应用解锁、应用临时锁定、应用永久锁定、卡片锁定这四条命令,执行其他命令均返回 6985。

8)选其他应用再选被锁定的应用应返回 6A81,取响应返回 6C0F。

9)继续执行应用永久锁定,同样应可以执行成功,再次选择该应用返回 9303。

10)应用永久锁定后,选择该应用,应返回 9303,且无法通过取响应指令得到该应用的 FCI,执行取响应返回 9303。

11)应用永久锁定后,在该应用下只能执行取随机数、卡片锁定和选择其他的应用指令,执行其他指令均返回 9303。

15.2.3.2 APPLICATION UNBLOCK

1 测试目的

APPLICATION UNBLOCK 用于恢复当前应用。

2 测试步骤

1)P1、P2 错误返回 6A86 或 6988。

2)执行此命令前应产生随机数,否则返回 6984。

3)应用没有被锁定时,执行此命令应返回 6985。

4)正确执行应用解锁命令后,应恢复解锁错误计数器到初始值。

(1)应用临时锁定后,第一次执行该命令的 MAC 不对,应返回 6988。

(2)第二次执行该命令的 MAC 错误时,应返回 6988。

(3)第三次正确执行该命令,该应用被解锁,再次将应用临时锁定后。

(4)第一次执行该命令的 MAC 错误时,应返回 6988。

(5)第二次执行该命令的 MAC 错误时,应返回 6988。

(6)第三次执行该命令的 MAC 错误时,应返回 9303,该应用被永久锁定。

15.2.3.3 CARD BLOCK

1 测试目的

执行 CARD BLOCK 命令成功后,应用环境被锁定,执行任何命令都应返回 6A81。

2 测试步骤

1)执行卡片锁定命令,Lc 错误,返回 6700。

2)执行此命令前应先取随机数,否则返回 6984。

3)执行该指令时 MAC 不对,应返回 6988,错误任意次后仍应返回 6988。

4)执行卡片锁定命令,应可以执行成功,应返回 9000。

5)卡片锁定后,执行任何命令,皆返回 6A81。

15.2.4 文件选择相关指令

15.2.4.1 SELECT FILE

1 测试目的

SELECT FILE 命令通过文件标识或应用名选择 PSAM 卡中的 MF、DDF、ADF 或 EF 文件。

2 测试步骤

1)选择 MF/DDF 通过取响应返回,响应报文采用 TLV 格式,对 MF/DDF 通过文件名和标识得到的响应报文相同。选择 MF/DDF 返回的信息为:6F LEN1 84 LEN2 FNAME A5 LEN3(03) 88 LEN4

(01) SFI。

 2) 选择 MF,通过文件名和标识,成功。

 3) 当 P2 = 02 而相应的文件不存在时,返回 6A82。

 4) 选择 ADF(2F02),通过文件名和标识,成功。

 5) 当 P2 = 02 而相应的文件不存在时,返回 6A82。

 6) 选择 ADF(2F04),通过文件名和标识,返回 6A82。

 7) 选择基本文件返回的信息为:6F LEN1(0A) A5 LEN3(08) 9F 0C LEN5(05) EFFCI。

 8) 通过文件名和标识选择 DDF 文件,成功应返回 9000。

 9) 使用 FID 方式进行选择,选择 MF/DDF 通过取响应返回,响应报文采用 TLV 格式,对于 MF/DDF 通过文件名和标识得到的响应报文相同,选择 MF/DDF 返回的信息为:6F LEN1 84 LEN2 FNAME A5 LEN3(03) 88 LEN4(01) SFI。

 10) 当 P2 = 02 而相应的文件不存在时,应返回 6A82。

 11) 通过文件名和标识选择 ADF(2F02),应返回 9000。

 12) 当 P2 = 02 而相应的文件不存在时,应返回 6A82。

 13) 选择基本文件返回的信息为:6F LEN1(0A) A5 LEN3(08) 9F 0C LEN5(05) EFFCI。

15.2.4.2 GET REPONSE

1 测试目的

当 APDU 不能用现有协议传输时,GET RESPONSE 命令提供了一种从卡片向接口设备传送 APDU(或 APDU 的一部分)的传输方法。

2 测试步骤

1) 正确性测试:选择应用文件,返回 61XX,取出文件的 FCI,应可以成功。

2) 返回 61XX 后,如果后一条指令不是取响应,而是其他命令,该响应标志位将被清空,再次执行取响应命令将返回 6F00。

3) 读透明文件时指定 Lc = 00,返回 6CXX,告知可以继续取出 XX 长度的文件内容。

15.2.5 密钥管理

15.2.5.1 WRITE KEY

1 测试目的

WRITE KEY 命令用于向卡片装载或更新密钥。

2 测试步骤

1) 在 DF01 应用下执行该命令,应返回 9000。

2) 更新 DF 下的应用维护密钥,应返回 9000。

3) 更新 DF 下的主控密钥,应返回 9000。

4) 使用新主控密钥更新用户卡应用维护密钥,应返回 9000。

5) 更新 CPU 卡外部认证密钥,应返回 9000。

6) 更新 CPU 卡消费密钥,应返回 9000。

7) 更新 OBU 认证密钥,应返回 9000。

8) 更新 OBU 加密密钥,应返回 9000。

9) MAC 不正确应返回 6988。

10) Lc 不正确应返回 6700。

11) P1、P2 不等于 00,应返回 6A86。

12) 使用新的密钥进行计算,结果正确。

15.2.6 PSAM 卡专有命令

15.2.6.1 DELIVERY KEY

1 测试目的

DELIVERY KEY 命令是用于将指定的 KEY 分散至临时密钥寄存器,该命令只支持分散 KEY,不产生过程 KEY。分散后的子 KEY 继承原始 KEY 的属性。

2 测试步骤

1)该命令在应用没有锁定且已经写入密钥的情况下执行应返回 9000。

2)主控密钥、维护密钥、消费密钥不支持 DELIVERY KEY,应返回 6989 或 6A86。

3)执行 DELIVERY KEY,如果 Lc 不是 8 的倍数,应返回 6700。

4)执行 DELIVERY KEY 时,P1 的高三位与 Lc 的长度不匹配时,应返回 6A80。

5)执行该命令,密钥标识不存在应返回 9403 或 6A88。

15.2.6.2 CIPHER DATA

1 测试目的

CIPHER DATA 命令用于对输入数据进行安全计算。

2 测试步骤

1)执行 DELIVERY KEY 命令成功后,执行该命令应返回 9000。

(1)P1 = 05 时计算 MAC 的正确性。

(2)P1 = 08 时应采用特殊 MAC 计算。

2)P1 = 08 时执行该命令 Lc 的长度大于或等于 9 字节都应返回 9000。

3)执行 CIPHER DATA 前应成功执行 DELIVERY KEY,并且两条命令之间不能插入其他命令,否则返回 6901。

4)DES 计算的加密数据长度小于 8 字节应返回 6700。

5)P1 = 05 时执行该命令 Lc 的长度不是 8 的倍数应返回 6700。

6)P1 = 08 时执行该命令 Lc 的长度小于 9 应返回 6700。

7)P1、P2 参数错误时,应返回 6A86 或 6901。

15.2.6.3 INIT SAM FOR PURCHASE(计算 MAC1)

1 测试目的

INIT SAM FOR PURCHASE 命令支持三级消费密钥分散机制,并产生 MAC1。

2 测试步骤

1)在应用没有锁定的情况下使用密钥版本 01 和 02 的消费密钥进行计算,应返回 9000。

2)在 MF 下执行计算 MAC1 命令,应返回 9403。

3)执行 MAC1 计算命令时,密钥分散级别与数据不符,应返回 6A80 或 6A88。

4)密钥版本不正确应返回 9403 或 6A88 或 6A80。

5)消费密钥算法标识不正确,应返回 6A80 或 6A88。

15.2.6.4 CREDIT SAM FOR PURCHASE(校验 MAC2)

1 测试目的

CREDIT SAM FOR PURCHASE 命令利用 INIT SAM FOR PURCHASE 命令产生的过程密钥 SESPK 校验 MAC2。MAC2 校验失败,计算 MAC2 的 KEY 限制计数器减 1,并回送状态码'63CX'。当 KEY 限制计数器减为 0 值时,锁定当前应用,可通过应用维护密钥解锁该应用。CREDIT SAM FOR PURCHASE 命令成功后,SAM 卡将应用中的消费交易序号加 1。

2 测试步骤

1)正确性测试。在应用没有锁定的情况下,密钥版本号分别为 01 和 02 时:

(1)复位,选择应用。
(2)MAC1 计算。
(3)校验 MAC2,同时终端交易序号自动加 1。
2)没有成功执行 INIT SAM FOR PURCHASE,直接执行 PURCHASE 应返回 6901。
3)测试校验 MAC2 不正确的返回码变化及应用锁定:
(1)如果是第一次不正确,应返回 63C2。
(2)如果是第二次不正确,应返回 63C1。
(3)如果是第三次不正确,应返回 63C0。
(4)如果不正确的次数达到 3 次,不管下一次校验 MAC2 是否成功以及重复多少次,都应返回 6985。此时消费密钥所在的应用应被临时锁定。
(5)执行应用解锁命令应返回 9000。执行校验 MAC2 失败,应返回 63C2。
4)如果校验 MAC2 正确,应清计数器的错误次数:先执行校验 MAC2 失败,再执行校验 MAC2 成功,下一次再用不正确的 MAC2 进行校验,应返回 63CX,其中 X 为最大错误次数减 1。

15.2.7 随机数测试

15.2.7.1 GET CHALLENGE

1 测试目的

GET CHALLENGE 命令请求一个永远全过程的随机数。除非掉电、选择了其他应用后又发出了一个 GET CHALLENGE 命令,否则该随机数将一直有效。

2 测试步骤

1)取 4 个字节或 8 个字节的随机数,返回正确。
2)执行随机数长度不是 4 或 8 字节应返回 6700。
3)分析随机数的使用特性:取随机数后,选择其他应用后,执行其他指令后再去执行欲执行的指令,应返回 6984:
(1)取随机数,选择应用后,使用该随机数执行明文 + MAC 写透明文件,应返回 6984。
(2)取随机数,选择应用后,使用该随机数执行明文 + MAC 写记录文件,应返回 6984。
(3)取随机数,选择应用后,使用该随机数执行明文 + MAC 读透明文件,应返回 6984。
(4)取随机数,选择应用后,使用该随机数执行明文 + MAC 读记录文件,应返回 6984。
(5)选择应用,取随机数,选择应用后,使用该随机数执行 UPDATE KEY 命令,应返回 6984。
4)随机数各项性能符合要求(按照 FIPS1402):
取 2500 个随机数到文件中,用测试程序中提供的工具进行分析。

15.3 防拔功能测试

15.3.1 概述

卡片应在命令处理过程中的任何情况下,甚至在更新 EEPROM 过程中掉电的情况下,保持数据的完整性。因此需要在每次更新数据前对数据进行备份,并且在重新加电后自动地触发恢复机制。一旦卡片确认更新数据完成,备份数据被丢弃。

15.3.2 写二进制防拔流程

测试步骤:使用明文 + MAC 写透明文件,每次写入的明文数据长度为 19H,见图 15-1。

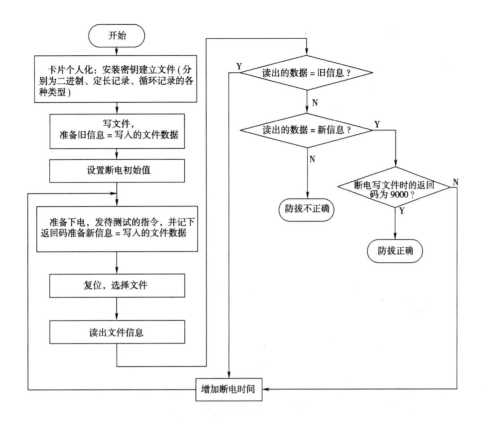

图 15-1　写二进制防拔流程

16 CPU 用户卡应用测试

16.1 个人化测试

16.1.1 文件测试

1 测试目的

测试文件结构的正确性。

2 测试步骤

1）选择 MF，读 DIR 文件。

（1）读记录一，应返回 70 13 61 11 4F 09 A0 00 00 00 03 86 98 07 01 50 04 50 42 4F 43。

（2）读记录二，应返回 70 13 61 11 4F 09 A0 00 00 00 03 86 98 07 02 50 04 50 42 4F 43。

（3）读记录三，应返回 70 13 61 11 4F 09 A0 00 00 00 03 86 98 07 03 50 04 50 42 4F 43。

（4）读记录四，应返回 6A83。

2）读 0015 文件，比较返回信息，应与写入的内容一致。

3）读 0016 文件，比较返回信息，应与写入的内容一致。

4）选择 MF、ADF1、ADF2 后，比较响应 FCI 数据的正确性。

16.1.2 密钥测试

1 测试目的

测试密钥版本、标识和值的正确性，包括 PIN、PIN 解锁密钥、PIN 重装密钥、应用维护密钥、圈存密钥、消费密钥等。

2 测试步骤

1）校验 PIN（PIN 值为 1234），成功应返回 9000。

2）将 PIN 锁定，使用 PIN 解锁密钥解锁，并校验原始 PIN，成功应返回 9000。

3）执行 PIN 重装命令装入新的 PIN，PIN 值为 1233，并校验新装入的 PIN，成功应返回 9000。

4）使用维护密钥修改 0015 和 0016 文件，成功应返回 9000。

5）使用密钥索引为 01 和 02 的圈存密钥进行圈存初始化，返回数据中的密钥版本号应为 02，算法标识应为 00，进行圈存，成功应返回 9000。

6）使用密钥索引为 01 和 02 的消费密钥进行消费初始化，返回数据中密钥版本号应为 01，算法标识应为 00，进行消费，成功应返回 9000。

16.2 功能测试

16.2.1 基本命令

应检测的 APDU 命令包括：

1 READ BINARY；

2 UPDATE BINARY；

3 VERIFY；

4　PIN CHANGE/UNBLOCK；

5　RELOAD PIN；

6　GET CHALLENGE；

7　APPLICATION BLOCK；

8　APPLICATION UNBLOCK；

9　CARD BLOCK；

10　GET RESPONSE；

11　SELECT。

16.2.1.1　读二进制文件

1　测试目的

测试 READ BINARY 命令的功能，读取二进制文件的部分或全部内容。

2　测试步骤

1) 读取 0015 文件的部分或全部内容，应能够成功，且与写入的内容一致；

2) 如果 P1、P2 指定的偏移量超过实际文件地址空间，应返回 6B00；

3) 读非二进制类型的文件，应返回 6981；

4) 读 SFI 不存在的文件，应返回 6A82；

5) CLA 取 00/04 以外的值，应返回 6E00；

6) P1 值在 0x95~0x9F 之间，如果不为 0x95、0x96 和 0x98，应返回 6A82；

7) P1 取 0x95~0x9F 以外的值，应返回 6A86；

8) P2 偏移量超过文件空间应返回 6B00；

9) P3 长度超过文件实际空间应返回 6700。

16.2.1.2　写二进制文件

1　测试目的

测试 UPDATE BINARY 命令的功能，以线路保护方式更新二进制文件的部分或全部内容。

2　测试步骤

1) 使用明文＋MAC 方式更新二进制文件的部分或全部内容，应返回 9000；

2) 当 Lc 长度大于文件的实际长度时，应返回 6700；

3) 写 SFI 不存在的文件，应返回 6A82；

4) 没有当前文件时，写当前文件，应返回 6A82；

5) 如果 P1、P2 指定的偏移量加上要写的长度超过实际文件地址空间，应返回 6700；

6) 使用 UPDATE BINARY 写记录文件，应返回 6981；

7) 采用明文＋MAC 方式写二进制文件，应返回 9000；

8) 采用密文＋MAC 方式写二进制文件，应返回 9000；

9) 以线路保护方式更新文件时，如果命令报文中的 MAC 连续三次不对，应用应被永久锁定，如果在未锁定时，命令正确执行，应复位 MAC 错误计数器：

(1) 第一次执行该命令的 MAC 不对，应返回 6988。

(2) 第二次执行该命令的 MAC 不对，应返回 6988。

(3) 第三次正确执行该命令应返回 9000。

(4) 再次执行该命令的 MAC 不对，应返回 6988。

(5) 第二次执行该命令的 MAC 不对，应返回 6988。

(6) 第三次执行该命令的 MAC 不对，应返回 9303，该应用被永久锁定。

16.2.1.3　校验 PIN

1　测试目的

测试 VERIFY 命令的功能。

2　测试步骤

1）测试整/半字节 PIN 的情况：写入口令 123456123456，应校验成功，使用 1234561234 进行校验，应返回 63CX。

2）Lc = 00 时，应返回 6700。

3）首次 PIN 值错误时，应返回 63C2，再次输入错误的 PIN 值，应返回 63C1。

4）PIN 值正确时，应返回 9000，并复位 PIN 错误计数器。

5）如果 PIN 值不正确，返回码的变化及口令锁定：

（1）第一次校验不正确，应返回 63C2。

（2）第二次校验不正确，应返回 63C1。

（3）第三次校验不正确，应返回 63C0。

（4）继续执行该命令，无论 PIN 值是否正确，都应返回 6983。

6）解锁 PIN，应能够成功。

7）校验正确后，验证 PIN 后续状态是否已设置：卡片复位后选择应用，执行圈存交易，应返回 6982，校验 PIN 正确后，圈存交易应能够成功。

8）校验失败后，验证安全状态是否已被复位：卡片复位后选择应用，圈存交易应返回 6982，校验正确后，交易应能够成功，再次校验失败后，执行圈存交易，应返回 6982。

9）一个文件的读权限为校验 PIN 后的后续状态，卡片复位后，校验 PIN 成功后，读该文件，应能够成功，再次校验失败后，读该文件应返回 6982。

16.2.1.4　修改 PIN

1　测试目的

测试 PIN CHANGE 命令的功能，用于修改 PIN 值，同时复位 PIN 错误计数器的值。

2　测试步骤

1）正确性测试：

（1）将口令从 123456 修改为 123456123456 并校验，成功应返回 9000。

（2）将口令从 123456123456 修改为 12345612345F 并校验，成功应返回 9000。

（3）将口令从 12345612345F 修改为 12345F 并校验，成功应返回 9000。

（4）将口令从 12345F 修改为 123456 并校验，成功应返回 9000。

2）新旧口令的数据长度（数据报文域中 FF 字节前后的长度）都应在 2～6 间，否则返回 6A80 或 6700，有以下几种组合情况：

（1）旧口令长度为 1，新口令长度为 3。

（2）旧口令长度为 7，新口令长度为 3。

（3）旧口令长度为 3，新口令长度为 1。

（4）旧口令长度为 3，新口令长度为 7。

（5）旧口令长度为 1，新口令长度为 7。

（6）旧口令长度为 7，新口令长度为 1。

3）新、旧口令应符合规范，否则应返回 6A80，有以下几种组合情况：

（1）旧口令规范，新口令不规范。

（2）旧口令不规范，新口令规范。

（3）旧口令不规范，新口令不规范。

4）旧口令和新口令之间应用 FF 连接，如果没有 FF，应返回 6A80。

5）如果修改正确,应复位 PIN 的错误计数器:先用错误的旧口令修改错误一次,再修改成功,下一次再次用不正确的旧口令修改时,应返回 63CX,其中 X 为最大错误次数减 1。

6）测试修改 PIN 时旧口令不正确的返回码变化,及口令的锁定(假设口令的最大可试次数为 3,以前没有校验出错或修改不成功):

（1）第一次修改但旧口令不正确,应返回 63C2。

（2）第二次修改但旧口令不正确,应返回 63C1。

（3）第三次修改但旧口令不正确,应返回 63C0。

（4）继续执行修改 PIN 指令,无论旧口令是否正确,都应返回 6983。

7）修改 PIN 正确后,卡片安全状态应不变:

（1）原来已校验 PIN 的标志位仍为已校验:卡片复位后选择应用,校验口令正确后,圈存交易应成功,修改口令成功后,再次圈存交易,仍应成功。

（2）没有校验 PIN 的标志位仍为未校验:卡片复位后选择应用,圈存交易应返回 6982,修改口令成功后,圈存交易仍应返回 6982。

（3）一个文件的读权限为校验 PIN 后的后续状态,卡片复位后,读该文件,应返回 6982,修改口令成功后,再次读该文件,仍应返回 6982。

8）卡片复位后选择应用,校验口令正确后,圈存交易应成功,使用错误的旧口令执行修改口令后,再次执行圈存交易应返回 6982。

9）一个文件的读权限为校验 PIN 后的后续状态,卡片复位,校验正确后读该文件,应能够成功,旧口令不正确,执行修改指令后,再次读该文件,应返回 6982。

10）如果修改正确,应复位 PIN 的错误计数器:先用错误的旧口令修改,再以正确旧口令修改,应成功,再次用不正确的旧口令修改时,应返回 63CX,其中 X 为最大错误次数减 1。

11）假设口令的最大可试次数为 3,第一次修改但旧口令不正确,应返回 63C2,第二次修改但旧口令不正确,应返回 63C1,第三次修改但旧口令不正确,应返回 63C0,再次执行修改指令,无论旧口令是否正确,都应返回 6983。

16.2.1.5　重装 PIN

1　测试目的

测试 RELOAD PIN 命令的功能,用于发卡方重新给持卡人产生一个新的 PIN(可以与原 PIN 相同),同时复位 PIN 错误计数器的值。

2　测试步骤

1）正确性测试:

在 PIN 没有锁定的情况下,通过该指令重装 PIN。

（1）将 1234 重装为 123456123456,并用 123456123456 校验,成功应返回 9000。

（2）再重装为 1234,并用 1234 校验,成功应返回 9000。

（3）再重装为 12345612345F,并用 12345612345F 校验,成功应返回 9000。

（4）再重装为 12345F,并用 12345F 校验,成功应返回 9000。

（5）再重装为 1234,并用 1234 校验,成功应返回 9000。

（6）在 PIN 被锁的情况通过该指令重装 PIN(原口令为 1234)。

（7）锁定口令,重装为 123456123456,用 1234 校验,应失败,再用 123456123456 校验,成功应返回 9000。

（8）锁定口令,再重装为 1234,并用 1234 校验,成功应返回 9000。

（9）锁定口令,再重装为 12345612345F,并用 12345612345F 校验,成功应返回 9000。

（10）锁定口令,再重装为 12345F,并用 12345F 校验,成功应返回 9000。

(11)锁定口令,再重装为1234,并用1234校验,成功应返回9000。

2)数据报文中的新口令格式应符合规范,否则返回6A80。

3)此命令成功执行后,应复位PIN重装密钥的错误计数器和PIN自身的错误计数器。

(1)卡片复位,选择应用,错误的校验PIN,应返回63C2。

(2)第一次执行该命令的MAC不对,应返回6988。

(3)第二次执行该命令的MAC不对,应返回6988。

(4)正确执行该命令,再次错误的校验PIN,应返回63C2。

(5)第一次执行该命令的MAC不对,应返回6988。

(6)第二次执行该命令的MAC不对,应返回6988。

(7)第三次执行该命令的MAC不对,应返回9303,该应用被永久锁定。

16.2.1.6 PIN解锁

1 测试目的

测试PIN UNBLOCK命令的功能,用于将锁定的PIN进行解锁,复位PIN错误计数器的值。

2 测试步骤

1)PIN锁定后,执行PIN解锁,应返回9000。

2)PIN未被锁死的情况下,执行此命令,应返回6985。

3)Lc=0时,应返回6700。

4)命令报文中的MAC连续3次不对,应用应永久锁定。

(1)第一次执行该命令的MAC不对,应返回6988。

(2)第二次执行该命令的MAC不对,应返回6988。

(3)第三次执行该命令的MAC不对,应返回9303,该应用被永久锁定。

16.2.1.7 取随机数

1 测试目的

测试GET CHALLENGE命令的功能,请求一个用于安全相关过程(如安全报文)的随机数。该随机数只能用于下一条指令,无论下一条指令是否使用了该随机数,该随机数都将立即失效。

2 测试步骤

1)正确性测试:

选择MF,取4字节随机数,应成功,取8字节随机数,应成功。

2)随机数的使用特性测试:

(1)取随机数,校验口令,使用该随机数执行明文+MAC写二进制0015文件,应返回6984。

(2)选择应用,取随机数,校验口令,使用该随机数执行应用临时锁定,应返回6984。

(3)选择应用,取随机数,校验口令,使用该随机数执行应用永久锁定,应返回6984。

(4)选择应用,将应用临时锁定,取随机数,校验口令,使用该随机数执行应用解锁,应返回6984。

(5)选择应用,取随机数,校验口令,使用该随机数执行卡片锁定,应返回6984。

(6)取随机数,正确执行明文+MAC写二进制文件,再次使用该随机数执行该命令,应返回6984。

(7)选择应用,取随机数,正确执行应用临时锁定,再次使用该随机数执行应用解锁,应返回6984。

(8)选择应用,取随机数,正确执行应用永久锁定,再次使用该随机数执行卡片锁定,应返回6984。

16.2.1.8 应用锁定

1 测试目的

测试Application Block命令的功能,执行成功后,锁定当前应用。应用临时锁定后选择应用应返回 6A81,同时回送 FCI(对于 $T=0$ 卡片,需要用 GET RESPONSE 指令取回),应用被永久锁定后选择该应用应返回 9303。

2　测试步骤

1)在 DF 和 MF 下都可以执行该指令。

2)执行此命令前应先执行取随机数命令,否则返回 6984。

3)当 Lc 长度错时,应返回 6700。

4)应用已被临时锁定时,再次执行应用临时锁定命令,应返回 9000。

5)执行应用临时锁定或应永久锁定,MAC 不对时,应返回 6988。

6)应用临时锁定后,执行选择该应用的指令,虽然返回 6A81,但仍可获得 FCI。

7)应用临时锁定后,在该应用下只能执行取随机数、应用解锁、应用临时锁定、应用永久锁定、卡片锁定这四条命令,执行其他命令均返回 6985。

8)选择其他应用再选被锁定的应用应返回 6A81,同时回送 FCI。

9)继续执行应用永久锁定,应能够成功,再次选择该应用应返回 9303。

10)应用永久锁定后,执行选择该应用的指令,应返回 9303 且不回送 FCI,执行取响应返回 9303。

11)用永久锁定后,在该应用下只能执行取随机数、卡片锁定这两条命令,执行其他命令均返回 9303。

16.2.1.9　应用解锁

1　测试目的

测试 APPLICATION UNBLOCK 命令的功能,执行成功后,由 APPLICATION BLOCK 命令产生的对应用的限制将被取消。

2　测试步骤

1)在 DF 和 MF 下都可以执行该指令。

2)应用临时锁定后执行该命令,应返回 9000。

3)应用永久锁定后执行该命令,应返回 9303。

4)应用没有被锁定时执行该命令,应返回 6985。

5)执行此命令前应取随机数,否则返回 6984。

6)Lc 错误,返回 6700。

7)执行应用解锁命令成功后,应复位解锁错误计数器。

(1)应用临时锁定后,第一次执行该命令的 MAC 不对,应返回 6988。

(2)第二次执行该命令的 MAC 不对,应返回 6988。

(3)第三次执行正确执行该命令,该应用被解锁,再次将应用临时锁定后。

(4)第一次执行该命令的 MAC 不对,应返回 6988。

(5)第二次执行该命令的 MAC 不对,应返回 6988。

(6)第三次执行该命令的 MAC 不对,应返回 9303,该应用被永久锁定。

16.2.1.10　卡片锁定

1　测试目的

测试 CARD BLOCK 命令的功能,执行成功后,卡中的所有应用失效,执行任何命令都应返回 6A81,且不执行任何其他操作。

2　测试步骤

1)执行该命令前应先取随机数,否则应返回 6984。

2)执行该指令时 MAC 不对,应返回 6988,错误任意次后仍应返回 6988。

3)卡片锁定后,执行任何命令,均应返回 6A81。

16.2.1.11 取响应命令

1 测试目的

测试 Get Reponse 命令的功能,该指令只用于 $T=0$ 协议卡片。当 APDU 不能用现有协议传输时,GET RESPONSE 命令提供了一种从卡片向接口设备传送 APDU(或 APDU 的一部分)的传输方法。

2 测试步骤

1)可以执行取响应的几种情况:选择文件(应用没有锁定时返回 61XX,应用临时锁定时返回 6A81),取出文件的 FCI。

2)交易指令:圈存初始化、圈存、消费初始化、消费、取交易认证等。圈存初始化返回 6110 时,取响应指令为 00c0000000,应返回 6C10,仍可以通过取响应取出圈存初始化的响应报文并继续正确执行圈存。

3)消费初始化返回 610F 时,取响应指令为 00C0000000,卡片应返回 6C0F,仍可以通过取响应取出消费初始化的响应报文并继续正确执行消费。

4)执行取部分响应后,仍有响应未取的情况下,应能够通过取响应指令取出剩余响应。

5)无响应数据可取时,执行取响应命令都应返回 6F00。

6)返回 61XX(或选择临时锁定的应用返回 6A81)后,如果取响应的长度超出 XX 或为 00,卡片返回 6CXX,仍可以继续取响应。

7)取响应的长度为 00,卡片返回 6CXX。

8)返回 61XX(或选择临时锁定的应用返回 6A81)后,响应可以分多次取出。

9)交易指令:圈存初始化、圈存、消费初始化、消费、取交易认证等,返回 61XX(或选择临时锁定的应用返回 6A81)后,如果后一条指令不是取响应(包括第一次返回 61XX 和部分取响应返回 61XX 两种),而是其他命令,再次执行取响应命令应返回 6F00。

16.2.1.12 选择

1 测试目的

测试 Select 命令的功能,通过 FID 或 AID 来选择 CPU 用户卡中的 PSE、DDF 或 ADF,成功执行该命令后,指定的 PSE、DDF 或 ADF 被设定。CPU 用户卡的响应报文应由回送 FCI 组成。

2 测试步骤

1)正确性测试:使用 DF 文件 ID 或 AID 选择应用,成功应返回 9000。

2)当 P2=02 而相应的文件不存在时,应返回 6A82。

3)使用 FID 选择 MF,应成功。

4)当 P2=02 时选择 MF 的下一个文件,应返回 6A86。

5)使用 FID 选择 ADF,应返回 9000。

6)当 P2=02 时选择 2F02 的下一个文件,返回 6A86。

7)当 P2=02 时选择 2F03 的下一个文件,返回 6A82。

8)通过 AID 选择应用,应返回 9000。

9)使用 FID 选择 EF,应返回 9000。

10)当 P2=02 时,使用 FID 选择不存在的 EF 时,应返回 6A86。

16.2.2 交易命令

16.2.2.1 圈存

1 测试目的

测试电子钱包/存折的圈存功能。

2 测试步骤

1)正确性测试:联网收费应用下可以进行钱包的圈存。
(1)复位,选择联网收费应用;
(2)校验 PIN;
(3)钱包圈存;
(4)进行圈存交易;
(5)取余额;
(6)取交易明细,并比较结果。
2)未校验 PIN,圈存初始化应返回 6982。
3)校验 PIN,未进行圈存初始化,直接进行圈存交易应返回 6901。
4)校验 PIN,密钥标识符不正确,圈存初始化应返回 9403。
5)圈存初始化成功后,进行圈存时报文中的 MAC 不对,应返回 9302。
6)电子钱包最大余额为 FFFFFF,如果交易金额 + 当前余额超过 FFFFFF,圈存初始化时应返回 6985(交易金额和目标余额都不能超过 FFFFFF)。

16.2.2.2 消费

1 测试目的

测试电子钱包/电子存折消费功能。

2 测试步骤

1)正确性测试:选择联网收费应用,应可以进行钱包的消费。
(1)复位,选择联网收费应用;
(2)消费初始化;
(3)消费;
(4)取交易认证;
(5)取余额;
(6)校验 PIN。
2)未验证 PIN,消费初始化应返回 9000。
3)未进行消费初始化,直接进行消费交易应返回 6901。
4)密钥标识符不正确,消费初始化应返回 9403。
5)消费初始化成功,进行消费时报文中的 MAC 不对,应返回 9302 。
6)交易金额大于钱包余额时,消费初始化应返回 9401。

16.2.2.3 复合交易入口

1 测试目的

测试封闭式入口交易流程。

2 测试步骤

1)选择 PSAM 卡,读终端机编号。
2)选择用户卡,选择应用 DF01,从返回的 FCI 信息中获取分散因子。
3)读 0019 文件。
4)读钱包余额。
5)消费初始化。
6)切换到 PSAM 卡,分散密钥得到 MAC1。
7)切换到用户卡,更新复合应用数据缓存。
8)执行消费指令并返回 MAC2。
9)切换到 PSAM 卡,认证 MAC2。

16.2.2.4 复合交易出口

1 测试目的

测试封闭式出口交易流程。

2 测试步骤

1）选择 PSAM 卡,读终端机编号。

2）选择用户卡,选择应用 DF01,从返回的 FCI 信息中获取分散因子。

3）读 0019 文件。

4）读钱包余额。

5）消费初始化。

6）切换到 PSAM 卡,分散密钥得到 MAC1。

7）切换到用户卡,更新复合应用数据缓存。

8）执行消费指令并返回 MAC2。

9）切换到 PSAM 卡,认证 MAC2。

16.3 性能测试

16.3.1 基本性能测试

1 测试目的

计算执行各个命令的时间。

2 测试步骤

1）切换到 PSAM 卡,读终端机编号。

2）切换到用户卡。

3）读 100 次 0016 文件内容,计算时间。

4）取 4 字节和 8 字节的随机数 100 次,分别计算时间。

5）读 0019 文件内容 100 次,计算时间。

6）执行复合消费交易流程 100 次,分别计算圈存初始化、写缓存数据和消费的平均时间。

16.3.2 随机数性能测试

1 测试目的

测试所取的随机数是否符合要求。

2 测试步骤

1）分别选择 ADF1 和 ADF2,执行取 4 字节随机数,应能够成功。

随机数在各项性能符合要求:

(1) 位 1 的个数在 9725～10275 之间。

(2) 半字节的值出现 0～F 的随机性在 2.16～46.17 之间。

(3) 1 个数据位 1/0 连续出现的间隔数在 2315～2685 之间。

(4) 2 个数据位 1/0 连续出现的间隔数在 1114～1386 之间。

(5) 3 个数据位 1/0 连续出现的间隔数在 527～723 之间。

(6) 4 个数据位 1/0 连续出现的间隔数在 240～384 之间。

(7) 5 个数据位 1/0 连续出现的间隔数在 103～209 之间。

(8) 26 个数据位 1/0 连续出现的次数为 0。

2）取 2500 个随机数到文件中,用测试程序中提供的工具进行分析。

对交易初始化命令返回的随机数进行性能测试。

16.4 防拔测试

16.4.1 概述

卡片应在命令处理过程中的任何情况下,甚至在更新 EEPROM 过程中掉电的情况下,保持数据的完整性。因此需要在每次更新数据前对数据进行备份,并且在重新加电后自动地触发恢复机制。一旦卡片确认更新数据完成,备份数据被丢弃。

16.4.2 防拔流程

1 写二进制防拔

使用明文 + MAC 写二进制,每次写入的明文数据长度为 37H,测试步骤见图 16-1。

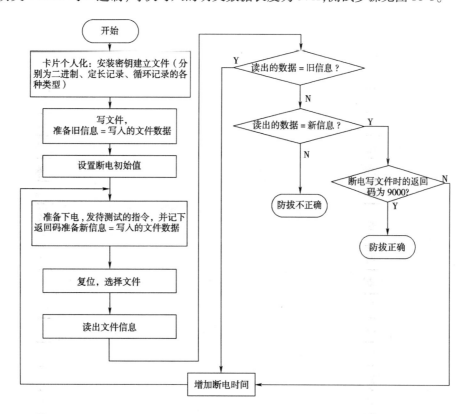

图 16-1 写二进制防拔测试流程图

2 校验 PIN 防拔流程

校验 PIN、外部认证防拔测试流程见图 16-2。

3 修改 PIN/重装 PIN 防拔流程

修改 PIN/重装 PIN 防拔流程见图 16-3。

4 解锁 PIN 防拔流程

解锁 PIN 防拔流程见图 16-4。

5 应用临时锁定防拔流程

应用临时锁定防拔流程见图 16-5。

6 应用解锁防拔流程

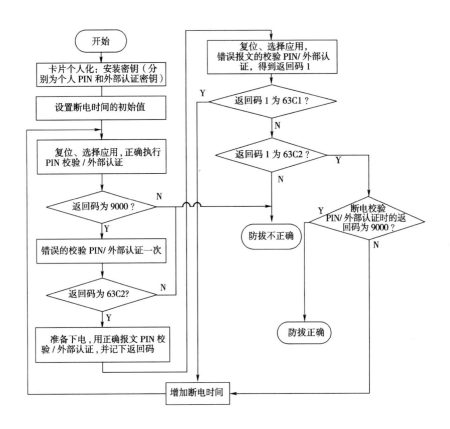

图 16-2　校验 PIN、外部认证防拔测试流程图

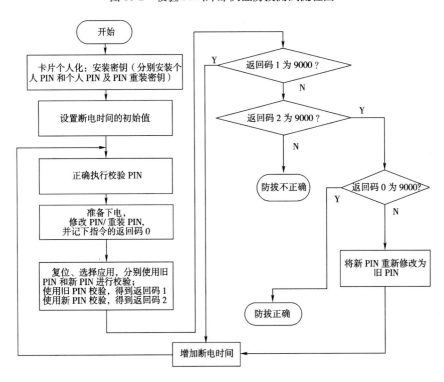

图 16-3　修改 PIN、重装 PIN 防拔测试流程图

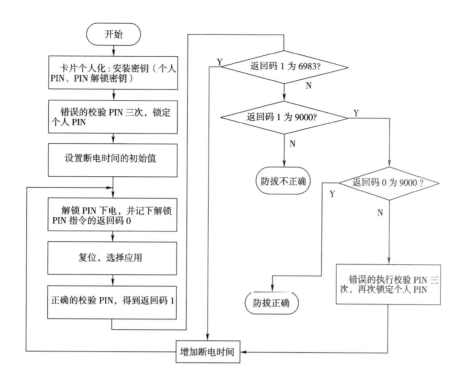

图 16-4 PIN 解锁防拔测试流程图

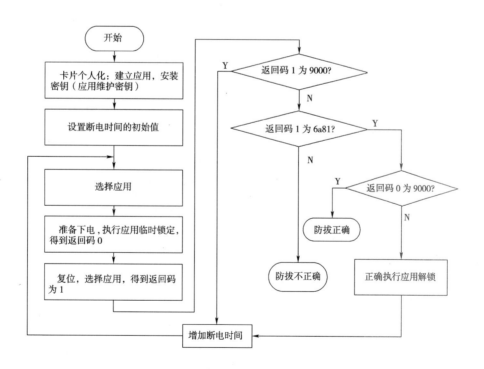

图 16-5 应用临时锁定防拔测试流程图

应用解锁防拔流程见图 16-6。

7 卡片锁定/应用永久锁定防拔流程

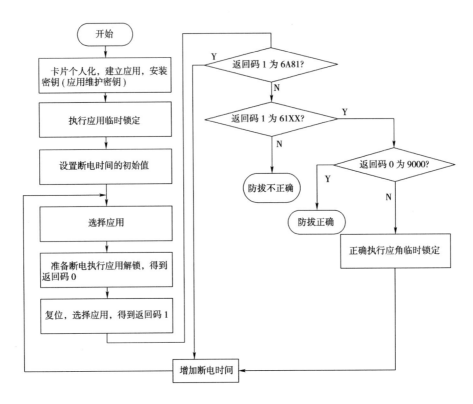

图 16-6 应用解锁交易防拔测试流程图

卡片锁定/应用永久锁定防拔流程见图 16-7。

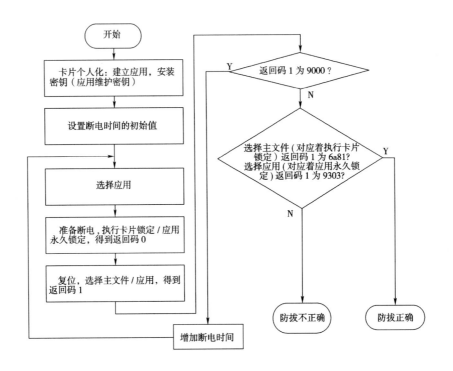

图 16-7 卡锁定、应用永久锁定防拔测试流程图

17 OBE-SAM 应用测试

17.1 文件结构测试

17.1.1 系统信息文件
1 测试目的

MF 下的 EF01 文件是系统信息文件,文件权限是自由读,明文+MAC 方式写。检查文件的读写权限,并检查修改后文件内容的正确性。

2 测试步骤

1)选择该文件应返回 9000。

2)执行 READ BINARY 命令读该文件应可以成功,检查返回数据应与写入的数据一致。

3)执行 UPDATE BINARY 命令,使用明文方式修改该文件应返回 6E00,再次读该文件应和原始数据一致。

4)执行 UPDATE BINARY 命令,使用明文+MAC 方式,密钥是 DAMK_DF01,修改该文件应可以成功。再次读该文件,内容应是新写入的数据。

5)执行 UPDATE BINARY 命令,使用密文+MAC 方式修改该文件应返回 6A80。

6)执行 UPDATE BINARY 命令,使用明文+MAC 方式修改该文件,密钥不正确,应返回 6A88。

17.1.2 车辆信息文件
1 测试目的

DF01 应用下的 EF01 文件是车辆信息文件,文件访问权限是密文读、明文+MAC 方式写。检查文件的读写权限,并检查修改后文件内容的正确性。

2 测试步骤

1)选择应用后,选择该文件返回 9000。

2)执行 READ BINARY 命令,使用明文方式读该文件应返回 6981。

3)执行 READ BINARY 命令,使用明文+MAC 方式读该文件应返回 6982。

4)执行 READ BINARY 命令,使用密文方式,密钥是 RK2_DF01,读该文件应可以成功。检查返回文件内容的正确性。

5)执行 UPDATE BINARY 命令,使用明文方式修改该文件应返回 6A80,再次读该文件应和原始数据一致。

6)执行 UPDATE BINARY 命令,使用明文+MAC 方式,密钥是 DAMK_DF01,修改该文件应可以成功。再次读该文件,内容应是新写入的数据。

7)执行 UPDATE BINARY 命令,使用密文+MAC 方式修改该文件应返回 6A80。

8)执行 UPDATE BINARY 命令,使用明文+MAC 方式修改该文件,密钥不正确,应返回 6A88。

17.1.3 应用交易记录文件
1 测试目的

DF01 应用下的 EF02 文件是应用交易记录文件,文件类型是循环定长记录文件,文件权限是自由读写。当车辆进入收费站缴费后,卡片就会记录这次交易的内容。一次写一条记录,最多可以记录50条记录;当记录超过50条,则会自动覆盖最早写入的那条记录。

2 测试步骤

1)选择应用后,选择该文件应返回9000。

2)卡片没有缴费记录,读该文件应返回6A83。

3)卡片没有记录,写该文件应返回6A83。

4)卡片交易应用记录的正确性。

5)交易日志记录是循环记录文件,最近的交易包含于记录1,次近的包含于记录2,依次类推,多次交易后检查交易日志文件的正确性。

6)卡片交易日志有 N 条记录,读出 $N+1$ 条记录应返回6A83。

7)执行 UPDATE RECORD 命令修改任一记录都应返回6982。

17.2 基本指令测试

17.2.1 概述

本技术要求规定了 OBE-SAM 的基本功能要求,本节主要针对下述指令进行功能测试:

1 ESAM 专有命令

1)DECREASE COUNTER;

2)READ DATA;

3)UPDATE KEY;

4)GET SN。

2 文件读写命令

1)READ BINARY;

2)UPDATE BINARY;

3)READ RECORD;

4)UPDATE RECORD。

3 文件选择相关指令

1)SELECT FILE;

2)GET RESPONSE。

4 认证相关命令

GET CHALLENGE。

17.2.2 ESAM 专有命令

17.2.2.1 DECREASE COUNTER

1 测试目的

DECREASE COUNTER 命令用于记录拆卸次数,该命令执行成功后则拆卸次数每次固定减1。拆卸次数由 EF02 文件的第26字节表示,低4位表示拆卸次数,高4位保留,拆卸次数最大值为0F。

2 测试步骤

1)在应用 DF01 下执行该命令应返回6901。

2)读 EF01 文件,第27字节表示当前的拆卸次数,执行该命令成功后,拆卸次数应减1,同时修改 EF01 文件中的拆卸次数字节。

3)再连续执行该命令,拆卸次数连续减1,检查返回的剩余次数的正确性。

4)插入其他命令后再执行该命令,拆卸次数应继续减1,检查返回的剩余次数的正确性。

5)拆卸次数等于F0后,再执行该命令应返回6985。

6)修改EF01文件的拆卸次数为F1(0F为最大拆卸次数,低4字节有效),执行一次该命令应返回F0。

7)修改拆卸字节=00,再执行该命令应返回6985。

8)修改拆卸字节=10,再执行该命令应返回6985。

9)修改拆卸字节=F0,再执行该命令应返回6985。

10)修改拆卸字节=F1,能正确执行。

11)修改EF01文件的拆卸次数字节,修改为0F,再执行该命令应返回9000,剩余次数应为0E。

12)拆卸次数修改为FF,拆卸15次,能正常执行,返回次数为F0。

17.2.2.2　READ DATA

1　测试目的

READ DATA 命令用于读出应用车辆信息文件中的数据,读写的数据为密文。

2　测试步骤

1)执行该命令P1、P2=0000的正确性测试响应报文应是鉴别码+读取数据密文,计算返回数据的正确性。

2)鉴别码和加解密车辆信息的计算方法可参考第二部分"4　OBE-SAM 数据格式和技术要求"中的定义。

3)期望数据长度大于文件实际长度应返回6CXX(XX是文件实际长度)。

4)分别使用版本是01、02的密钥执行READ DATA命令,验证返回数据密文的正确性。

5)分别使用版本是01、02的密钥执行READ DATA命令应返回9000,验证返回数据密文的正确性。

6)执行该命令密钥版本不正确,应返回9403。

7)执行该命令P1、P2按照偏移量读车辆信息文件应返回9000。

8)如果P1、P2或P2指定的偏移量超出文件范围,应返回6B00。

17.2.2.3　UPDATE KEY

1　测试目的

UPDATE KEY 命令用于更新一个已经存在的密钥(用于装载正式密钥)。

本命令可支持8字节或16字节的密钥,密钥写入应采用密文+MAC的方式,在主控密钥的控制下进行。

2　测试步骤

1)执行该命令P2=00更新主控密钥,密钥长度是8字节或者16字节都应可以成功。

2)执行该命令P2=FF更新其他密钥,密钥长度是8字节或者16字节都应可以成功。

3)没有执行取随机数应返回6984。

4)执行该命令MAC不正确,应返回6988。

5)执行该命令密钥长度不正确,应返回6700。

6)执行该命令更新不存在的密钥,应返回6A88。

7)使用更新的密钥值进行计算,验证密钥已经更新。

17.2.2.4　GET SN

1　测试目的

GET SN 用于读取ESAM模块的唯一序列号。

2　测试步骤

1)正确读取模块的序列号,应返回 9000。

2)P1、P2 参数错误,应返回 6A86。

3)Le 错误,应返回 6CXX,XX 为正确的返回长度。

4)CLA 错误,应返回 6E00。

17.2.3 文件读写命令

17.2.3.1 READ BINARY

1 测试目的

READ BINARY 命令用于读出二进制文件的内容(或部分内容)。

2 测试步骤

1)正确性测试:

(1)直接明文读取 EF01 文件内容。

(2)当 Le 长度为 00 时,SW = 6CXX——返回全部数据。

2)如果 P1P2 或 P2 指定的偏移量超出文件范围,应返回 6B00。

3)按偏移量读文件,P2 + Lc 超过文件范围应返回 6B00。

4)读不是二进制文件类型的文件时应返回 6981。

5)读 ID 不存在的文件应返回 6A82。

6)自由读 EF03 文件。

7)认证读 EF05 文件。

17.2.3.2 UPDATE BINARY

1 测试目的

UPDATE BINARY 命令用于更新二进制文件中的数据。

2 测试步骤

1)明文 + MAC 方式写的二进制文件,应返回 9000。

2)写不是二进制文件类型的文件时应返回 6981。

3)写 ID 不存在的文件应返回 6A82。

4)没有当前文件时,指定写当前文件应返回 6A82。

5)在没有取随机数的情况下,使用带 MAC 方式执行此命令时(CLA = 04),应返回 6984。

6)用明文 + MAC 方式写明文 + MAC 二进制文件,应返回 9000。

7)用密文 + MAC 方式写明文 + MAC 二进制文件,应返回 9000。

8)明文 + MAC 方式或密文 + MAC 方式写文件时,如果命令报文中的 MAC 连续三次不对,应用会被永久锁定:第一次执行该命令的 MAC 不对,应返回 6988;第二次执行该命令的 MAC 不对,应返回 6988;第三次执行该命令的 MAC 不对,应返回 9303,且该应用被永久锁定。

17.2.3.3 READ RECORD

1 测试目的

READ RECORD 命令读记录文件中的内容。

2 测试步骤

1)读取循环记录文件 EF02 的第一条记录,第一条没有记录,应返回 6A83。

2)执行增加记录命令,增加 51 条记录,应返回 9000。

3)读第一条记录,应是最后写进去的记录。

4)执行 UPDATE RECORD 命令长度不正确应返回 6700。

5)修改第一条记录,可正确执行,并不影响其他记录。

6) 逐条修改所有记录,可以正确执行。

17.2.4 文件选择相关命令

17.2.4.1 SELECT FILE

1 测试目的

SELECT FILE 命令通过文件标识或应用名选择 ESAM 中的 MF、DDF、ADF 或 EF 文件。成功执行该命令设定 MF、DDF 或 ADF 的路径。

应用到 EF 的后续命令将采用 SFI 方式联系到所选定的 MF、DDF 或 ADF。

2 测试步骤

选择 MF/DDF/ADF/AEF 通过取响应返回响应报文采用 TLV 格式,对于 MF/DDF/ADF 通过文件名和标识得到的响应报文相同:

1) 选择 MF/DDF 返回的信息为:6F LEN1 84 LEN2 FNAME A5 LEN3(03) 88 LEN4(01) SFI。
2) 选择 MF,通过文件名和标识,返回 FCI。
3) 当 P2 = 02 时,而相应的文件不存在时,应返回 6A82。
4) 选择 DDF,通过文件名和标识,返回 FCI。
5) 选择 ADF,2F02,通过文件名和标识,返回 FCI。
6) ADF 下有 0015 文件时,选择该 ADF 返回的信息为:6F LEN1 84 LEN2 FNAME A5 LEN3 9F0C LEN5 FCON。
7) 选择 ADF,通过文件名和标识,因为所选择的文件不存在,所以应返回 6A82。
8) 选择基本文件返回的信息为:6F LEN1(0A) A5 LEN3(08) 9F 0C LEN5(05) EFFCI。
9) 选择 EF02 和 EF03,通过标识名,返回正确的 FCI。

17.2.4.2 GET RESPONSE

1 测试目的

当 APDU 不能用现有协议传输时,GET RESPONSE 命令提供了一种从 OBE-SAM 向接口设备传送 APDU(或 APDU 的一部分)的传输方法。

2 测试步骤

1) 选择文件,不自动取响应,返回 61XX(XX 是正确的响应长度),使用 GET RESPONSE 命令取出文件的 FCI,可以分批取任意个字节。
2) 返回 61XX 后,如果后一条指令不是取响应,而是其他命令,该响应标志位将被清空,再次执行取响应命令将返回 6F00。

17.2.5 随机数测试(GET CHALLENGE)

1 测试目的

GET CHALLENGE 命令请求一个全过程的随机数。除非掉电、选择了其他应用后又发出了一个 GET CHALLENGE 命令,该随机数将一直有效。

2 测试步骤

1) 正确性测试:可以取 4 个字节或 8 个字节的随机数,任意相邻取回的随机数不能相同。
2) 没有取随机数命令,执行明文 + MAC 读写二进制命令,UPDATEKEY 应返回 6984。
3) 分析随机数的使用特性:取随机数后,选择其他应用后,执行了其他指令后再去执行欲执行的指令,应返回 6984。
4) 执行随机数长度不是 4 或 8 字节应返回 6700。
5) 随机数在各项性能符合要求,取 2500 个随机数到文件中,用测试程序中提供的工具进行分析。

17.2.6 OBE-SAM 性能测试

1　测试目的

测试 OBE-SAM 的关键指令处理时间。

2　测试步骤

1）循环执行 GET CHALLENGE 指令，取 4 字节随机数，记录总时间、总循环次数和平均指令执行时间。

2）循环执行 GET CHALLENGE 指令，取 8 字节随机数，记录总时间、总循环次数和平均指令执行时间。

3）循环执行 READ BINARY 指令，取 MF 下系统信息文件（EF01）99 字节，记录总时间、总循环次数和平均执行时间。

4）循环执行 READ DATA 指令，取 DF01 下车辆基本信息文件（EF01）79 字节，记录总时间、总循环次数和平均执行时间。

5）循环执行 UPDATE RECORD 指令，更新 ETC 应用交易记录文件（EF02）57 字节，记录总时间、总循环次数和平均执行时间。

6）循环执行 UPDATE BIN 指令，更新车辆基本信息文件（EF01）50 字节，记录总时间、总循环次数和平均执行时间。

17.3　应用流程测试

17.3.1　概述

本节主要是对 ETC 的应用安全，与 PSAM 交互的应用流程进行测试：

1　双向认证流程；

2　数据更新流程；

3　密钥更新流程。

17.3.2　双向认证流程

1　测试目的

OBE-SAM 与 PSAM 卡双向认证获得访问数据的许可。

2　测试步骤

1）选择 PSAM 卡取随机数。

2）选择 OBE-SAM，读取系统信息文件中的区域分散代码（分散因子）+ 合同号（分散因子）共 16 字节。

3）读车辆信息文件，获取鉴别码 + 车牌号 + 车型密文。

4）获取鉴别码和密文的车牌号加车型信息。

5）选择 PSAM 卡，分解密钥，并解密加密的数据。再用原来的随机数和密钥对明文进行加密，与解密结果相比较，一致则通过验证。

6）认证读 EF05 文件，512 个字节。

17.3.3　数据更新流程

1　测试目的

更新卡片中的关键数据，PSAM 验证数据的合法性后将数据更新。

2　测试步骤

1)选择 OBE-SAM,复位,ESAM 读取系统信息文件中的区域分散代码(分散因子)+合同号(分散因子)共16字节。

2)取4字节随机数。

3)选择 PSAM 卡,分散密钥,计算 MAC。

4)选择 OBE-SAM,明文+MAC 进行更新数据。

5)读取更新后的文件内容。

17.3.4 密钥更新流程

1　测试目的

为保证数据传输的安全性,将卡片中的数据采用密文方式进行更新。

2　测试步骤

1)选择 OBE-SAM,复位,读取系统信息文件中的区域代码(一级分散因子)+合同序列号(二级分散因子)共16字节。

2)取4字节随机数,选择传输卡。

3)读 EF01 文件内容。

4)选择母卡,读 EF01 文件内容,取4字节随机数,再补4字节的00,形成新的随机数。

5)选择传输卡,分散密钥并对随机数进行加密。

6)选择母卡,验证加密数据。

7)选择传输卡,导出密钥。

8)选择母卡,取随机数。

9)选择传输卡,加密更新密钥指令,并取 MAC。

10)选择母卡,更新密钥,母卡导出密钥,返回密钥密文+MAC。

11)选择 OBE-SAM 安全模块,并更新密钥。

18 跨省(区、市)清分结算系统运行规则

18.1 有区域中心模式的清分结算系统运行规则

18.1.1 框架模型
跨省(区、市)电子收费清分结算框架模型见图18-1。

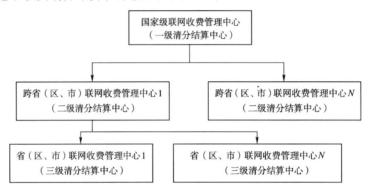

图18-1 跨省(区、市)电子收费清分结算框架模型

跨省(区、市)电子收费清分结算通过一、二级清分结算中心进行数据处理,包括数据清分、结算、争议处理、仲裁校验等功能。

18.1.2 运行流程
跨省(区、市)电子收费清分结算系统运行流程见图18-2。

1 收费服务方根据产生交易的CPU用户卡的发行方ID将本地公路收费方生成的原始交易转发给清分方。

2 清分方包含二级清分结算中心和三级清分结算中心,清分方之间的数据传输应按照数据流向,由收费服务方所在的三级清分结算中心转发原始交易给二级清分结算中心,再由二级清分结算中心转发原始交易给发行方所在的三级清分结算中心,记账结果按反方向传输。

3 清分方转发原始交易给产生交易的CPU用户卡所属的发行方。

4 发行方负责对接收到的原始交易进行记账处理,包括对交易的认证及确认是否可以从用户账户中扣除通行费。原始交易包中经过交易处理后的记账结果分为两类:确认付款或争议交易,记账结果与原始交易一一对应。

5 发行方将记账结果发送给清分方。

6 清分方根据记账结果更新本地保存的数据。

7 清分方将记账结果转发给对应的产生原始交易的收费服务方。

8 收费服务方根据记账结果更新本地保存的数据。

经过以上处理,在各区域参与方系统中,每一个交易包所含的交易必定处于两种状态之一:确认付款或争议交易。确认付款的交易状态为最终状态,不会再发生变化;争议交易由清分方协调各参与方进行处理。

1 争议交易由清分方负责协调处理。生成的结果由清分方输入,产生报表由涉及争议的收费服

务方和发行方盖章确认。

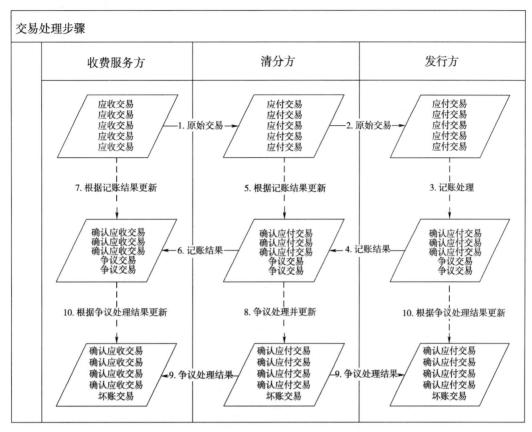

图 18-2 跨省(区、市)电子收费清分结算系统运行流程图

2 经过各方确认后的争议处理结果为最终结果,所处理的交易最终被确定为确认付款或坏账状态,不会再发生变化。清分方将处理结果发送给涉及争议的收费服务方和发行方。

3 收费服务方和发行方根据争议处理结果更新本地数据。

一次争议处理可处理所有或部分争议交易,经过以上过程,除尚未处理的争议交易外,所有记录均处于确认付款或坏账状态。

18.1.3 管理规则

18.1.3.1 数据管理规则

1 交易状态

交易从产生到完成整个结算划拨处理过程,数据的交易状态见表18-1。

表 18-1 交易状态说明

状 态	说 明
应收/付	收费服务方已发送的,发行方尚未给出确认结果的交易
确认应收/付	发行方确认正确,还未实际划款的交易
争议	发行方存在争议的交易
实收/付	发行方确认交易正确,清分方已发出划款指令的交易
坏账	经确认为不进行处理的交易

收费服务方发送原始交易数据,清分方将原始交易数据转发给发行方。在此过程中,交易处于应收/付状态。

发行方按预定规则逐条处理原始交易数据,将处理结果通过清分方返回给收费服务方。发行方确认的交易处于确认应收/付状态,否则该交易处于争议状态。

争议交易经争议处理后,状态变更为确认应收/付或坏账状态。

清分方产生清分、结算信息,发行方依据该信息付款,收费服务方依据该信息收款,该交易处于实收/付状态。

2 状态名单

用户状态名单由各个发行方产生,其他任何参与方不能修改,其表现形式为非白名单方式。

用户状态的改变有两个来源:

1)用户在使用电子收费系统服务的过程中,用户资金状态发生了变化,如透支等;

2)用户办理续费、挂失等,通过发行方改变其状态。

发行方在用户状态发生变化后应通知清分方。状态名单须由发行方所属的三级清分结算中心路由到二级清分结算中心,再由二级清分结算中心经三级清分结算中心下发到各参与方。

发行方实时发送用户状态名单到清分方。用户状态名单可以通过增量形式发送,也可以通过整体形式发送。发行方应保证至少每周发送一次整体名单。

清分方负责接收系统内各个发行方提供的用户状态名单,并将这些名单传递给所有收费服务方。在整个过程中不对用户状态名单做任何修改。

用户状态名单由发行方产生,通过清分方转发到收费服务方的过程是发行方主动发送,收费服务方被动接收的过程。收费服务方也可以请求清分方发送当前完整的用户状态名单。此时,清分方直接将系统保存的最新的完整的用户状态名单返回给收费服务方,不必再请求发行方发送用户状态名单。

必要时,清分方也可以向发行方请求重发完整的用户状态名单。

3 基础信息

清分方负责管理整个电子收费系统中的服务类型及参与方信息。服务类型及参与方信息由清分方统一管理并发送到各个参与方。

4 数据存储

为保证整个电子收费系统的稳定运行,清分方在转发各个参与方提交的各种数据的过程中,需保存这些数据,同时保存与各方通讯时发送及接收到的消息,作为系统数据恢复及仲裁的依据。

由于各个参与方均各自保存其相关数据,所以清分方可不再保存超出保存时限的数据。需联机保存的数据及保存时限应符合表18-2的要求。

表18-2 需联机保存的数据及保存时限

数据类型	联机保存时间	过期处理
交易数据	1年	备份
争议处理记录	1年	备份
用户状态名单	永久	
基础信息	永久	
通信消息记录	6个月	删除

18.1.3.2 清分管理规则

1 总体说明

跨省(区、市)的数据传递应按照规定的体系结构,原始交易由收费服务方所在的三级清分结算中心传递到对应的二级清分结算中心,由二级清分结算中心将数据路由到发行方所在的三级清分结算中心,再传递给该发行方。

发行方作出记账结果后,按照相反的路由将结果传递到收费服务方。

二级清分结算中心将对应的数据清分结果,下发到各三级清分结算中心;三级清分结算中心将对应的清分结算结果发送给对应的收费服务方和发行方,完成清分管理。

2 清分目标日

清分目标日是收费服务方预设的原始交易清分归属日期,用于简化清分数据核对。该日期原则上以自然日为基准,新的清分目标日启用后,之前的清分目标日不可再被使用。

3 清分日

清分是清分方统计各参与方应收/付款金额并与相关参与方核对数据的操作,每日进行一次。即使清分当日无交易,也应按规则生成清分信息。清分日是清分方执行清分业务的日期。

4 清分范围

清分系统每天统计如下三组交易:

1)在执行清分时,清分方系统中所有收到的,已由发行方记账确认的,原始交易的清分目标日早于清分日的交易记录。清分时仍未收到的交易,或交易已收到但尚未得到发行方记账确认的交易将推迟到下一日清分。

2)在执行清分时,清分方系统中所有未参与过清分的,已经处理的争议交易。

3)在执行清分时,清分方所有未参与过清分的,已经处理的异常退费交易。

所统计的交易应同时满足以下所有条件:

1)交易的清分目标日或争议处理日期、异常退费处理日期应早于清分日;

2)所有已由发行方确认付款的交易;

3)所有由争议处理确认付款的交易;

4)所有已完成处理的异常退费交易;

5)所统计的交易尚未参与清分。

对进行过清分统计并与发行方、收费服务方对帐成功的清分日不再进行清分统计,其统计结果不能更改。

5 清分对账

清分方完成清分统计后将清分结果发送给发行方和收费服务方,并与发行方和收费服务方进行核对。如有差异,人工进行后续处理。

6 节假日

节假日期间清分统计工作正常进行。

18.1.3.3 结算管理规则

1 结算周期

通行费划拨的周期称为结算周期。

2 结算日

结算是清分方按一定周期,根据每日清分结果统计各方应收/付款金额并发布划账指令的操作。结算日是清分方执行结算业务的日期。

3 确认结算清单

各参与方根据清分统计结果,统计结算周期内应支付/收取的通行费金额,产生结算清单。

收费服务方、发行方与清分方核对结算数据。

在确认过程中一旦产生差异,需及时向清分方提出,但差异不影响当次结算。其差异调整将在后续的工作日中处理。

4 资金管理

清分方对收费服务方与发行方之间的通行费划转统一调度管理,资金划拨方式可为由清分方负责通行费的划拨,或者由收费服务方与发行方根据结算清单自行完成资金划拨。

资金划拨采用差额划拨方式,也可以协议约定其他方式。

5 节假日

节假日期间结算工作顺延。

18.1.3.4 争议交易管理规则

1 总体说明

跨省(区、市)的争议交易数据应按照规定的体系结构,由二级清分结算中心协调仲裁。

收费服务方和发行方在争议交易待决期内,分别逐级向二级清分结算管理中心提出申述意见和申述证据,由二级清分结算中心最终仲裁结果,同时将处理结果经三级清分结算中心传递给争议双方。

电子收费系统不是在线交易,不可避免地会发生重复数据、TAC验证失败、用户状态更新不及时等情况,进而导致收费服务方要求发行方按交易信息划拨通行费,但发行方拒绝支付的情况。出现此类情况的交易称为争议交易。

2 争议类型

发行方存在的争议类型见表18-3。

表18-3 发行方存在的争议类型

编号	含 义	说 明
1	验证未通过	TAC验证错
2	重复的交易信息	重复交易
3	表示对此交易有疑议,由于用户状态变化拒付	黑名单卡
4	无效交易类型	
5	逾期超过设定值	即过期交易。交易发生时间不在允许的上传时间范围内
6	交易数据域错	数据域不合法
7	超过最大交易限额	
8	卡号不存在	非本发行方发行的卡,无效卡号
9	卡状态不匹配	未开通卡或已注销卡
10	卡超过有效期	
11	不允许的交易	
12	卡片序列号不匹配	暂未使用
13	测试交易	测试卡交易
14	卡账不符(仅用于储值卡)	卡面余额超过发行方设定值
15	无效卡类型	暂未使用
100	其他	暂无

3 争议处理

在系统中,争议交易处于争议状态,该状态是根据发行方处理交易的结果设置的。

争议交易的处理结果只能是以下两种之一:

1)该交易由发行方确认后,作为正常交易全额付款。

2)该交易作为坏账,发行方对该交易拒付。

清分方将确认的争议处理结果在系统中发送给发行方和收费服务方。发行方和收费服务方根据争议处理结果将相关交易的状态设置为确认应收/付或坏账。

18.1.4 关键参数管理

1 关键参数列表

关键参数见表18-4。

表18-4 关健参数表

名 称	说 明
参与方信息	参与系统运行的各个实体的信息
用户状态名单	本系统采用非白名单方式,用户状态名单是包含所有非正常状态的用户及其状态的列表,由发行方产生,作为公路收费方服务处理逻辑的关键参数之一
用户优惠名单	用于说明用户优惠信息的列表,保留

2 参与方信息

参与方信息包含参与方在系统内的ID、名称,以及参与方信息的生效时间。对于发行方,参与方信息还包含发行方的网络编号。发行方的网络编号将最终发布到各个公路收费方的车道。参与方信息说明见表18-5。

表18-5 参与方信息说明

项 目	说 明
消息来源	清分方
更新方向	三级清分结算中心将向其区域内的发行方和收费服务方,以及二级清分结算中心发送;二级清分结算中心将接收到的参与方信息转发给系统内其他三级清分结算中心。 从清分方向发行方发送的参与方信息,仅包含收费服务方信息;向收费服务发送的参与方信息,仅包含发行方信息;向清分方发送所有参与方信息
更新方式	全量下发
更新周期	参与方发生改变时才下发

3 用户状态名单

用户状态随用户使用系统不断变化,收费服务方在车道生成交易时需根据用户状态进行相应处理。用户状态名单说明见表18-6。

表18-6 用户状态名单说明

项 目	说 明
消息来源	发行方
更新方向	清分方向所有收费服务方发送所有发行方提交的用户状态名单
更新方式	全量下发或增量下发
更新周期	增量形式实时下发状态名单,每周至少一次以全量形式下发状态名单

4 用户优惠名单

用户优惠名单预留。

18.2 两两结算模式的清分结算系统运行规则

18.2.1 省市间联网运营清分结算模式
18.2.1.1 清分结算

两两结算模式下,车辆跨省消费时,由通过车道所在省(市)联网收费管理(结算)中心(上传方)记录车辆行驶记录及实际扣款金额,汇总生成的原始数据附带本地唯一 MESSAGEID 打包,发送至 CPU 卡发卡方所在省市的联网收费管理(结算)中心(清算方),清算方(同记账方)对接收到的原始数据进行校验,填写清算日期并生成可疑账目确认明细及扣款明细,回复至上传方进行进一步确认,在双方一致确认清算金额后,双方统计应向对方划拨金额,计算差额并由划拨金额多的一方向另一方划拨差额资金。

在各方进行对账和资金清算处理后,于 $T+3$ 日实现差额资金划拨,完成 T 日的资金结算。

各省市 T 日主要处理内容包括:

1 跨省市原始收费数据收发;
2 记账数据(确认扣款及可疑账明细);
3 争议处理数据(可疑账调整数据)交换;
4 清分统计数据(对账数据)交互;
5 用户状态名单(黑名单)交互;
6 重复收取贷款费数据交互。

$T+3$ 日内主要人工处理解决流水补传、对账不平和争议处理等例行事务,并于 $T+3$ 日完成跨省市差额资金划拨。

18.2.1.2 结算周期

对于收费结算周期的选取要考虑跨省通行数据的数量以及现在各省的收费结算周期两个方面。

收费工作日参考目前五地现行的收费工作日时间,维持不变。

目前各省市的结算到账时间不完全统一,在实现 ETC 省市联网收费后,网际结算到账时间由各省共同协商制定具体的 $T+3$ 日规定。

18.2.1.3 每日数据交互处理流程

1 各省(市)联网收费管理(结算)中心(上传方)定时批量生成出口使用异地发行非现金支付卡支付原始扣款交易数据,并填写上传方本地唯一流水号后,发送给对应发行该非现金支付卡的省(市)联网收费管理(结算)中心(清算方)。同时,清算方应答接收成功并返回该笔流水数据对应的清算日。

2 清算方(记账方)对接收到的扣款流水校验清算处理,并根据账户信息、黑名单信息,生成相关可疑账明细和可疑账调整确认扣款明细,在日间对各消息包生成确认扣款统计和可疑明细按记账消息格式打包发送回上传方。

3 清算方日终进行日切操作后,进行上一清算日的资金对账统计处理。生成该清算日的资金对账统计数据给上传方确认,并返回给上传方争议处理明细(可疑账调整明细。上传方根据原始消息清算方应答的交易流水归属的清算日信息结合记账确认消息,与清分统计消息进行资金统计核对。

4 在 $T+3$ 日内上传方与清算方确认一致后,由划拨资金多出方向对方划拨差额资金。

5 在 $T+3$ 日划拨资金多出方指令其清算银行进行资金划拨,完成跨省市实际资金到账结算。

参考下述差额资金划拨示意图 18-3。

18.2.1.4 异常情况处理

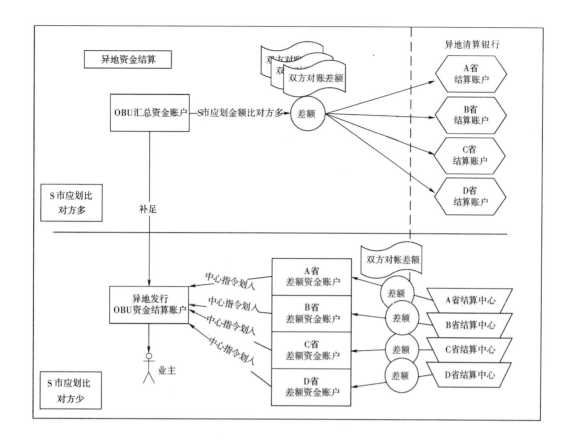

图 18-3 两两结算模式差额划拨示意图

1 双方统计数据不平

上传方按清算方发送的清分统计消息交易格式进行对应清算日统计数据核对,如果双方按照清算日统计扣款统计笔数、金额不一致,双方各自检查有无交易流水发送接收处理异常等原因造成的统计数据不一致,直至对平。对于实在无法查明原因的,走人工处理流程。

2 跨省市原始收费数据上传延期

清算方按接收到的原始收费数据出口时间判断是否超过延期期限上传,延期上传的流水计入可疑账,并记可疑原因为超期上传流水。

最大延期期限要求:原始收费数据出口时间在清算方接收到原始收费数据的时刻加减 48h 范围内为合法交易。

超期交易由双方协商另行处理。同时建议销户的处理时间应不小于 48h。

3 争议交易处理期限

争议交易产生原因包括:TAC 验证失败、黑名单交易(挂失、拒付、拆卸标签等)、重复流水交易、CPU 卡账户异常、CPU 卡与 OBU 绑定关系不符等。

各方产生的争议交易限定在 $T+2$ 内解决,确认是否付款还是作为坏账处理,并由清算方通过争议结果消息发送给异地上传方。

18.2.2 黑名单处理规则

黑名单是指由发卡方产生的针对 OBU、CPU 卡的拒收名单。实际运行过程中,车道如果遇到黑名单上的 OBU 或 CPU 卡应拒绝交易。黑名单的产生及撤销均由发行方完成,并及时将名单发送给各省对应中心。由各省对应中心将黑名单下发路网直至车道启用。黑名单的具体入单理由由发行方自行确定。原则上发行方成功发布黑名单(接收方应答成功接受)后24h内应生效,如果超过24h该黑名单的卡发生交易,发行方应视为可疑交易。

18.2.3 黑名单生效时间

黑名单生效时间定义为发行方进行黑名单发布交易,在接收到其他省市结算中心同步的通信应答成功的时刻开始计时,顺延24h后生效。

如果接收方未接收成功,异步返回接收异常应答给发行方,发行方重新进行下发,并重新对下发的黑名单生效时间进行计算,按重新下发接收到的同步应答成功时间顺延24h后生效。

18.2.4 公有文件和省内私有文件读写要求

在CPU卡和OBU内扩展了公有文件和省内私有文件,两类文件均只能在中心发行时进行写入操作,在车道使用时只能进行读操作,写操作禁止。

19 跨省(区、市)清分结算数据接口

19.1 有区域中心模式的跨省(区、市)数据接口

19.1.1 体系结构

19.1.1.1 基本结构

本体系结构根据 GB/T 20610 制定。联网 ETC 参与方体系结构见图 19-1。

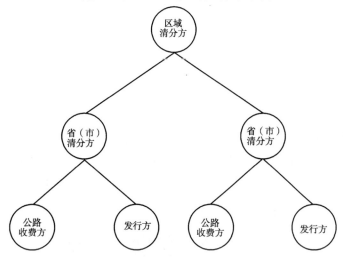

图 19-1 联网 ETC 参与方体系结构

联网 ETC 体系结构为树形,在同一水平的两个参与方之间没有直接联系:

1　省(区、市)清分方可以与本省(区、市)内的多个公路收费方和发行方相连。
2　省(区、市)清分方通过区域清分方与其他省(区、市)清分方相连。
3　本省(区、市)公路收费方与发行方通过本省(区、市)清分方相连。
4　本省(区、市)公路收费方与发行方通过省(区、市)清分及区域清分方与其他省市的公路收费方与发行方相连。

区域清分方和省(区、市)清分方组合在一起,成为系统清分结算的清分方,见图 19-2。

19.1.1.2 角色转换

公路收费方是产生消息交易的参与方;发行方是从用户账户中按交易划拨服务费的参与方。

省(区、市)清分方既向区域清分方提交其他地区用户在本省(区、市)产生的跨区交易,又为本省(区、市)用户在其他省(区、市)的跨区交易支付服务费,因此对区域清分方而言,各省(区、市)清分方既是公路收费方,又是发行方。

在后面对消息的说明中,除特别描述外,均以图 19-3 所示的简单结构阐述各消息的处理规则。

19.1.2 传输规则

19.1.2.1 传输方式

所有数据均通过中间件以文件方式传送。每个文件作为一个消息发送到接收方。接收方应发送一个确认消息向发送方回应其接收消息的状态。

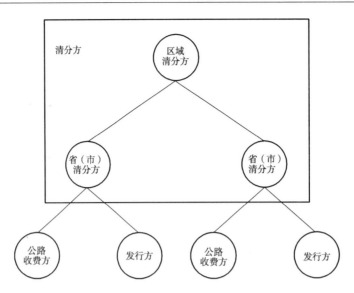

图 19-2 联网电子收费清分方构成示意图

19.1.2.2 基本结构

1 消息文件结构

所有传输的数据均采用 XML 存储,使用 UTF-8 编码,所有消息均应符合 Schema 定义。为保证消息可以通过 Schema 验证,签名信息以注释的形式保存在消息文件结尾部分,其结构见图 19-4。

签名信息以 XML 注释的方式放在消息文件的结尾部,不会对消息的 Schema 验证及解析产生任何影响,其格式为 <!--[CheckSum = CA,校验长度,签名结果]-->。

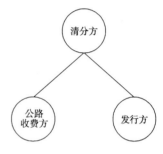

图 19-3 参与方简化结构图

图 19-4 签名信息 16 进制串仅为示例。该结果针对以上示例的消息文件的前 593 个字节计算所得。消息本身的结尾标记 </Message> 与签名信息的起始标记 <!-- 之间可以有多个空行,只要校验长度定义正确即可。

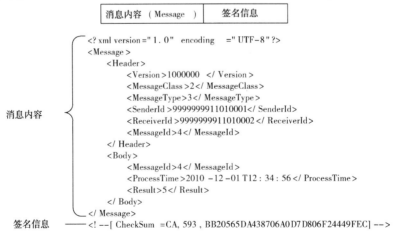

图 19-4 消息文件结构示意图

签名信息字符串中 <!-- 和 --> 是 XML 注释部分开始及结束符。方括号之间是签名信息,其中 CheckSum 为校验标记,CA 表示认证方法,这两者大小字敏感;校验长度与文件名中使用的校验长度相同,为 10 进制;签名结果为 16 进制字符串(大小写均可)。认证方法、校验长度和签名结果串之间以半角","分隔。

签名信息的生成应符合以上格式,在一行内完成,不得插入包括空格等分隔符在内的任何其他内容。

签名信息必须出现且仅出现一次,否则认为认证不通过。

消息文件的具体认证校验方法见本章 19.1.2.6。

2 消息内容的数据存储形式

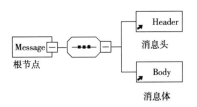

图 19-5 消息基本结构示意图

所有传输的数据均采用 XML 存储,使用 UTF-8 编码,基本结构见图 19-5。

所有消息,包括用于确认信息的消息均使用以上基本结构。

消息包含消息头 Header 和消息体 Body。所有消息的消息头结构相同,仅使用的具体数值根据其不同应用有所区别。不同应用的消息体内部结构不同。

若未明确说明,所有整数类型的值均采用十进制,所有表示金额的节点均采用十进制并精确到分,如 123.45 表示一百二十三元四角五分。

所有数据结构以 Schema 形式定义。所有 XML 数据必须能够通过对应 Schema 的合法性验证。

3 数据结构定义

所有传输中的消息,均通过 Schema 定义文件结构。所有根据 Schema 生成的 XML 文件,必须是合法的。

Schema 文件仅定义文件结构,不对数据的逻辑合法性进行验证。

Schema 定义中使用的标签名称(tag)与数据库定义使用的字段名没有必然关系。数据库定义时可以采用不同的名称表示 Schema 定义的内容。

4 数据类型

Schema 中用于定义 XML 结构的部分数据类型说明见表 19-1。

表 19-1 XML 数据类型说明

XML 数据类型	说 明	示 例
Short	2 字节整数,以 10 进制表示	
Int	4 字节整数,以 10 进制表示	
Long	8 字节整数,以 10 进制表示	
Date	日期	YYYY-MM-DD,如 2008-01-25
DateTime	时间,采用 24h 表示法,以字符"T"作为日期与时间的分隔符,精确到秒	YYYY-MM-DDTHH:mm:ss,如 2008-01-25T15:33:46
HexBinary	在后文定义中简略为 Hex(n),以 16 进制数字对的方式表示一串字节数组的内容,高位在前,低位在后。n 为长度,每两个 16 进制表示 1 个字节,所以,n 必定是偶数。不足规定长度的,左补 0。Schema 定义本身不规定 Hex 的长度(只要保证是偶数),长度控制由应用程序负责	001a345f 表示 0x001a345f。若使用 01a345f 则在验证 XML 文件合法性时会产生错误,因为数字串的长度是 7,不是偶数长度
Decimal	以 10 进制表示的浮点数	如 1340.56 等
String	字符串,为表示长度,在后文定义时使用 String(n)进行表示。n 为字符串最终存储的最大字节数。超过定义长度的部分将不被接收方处理。若省略 n,表示不规定字符串长度	

在消息定义中的 BCD 码通过 HexBinary 表示。

19.1.2.3 消息头

消息头结构示意见图19-6。

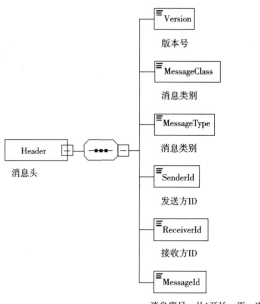

图 19-6 消息头结构示意图

消息头是所有消息均包含的第一个节点,表示消息的身份及用途,数据类型及意义见表19-2。

表 19-2 消息头的数据说明

名 称	数据类型	取 值 说 明
Version	Int	版本号,以10进制表示。从高到低前4位表示主版本号,中间3位表示次版本号,最后3位是修改号。如0001000000 表示版本1.0.0
MessageClass	Int	说明消息传输的机制
MessageType	Int	说明消息的应用类型
SenderId	Hex(16)	发送方ID,在整个系统中唯一
ReceiverId	Hex(16)	接收方ID,在整个系统中唯一
MessageId	Long	消息序号,从1开始递增,每次加1。消息序号由发送方维护

SenderId、ReceiverId 及 MessageId 的组合,是一条消息在整个系统内的唯一身份标识。在一个消息从最初的发送方到最终接收方的传输过程中,Version、MessageClass 和 MessageType 均不会改变。转发消息的参与方仅替换 SenderId、ReceiverId 及 MessageId。

例如,某公路收费方 ID 为1,其所在省(区、市)清分方 ID 为2,区域清分方 ID 为3,另一省(区、市)清分方 ID 为4,另一省(区、市)的发行方 ID 为5,则公路收费方的交易消息包在逐级转发的过程中 SenderId,ReceiverId 和 MessageId 变化见表19-3。

表 19-3 消息逐级转发变化过程

传 输 阶 段	SenderId	ReceiverId
公路收费方到本省(区、市)清分方	1	2
本省(区、市)清分方到区域清分方	2	3
区域清分方到另一省(区、市)清分方	3	4
另一省(区、市)清分方到该省(区、市)发行方	4	5

在整个过程中,MessageId 各个发送方自行控制。

MessageClass 以 4 字节整型表示,见表 19-4。

表 19-4 MessageClass 定义说明

名 称	值	说 明
请求 Request	1	接收方需返回处理结果
请求应答 Request Response	2	
建议 Advice	3	接收方需指明是否接受发送方的建议,返回信息简单
建议应答 Advice Response	4	
通知 Notification	5	接收方仅需指明接收是否正确
通知应答 Notification Response	6	

以 C#定义为:

```
public enum MessageType
{
    Request = 1,
    RequestResponse,
    Advice,
    AdviceResponse,
    Notification,
    NotificationResponse
}
```

MessageType 以 4 字节整型表示,见表 19-5。

表 19-5 MessageType 定义说明

名 称	值
服务列表 Servcie List	1
价目表 Fare Products List	2
用户信息 Customer Details	3
分账规则 Apportionment Rules	4
对账总金额 Reconciliation Totals	5
授权 Authorization	6
交易 Transaction	7
报告已发送 Report Sent	8
密钥管理 Key Management	9
状态名单 Status List	10
设备状态 Equipment Status	11
例外事件 Event Exception	12
接受付费方式 Payment Method Acceptance	13
参与方信息 Operator List	14
区域联网保留	15～20000
本地自定义	20001 以上

以 C#定义为：
```
public enum MessageClass
{
    ServiceList = 1,
    FareProductsList,
    CustomerDetails,
    ApportionmentRules,
    ReconciliationTotals,
    Authorization,
    Transaction,
    ReportSent,
    KeyManagement,
    StatusList,
    EquipmentStatus,
    EventException,
    PaymentMethodAcceptance,
    OperatorList,
    LocalCustomized = 20001
}
```

19.1.2.4 消息体

消息体结构示意见图 19-7。

消息体包含一个可选属性 ContentType 和多个内容对象。

消息头中的 MessageClass 说明消息传输、应答的方式；MessageType 说明消息内容所属应用分类；ContentType 说明在 MessageType 确定的应用中的具体分类。

并不是所有消息体均有 ContentType 属性。如果某 MessageType 下仅传递一种信息，则该类消息的消息体忽略 ContentType 属性。

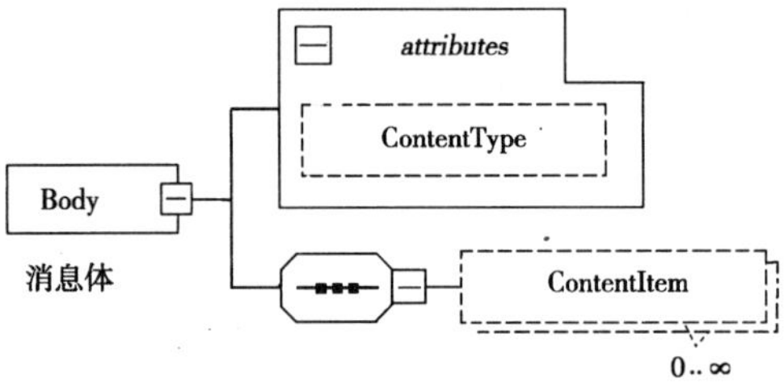

图 19-7 消息体结构示意图

19.1.2.5 消息文件的命名规则

SenderId（发送方 ID,16 进制,不足左补 0）+ '_' + ReceiverId（接收方 ID,16 进制,不足左补 0）+ '_' + MessageId（消息包 ID,10 进制）+ '_' + 待校验的二进制长度（10 进制）+ 文件扩展名。

不使用压缩的原始数据文件,文件扩展名为'.XML',压缩后的扩展名为'.ZIP'。

压缩算法为 LZ77 算法,压缩针对整个消息文件进行,包含消息本身及其签名信息。

每一个压缩文件仅包含一个原始数据文件。压缩文件与原始数据文件除扩展名不同外,文件名部分完全相同。

19.1.2.6 消息文件认证校验方法

1 生成消息文件

1）按消息格式定义,生成消息,并转换为 UTF-8 编码的二进制串。

2）取得该二进制串的长度,用于文件命名。

3）计算消息数据二进制串的 MD5 值。

4）调用签名服务,对 MD5 值计算签名结果。该结果以 16 进制字符串表示。

5)将校验长度和签名结果组合到签名信息串中:<！--[CheckSum = CA,校验长度,签名结果]--＞。

6)将该字符串转换为 UTF-8 二进制串附于消息二进制串尾部。

7)将所有二进制数据写入文件,并命名。

2 校验消息文件

签名信息的校验过程如下:

1)分析消息文件名,取得校验长度。

2)读入消息文件的全部二进制数据。

3)将读入的二进制数据按校验长度分为两部分:消息二进制数据和签名信息二进制数据。

4)转换签名信息二进制数据为字符串。

5)取得签名信息中的签名结果。

6)计算消息二进制数据的 MD5 值。

7)调用签名服务,确认签名结果的有效性。

签名验证成功后,将消息二进制数据转换为 XML 数据,进行后续处理。

19.1.2.7 传输控制

发送方与接收方的数据传输采用一问一答方式。发送方在规定时间内未接收到接收方的应答需通过自动重发、手动重发或文件导入/导出功能将数据传送到接收方。重发消息、导出消息的 MessageId 保持不变。

接收方向发送方发送的确认消息不再等待对方回应,因此也不必重发。

超时时间以分钟为单位,范围为 1~60,默认值为 5。

默认自动发送次数为 3 次(即自动重发 2 次)。若经过自动重发后仍未得到接收方的回应,则应报警由人工处理。

以上默认值均应可通过参数配置进行调整。

1 通用确认消息结构

1)应用范围

接收方收到发送方的消息后,必须给予发送方回应。不同的 MessageClass、MessageType 所使用的返回消息结构不尽相同。但如果消息结构不正确(例如 MessageClass 值未定义)等无法通过校验的情况发生时,接收方需通知发送方消息异常。此时需使用通用确认消息结构。另外,对某些消息的回应相对简单,也使用通用确认消息结构发送。

各消息的详细回应说明请参见相关章节。

2)消息头

通用确认消息头说明见表 19-6。

表 19-6 通用确认消息头说明

名 称	数据类型	取 值 说 明
MessageClass	Int	若所接收消息的 MessageType 有效,使用与其对应的 response 值;否则使用所接收消息的 MessageClass 的 response 值加 1
MessageType	Int	

3)消息内容

通用确认消息结构示意见图 19-8。

Body 的 ContentType 属性是可选的,在消息头 MessageClass 和 MessageType 的基础上进一步指出响应的是哪一类消息,与所回应的消息的 ContentType 保持一致。Body 各个子节点说明见表 19-7。

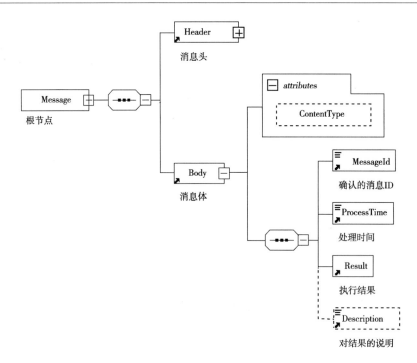

图 19-8　通用确认消息结构示意图

表 19-7　通用确认消息内容子节点说明

名　称	数据类型	取　值　说　明
MessageId	Long	当前消息所确认的消息 ID
ProcessTime	DateTime	处理时间
Result	Short	执行结果： 1：消息已正常接收（用于 Advice Response 时含已接受建议）。 2：消息头错误，如 MessageClass 或 MessageType 不符合定义，SenderId 不存在等。 3：消息格式不正确，即 XML Schema 验证未通过。 4：消息格式正确但内容错误，包括数量不符、内容重复等。 5：消息重复。 6：消息正常接收，但不接受建议（仅用于 Advice Response）。 7：消息版本错误。 8～20000：区域联网保留。 20001 以上：本地自定义
Description	String(100)	对返回结果的说明。例如对于结果 4，在说明应指出具体的错误原因

2　通用重发请求消息结构

1）应用范围

应用于数据接收方向数据发送方请求重发某些数据。

2）消息头

通用重发请求消息头说明见表 19-8。

表 19-8　通用重发请求消息头说明

名　称	数据类型	取　值　说　明
MessageClass	Int	1，Request
MessageType	Int	请求重发的数据类型对应的 MessageType

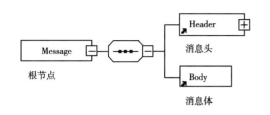

图19-9 通用重发请求消息结构示意图

3)消息内容

通用重发请求消息结构示意见图19-9。

通用重发请求消息中没有更多的数据,其Body为空。

3 名单数据的版本控制

1)应用范围

用户状态名单及基础信息等所有经常变动的数据。

2)名单形式

名单数据会随着系统运行不断更新。所有名单类数据的更新方式分为整体更新和增量更新两类。

整体更新是数据包包含系统当前所有名单记录,接收方通过删除原有名单,直接使用接收到的新名单即可达到名单同步的目的。

增量更新是发送方只告知接收方发生数据内容改变的记录,接收方根据增量内容修改其现有名单从而达到数据同步。

3)名单顺序

整体下发是静态的。使用该方式可以保证发送方与接收方名单数据的同步,但每当名单发生变化时都使用整体形式下发会降低系统效率,因为大部分名单数据在两次下发之间是没有变化的。

增量下发是动态的,相对整体下发数据量少,适合及时通知接收方名单的改变。

通过以上两种方式可以有效地同步发送方与接收方的名单数据,但这种方式对发送顺序与接收顺序要求十分严格。如果接收顺序与发送顺序不同,会使数据更新异常。大多数中间件均不能保证消息的发送顺序与接收顺序相同,所以在名单数据中,以版本号表示发送的先后顺序。版本号从1开始,每次加1,增量名单和整体名单使用同一递增序列。生成名单数据的参与方负责版本号。

4)主动发送的版本处理

(1)处理规则

发送方保证版本号逐一递增。接收方校验版本号,并根据版本号及名单形式执行相应处理。

设接收方已处理的版本号为OldVer,刚刚接收的名单版本号为NewVer,处理规则如下:

①若NewVer≤OldVer,说明当前使用的名单比接收到的名单版本更新,所以直接忽略接收到的名单。否则,转至下一步。

②如果新接收的名单是整体名单,则只要NewVer > OldVer则可直接处理接收到的名单,清除在第3步中临时保存的版本小于或等于NewVer的名单,完成后更新OldVer的值,即设置OldVer = NewVer。

③如果新接收的名单是增量名单,则只有NewVer = OldVer + 1时方可立即处理,并更新OldVer的值后结束处理。否则临时保存该名单直到合适的名单(NewVer = OldVer + 1的增量名单或NewVer > OldVer的整体名单)到达。等待时间可设定。若等待一段时间后仍没有合适的名单,则向发送方请求重发名单(如果以前已经发送过整体名单请求重发消息且没有收到回复则不发送);之后收到的名单分别按第②或③步处理。

(2)示例

名单处理示例流程见图19-10。

图19-10中未包含退出等待状态,说明见下文示例。

"处理名单"包括的操作有:

①根据名单更新本地数据库。

②删除临时保存的版本号小于NewVer的名单。

③如果仍有临时保存的名单中存在,版本连续且与NewVer相邻,则循环处理这些名单。

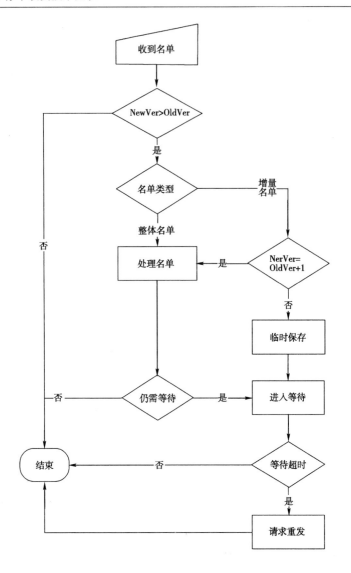

图 19-10 名单处理示例流程图

④更新 OldVer 值为最大已处理名单的版本号。

处理完成后临时保存的只有版本号大于 OldVer + 1 的名单。

等待状态中可以继续接收消息并处理。

示例:当前已处理的状态名单版本为 3,之后收到的版本顺序为:6(增量),7(增量),4(增量),9(增量),8(整体),10(回复请求重发的整体名单),5(增量)。

处理过程为:

①收到版本为 6 的名单:临时保存,进入等待状态(假设等待时间结束为收到版本为 9 的名单之后)。

②收到版本为 7 的名单:临时保存,保持原等待状态。

③收到版本为 4 的名单:处理此名单,更新 OldVer 为 4,因为临时保存的名单显示仍缺版本为 5 的名单,所以不改变等待状态。等待时钟重新计时(假设等待时间结束仍为收到版本为 9 的名单之后)。

④收到版本为 9 的名单:临时保存,保持原等待状态。

⑤等待结束,为及时得到最新的名单,发送名单请求重发消息给发送方。

⑥收到版本为 8 的整体名单:处理此名单,更新 OldVer 为 8,删除临时保存的版本为 6 和 7 的名单,不对这两个名单进行处理。

⑦处理临时保存的版本为9的名单,更新OldVer为9,退出等待状态。
⑧收到版本为10的回复名单:处理此名单,更新OldVer为10。
⑨收到版本为5的名单:忽略。

5)响应请求重发的版本处理

名单接收方可以向名单发送方请求发送当前完整的名单信息。名单的发送方有两类:一类是名单的产生方,即产生用户状态名单的发行方;另一类是名单的转发方,即清分方。这两类参与方在接收到请求重发名单后,处理规则相同:

(1)被请求方接收到重发请求后,根据本地数据产生整体名单,并使用正在使用最新的版本号作为名单的版本号。

(2)接收方已处理的版本号为OldVer,刚刚接收的重发请求回应名单版本号为NewVer,处理规则如下:

若NewVer < OldVer,说明当前使用的名单比接收到的名单版本更新,所以直接忽略接收到的名单。否则,因为重发请求回应是整体名单,所以直接处理接收到的名单并更新OldVer,删除所有临时保存的名单。

19.1.2.8　名单数据的有效期

名单数据根据生效期应能保存多个版本。

19.1.2.9　参与方ID

在消息交换中使用的发送方ID、接收方ID,以及消息中包含的公路收费方ID、发行方ID及清分方ID均可以8字节整数存储,在整个系统内唯一。

前4字节省内自定义,对于跨省数据接口前4字节为99999999。

第5个字节标识区域中心或省级参与方ID,统一使用省级行政区划代码的压缩BCD码表示,如:11 北京,12 天津,13 河北。对于区域清分,使用约定代码,如京津冀区域联网电子收费清分中心的代码是01。

第6个字节为参与方类型:01为发行方,02为清分方,03为公路收费方,04为收费代理方。

第7、8字节为机构序号,从1开始。

在XML中,参与方ID表现为16位长的16进制字符串,数据类型为HexBinary,不足16位左侧补0。相应XML报文值十六进制显示值见表19-9。

表19-9　参与方ID编码说明

参 与 方	代 码	说 明
区域		
京津冀清分中心	9999 9999 01 02 0001	清分方
北京		
首发路网	9999 9999 11 03 0001	公路收费方
华北高速	9999 9999 11 03 0002	
机场高速	9999 9999 11 03 0003	
京通快速	9999 9999 11 03 0004	
快通公司	9999 9999 11 01 0001	发行方
北京清分中心	9999 9999 11 02 0001	清分方
天津		
天津路网	9999 9999 12 03 0001	公路收费方
天津发行	9999 9999 12 01 0001	发行方
天津清分	9999 9999 12 02 0001	清分方

续上表

参 与 方	代 码	说 明
河北		
河北路网	9999 9999 13 03 0001	公路收费方
河北发行	9999 9999 13 01 0001	发行方
河北清分	9999 9999 13 02 0001	清分方

19.1.2.10 卡 ID 及卡类型

卡类型主要分为 CPU 用户卡和 OBU。

CPU 用户卡 ID 在本系统中的唯一性表示为：CPU 用户卡卡号，即卡片网络编码(2B) + 卡片内部编号(8B)。CPU 用户卡卡号的编码规则见第二部分"1 关键信息编码"。

OBUID 在本系统中的唯一性表示为：OBU 序号(8B)。OBU 序号编码规则见第二部分"1 关键信息编码"。

在 XML 文件中，均以 HexBinary 表示，不足位数左侧补 0。

19.1.3 交易处理

19.1.3.1 应用范围

交易处理是公路收费交易从公路收费方到清分方(含本地清分方及区域清分方)，再到发行方的整个传输、记账、争议处理、清分统计、结算划账等各个过程的总和。本节说明在整个处理过程中使用的消息结构及处理流程等。

所有交易消息的接收方均需通过通用确认消息通知发送方消息接收结果。该确认消息仅表示接收方是否正确收到交易消息包，不表示这些交易是否被正确记账。

除清分与结算外，其他数据在区域清分方及省(区、市)清分方之间仅为转发关系。因此，为简化描述，后文中若未明确说明，均以体系结构中的简单结构对交易处理过程进行说明。

19.1.3.2 处理规则

1 生成交易数据包

交易记录在整个系统中打包传送。一个交易包中包含多条交易记录。发行方应以包为单位处理交易。为保证发送及数据库处理速度，一个交易包中的数据量最多为 1 万条交易，超过 1 万条交易需分别打包发送。

公路收费方应按照产生交易的发行方分别打包上传，即每个交易数据包中仅能包含一个发行方用户产生的交易。

2 交易处理

跨区交易的处理与本地交易处理流程相同，仅多一级区域清分转发，见图 19-11。

1) 公路收费方根据产生交易的 CPU 用户卡的发行方 ID 生成原始交易包发送给清分方。不同发行方用户产生的交易包含在不同的原始交易包中。

2) 清分方转发给产生交易的 CPU 用户卡所属的发行方。

3) 发行方对接收到的原始交易进行记账处理，包括对交易的认证及确认是否可以从用户账户中扣除通行费。原始交易包中的交易处理结果为两类：确认付款或争议交易。记账结果信息包与原始交易包一一对应。

4) 发行方将记账结果发送给清分方。

5) 清分方根据记账结果更新本地保存的数据。

6) 清分方将记账结果转发给对应的公路收费方。

7) 公路收费方根据记账结果更新本地保存的数据。

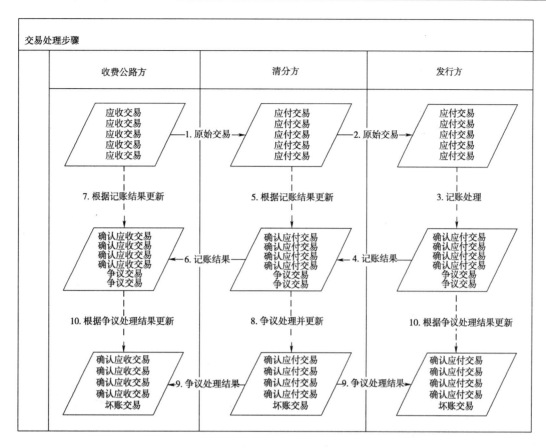

图 19-11 交易处理流程图

经过以上处理,在各参与方系统中,每一个交易包所含的交易必定处于两种状态之一:确认付款或争议交易。确认付款的交易状态为最终状态,不会再发生变化;争议交易由清分中心协调各参与方进行处理。

1)争议交易由清分方负责协调处理。生成的结果由清分方输入,产生报表由涉及争议的公路收费方和发行方盖章确认。

2)经过各方确认后的争议处理结果为最终结果,所处理的交易最终被确定为确认付款或坏账状态,不会再发生变化。清分方将处理结果发送给涉及争议的公路收费方和发行方。

3)公路收费方和发行方根据争议处理结果更新本地数据。

一次争议处理仅可以处理一个发行方和一个公路收费方的争议交易。一次争议处理可以处理属于这一组发行方和公路收费方的多个原始交易包中的所有或部分争议交易,每个交易包中的争议交易可以分多次处理。

经过以上过程,除尚未处理的部分争议交易外,所有交易记录均处于确认付款或坏账状态。

3 清分

1)清分范围

清分方根据各自的清分范围(本地或跨区),每天统计如下交易:

(1)在执行清分时,清分方系统中所有已由发行方记账确认的,未参与过清分的清分目标日早于清分日的交易记录。清分时仍未收到的交易,或交易已收到但尚未得到发行方记账确认的交易,或已确认但清分目标日大于或等于清分日的交易将推迟后到下一清分日处理。

(2)在执行清分时,清分方系统中所有未参与过清分的,处理时间早于清分日的争议交易。

(3)在执行清分时,清分方系统中所有未参与过清分的,处理时间早于清分日的异常退费交易。

清分结果不能更改。清分结果所包含的交易与该交易的发生时间,上传时间,记账时间等没有直接逻辑关系。

2)清分过程

一级清分:区域清分方按规则清分所有跨区域的交易,并将清分结果下发省(区、市)清分方。

二级清分:省(区、市)清分方按规则清分本省(区、市)内用户在本省(区、市)内的交易。同时合并上级清分结算中心下发的清分结果,下发给本省(区、市)内的发行方及路方。上级清分结果若未能及时到达,则累计到下一日进行清分合并。通过以上步骤,保证每日仅有一份清分结果发送给发行方和公路收费方,且该结果包含本地和跨区交易。

图 19-12 以本地清分举例说明。

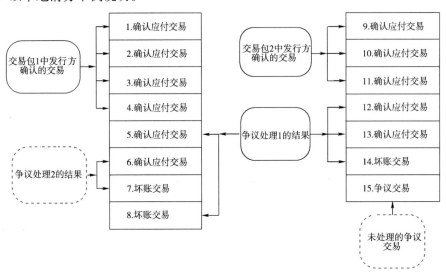

图 19-12 本地清分示例图

假设交易包 1、2 和争议处理结果 1、2 均未进行过清分,则清分结果包含交易 1～14。交易 15 尚未进行过处理,所以直到争议处理后再进行清分。

4 结算

1)结算范围

执行结算时所有已清分但仍未曾结算的交易。

2)结算过程

一级结算:区域清分方在结算日执行结算操作,生成包含各路方、发行方收/付款金额及各省(区、市)清分方之间差额付款信息的结算结果,下发到各省(区、市)清分方。

二级结算:原则上,省(区、市)结算周期可与区域结算周期不同。二级结算分为两部分:

(1)省(区、市)清分方在结算日针对本地交易执行结算操作,生成包含各路方、发行方收/付款金额的结算结果,下发到本省(区、市)内的路方及发行方,由发行方执行付款操作。

(2)省(区、市)清分方接收到上级清分方的结算结果后,根据其包含的各路方、发行方收/付款信息,生成针对本地发行方及公路收费方的跨区交易结算结果,下发到本省(区、市)内的路方及发行方,由发行方执行付款操作。

省(区、市)清分方接收到上级清分方的结算结果后,按该结果的差额付款信息执行付款操作。

5 消息确认

在交易处理过程中传输的数据包,均通过通用确认消息进行确认,具体说明见后文说明。

19.1.3.3 确认消息结构

1 应用范围

接收方与发送方之间对交易消息、清分消息等消息的应答均使用通用确认消息结构。确认消息返回正确时仅表示正确接收,并不包含详细的处理结果。若接收异常,通过确认消息中的 Result 和

Description,可得到错误信息。

2 消息头

确认消息头说明见表 19-10。

表 19-10 确认消息头说明

名 称	数 据 类 型	取 值 说 明
MessageClass	Int	6,Notification Response
MessageType	Int	5,Reconciliation Totals 7,Transaction

当确认交易记录、争议处理结果和异常交易退费时,MessageType 为 7;确认记账、清分、结算消息时,MessageType 为 5。具体确认的是哪一个子类的消息,由 Body 的 ContentType 说明。

19.1.3.4 原始交易消息结构

1 应用范围

由公路收费方经清分方发送给发行方的原始交易数据。交易数据的发送方向是:公路收费方→清分方(含本地及区域清分方)→发行方,各个阶段的传输使用相同的消息结构。

2 消息头

原始交易消息头说明见表 19-11。

表 19-11 原始交易消息头说明

名 称	数 据 类 型	取 值 说 明
MessageClass	Int	5,Notification
MessageType	Int	7,Transaction

3 消息内容

原始交易消息包结构示意见图 19-13。

交易信息中,Body 的各个子节点说明见表 19-12。

表 19-12 原始交易消息体子节点说明

名 称	数 据 类 型	取 值 说 明
ContentType	Int	1
ClearTargetDate	Date	清分目标日
ServiceProviderId	Hex(16)	公路收费方 ID,表示消息包中的交易是由哪个公路收费方产生的
IssuerId	Hex(16)	发行方 ID,表示产生交易记录的电子介质所属的发行方
MessageId	Long	公路收费方生成的交易消息包 ID
Count	Int	本消息包含的记录数量,大于 0
Amount	Decimal	交易总金额,大于或等于 0
Transaction		多条交易信息

公路收费方按照电子介质所属的发行方,将原始交易分组打包,发送给清分方。清分方按交易包中指明的发行方将交易提交给对应对发行方(含经区域清分方转发)处理。在同一个交易包中,不能包含属于不同发行方发行的 CPU 用户卡所产生的交易。

在整个传输过程中,消息包的 MessageId 会发变化。为保证发行方能正确对应公路收费方的原始交易包,公路收费方在生成原始交易消息时应将该消息的 MessageId 值保存在 Body 的子节点 MessageId 中。即公路收费方生成的原始交易消息中,Header 的子节点 MessageId 与 Body 的子节点 MessageId 的值相同。在其他传输阶段,这两个值可以不同。

每个交易包中包含至少一条交易记录,最多不超过 1 万条交易记录,若超过 1 万条交易,需分别

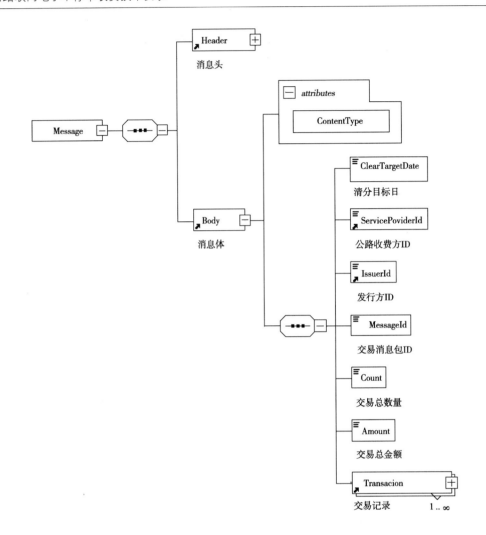

图 19-13 原始交易消息包结构示意图

打包发送。

交易包中包含原始交易记录。交易记录的格式见图 19-14。

交易记录的属性说明见表 19-13。

表 19-13 交易记录属性说明

名 称	数据类型	取 值 说 明
TransId	Int	是由公路收费方产生的该包内顺序 Id，从 1 开始递增。在公路收费方、清分方、发行方三方的交易通信过程中均采用此 Id 表示包内唯一的交易记录。通过 MessageId 与 TransId，可以在系统中唯一确定一条交易
Time	DateTime	交易的发生时间，需参加 TAC 计算
Fee	Decimal	交易的发生金额，以元为单位，大于或等于 0
Service		服务信息
ICCard		CPU 用户卡信息
Validation		与校验相关的信息
OBU		参加交易的电子标签信息
CustomizedlData	String	特定发行方与公路收费方之间约定格式的交易信息

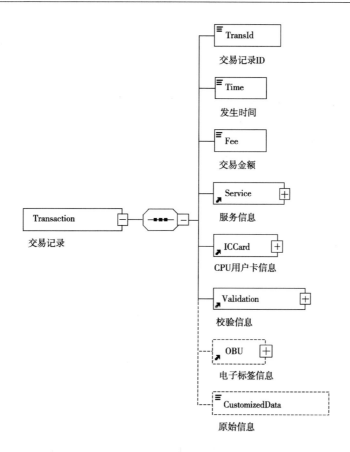

图 19-14　原始交易结构示意图

为了给用户提供完整的消费清单,即使消费金额为 0,也应将交易信息发送给发行方。

服务信息 Service 的结构见图 19-15,说明见表 19-14。

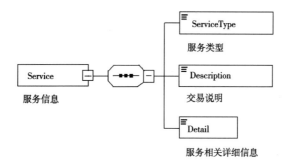

图 19-15　服务信息结构示意图

表 19-14　服务信息结构说明

名　　称	数 据 类 型	取　值　说　明
ServiceType	Short	交易的服务类型,取值见"19.1.5 基础信息维护"中相关说明
Description	String(50)	对交易的文字解释。 如:回龙观北入至清河主出
Detail	String(500)	交易详细信息

Detail 可以包含多个与交易相关的细节字段,每个字段以"|"分隔。

不同的服务类型,Detail 的格式不同。在本版本中,仅针对公路收费交易定义 Detail 的服务类型。Detail 中各取值定义,引用自《收费公路联网收费技术要求》。表示数值类型的数据,均为十进制表示。

Detail 字段结构见表 19-15。

表 19-15 Detail 字段结构说明

名　称	取　值　说　明	
收费车型	1-一型车;2-二型车;3-三型车;4-四型车;5-五型车;6-六型车; 7～10:自定义; 11～20:用于计重收费货车车型分类。其中, 11-一型车;12-二型车;13-三型车;14-四型车;15-五型车;16-六型车;17～20:自定义计重货车车型; 21～50:自定义 50～255:保留给未来使用	
出口类型	00-保留;02-封闭 MTC 出口;04-封闭 ETC 出口;05-MTC 开放式; 06-ETC 开放式;07～0F 自定义;10～FF 保留给未来使用	
出口路网号		
出口站/广场号		
出口车道号		
出口时间	YYYYMMDD HHMMSS	
入口类型	00-保留;01-封闭 MTC 入口;03-封闭 ETC 入口;07～0F 自定义;10～FF 保留给未来使用	出口类型为 MTC 开放或 ETC 开放时省略入口信息
入口路网号		
入口站/广场号		
入口车道号		
入口时间		

CPU 用户卡信息结构见图 19-16,说明见表 19-16。

表 19-16 CPU 用户卡信息取值说明

名　称	数据类型	取　值　说　明
CardType	Short	卡类型,22 为储值卡,23 记账卡
NetNo	Hex(4)	网络编码,BCD 码
CardId	Hex(16)	CPU 用户卡物理编号(发行号),BCD 码
License	String(12)	0015 文件中记录的车牌号
PreBalance	Decimal	交易前余额,以元为单位
PostBalance	Decimal	交易后余额,以元为单位

清分方原则上不处理 Validation 和 CustomizedData 中的数据。

Validation 中的数据主要用于 TAC 计算，结构见图 19-17，说明见表 19-17。

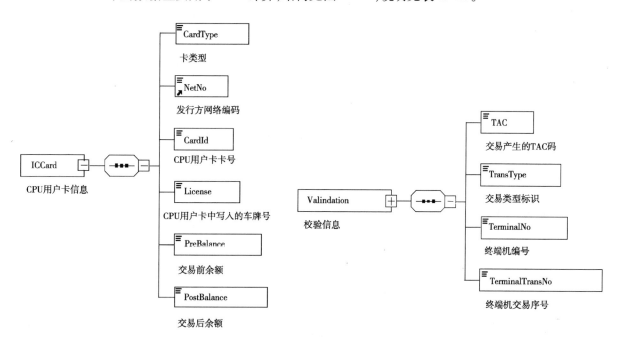

图 19-16　CPU 用户卡信息结构示意图　　　　图 19-17　校验信息结构示意图

表 19-17　校验信息取值说明

名　称	数据类型	取　值　说　明
TAC	Hex(8)	交易时产生的 TAC 码，8 位 16 进制数
TransType	Hex(2)	交易标识，2 位 16 进制数，PBOC 定义，如 06 为传统交易，09 为复合交易
TerminalNo	Hex(12)	12 位 16 进制数，即 PSAM 号，PSAM 中 0016 文件中的终端机编号
TerminalTransNo	Hex(8)	8 位 16 进制数，PSAM 卡脱机交易序号，在 MAC1 计算过程中得到

TAC 的计算方法见 JR/T 0025。TAC 计算所需字段在该规范中定义与本消息结构的关系见表 19-18。

表 19-18　TAC 计算所需字段取值说明

名　称	数据类型	取　值　说　明
交易金额	Hex(8)	8 位 16 进制数，以分为单位，需根据 Transaction.Fee 转换
交易类型标识	Hex(2)	2 位 16 进制数，取值为 TransType
终端机编号	Hex(12)	12 位 16 进制数，取值为 TerminalNo
终端机交易序号	Hex(8)	8 位 16 进制数，取值为 TerminalTransNo，记账卡不需此字段
终端交易日期	Hex(8)	8 位 16 进制数，BCD 码，YYYYMMDD，根据 Transaction.Time 转换
终端交易时间	Hex(6)	8 位 16 进制数，BCD 码，HHMMSS，根据 Transaction.Time 转换

如果交易是通过 ETC 车道产生的,需附加电子标签信息,格式见图 19-18,说明见表 19-19。

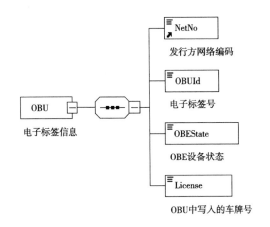

图 19-18　电子标签信息结构示意图

表 19-19　电子标签信息取值说明

名　　称	数 据 类 型	取　值　说　明
NetNo	Hex(4)	网络编码,BCD 码
OBUId	Hex(12)	OBU 物理编号(发行号),BCD 码
OBEState	Hex(4)	2 字节的 OBU 状态
License	String(12)	OBU 中记录的车牌号

无论产生 ETC 交易的 CPU 用户卡与 OBU 是否属于同一发行方,均应传送 OBU 信息。

19.1.3.5　记账处理消息结构

1　应用范围

记账消息是由发行方处理公路收费方原始交易包的结果。对每一个收费方原始交易包,发行方均返回且仅返回一个记账处理结果。

清分方接到记账处理后要转发到相应公路收费方。记账数据的发送方向是:发行方→省(区、市)清分方,省(区、市)清分方→区域清分方,区域清分方→省(区、市)清分方,省(区、市)清分方→公路收费方,各个阶段的传输使用相同的消息结构。

2　消息头

记账消息头取值说明见表 19-20。

表 19-20　记账消息头取值说明

名　　称	数 据 类 型	取　值　说　明
MessageClass	Int	5,Notification
MessageType	Int	5,Reconciliation Totals

3　消息内容

记账消息内容结构示意见图 19-19。

记账消息 Body 的各个子节点说明如见表 19-21。

第二部分 技术要求

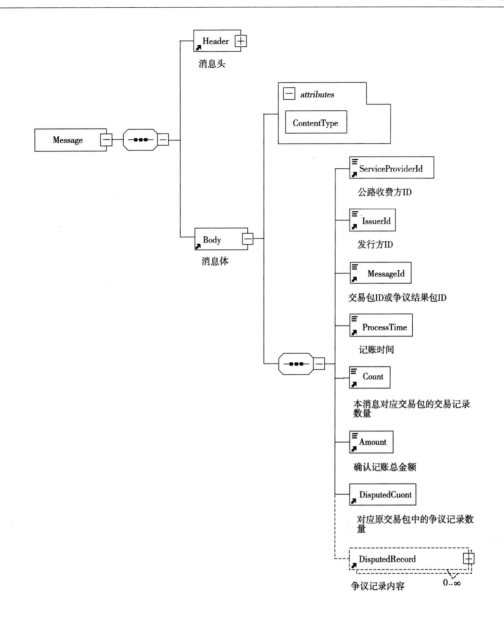

图 19-19 记账消息内容结构示意图

表 19-21 记账消息体子节点取值说明

名 称	数据类型	取 值 说 明
ContentType	Int	始终为1，与原始交易消息相对应
ServiceProviderId	Hex(16)	公路收费方 ID，指明当前记账消息针对的是哪一个公路收费方
IssuerId	Hex(16)	发行方 Id，说明记账消息是哪一个发行方产生的
MessageId	Long	表示是针对哪一个公路收费方的交易包。取值为原始交易包消息体中 MessageId 的值
ProcessTime	DateTime	记账时间
Count	Int	本消息对应的原始交易包中交易数量，大于0

— 223 —

续上表

名　　称	数据类型	取　值　说　明
Amount	Decimal	确认记账总金额,大于或等于0
DisputedCount	Int	本消息包含的争议交易数量,大于或等于0
DisputedRecord		争议交易明细

记账处理结果仅返回有争议的交易记录明细。未包含在争议交易记录明细中的交易,均默认为发行方已确认可以付款。Count 与 DisputedCount 之差即为本次记账确认付款的交易记录数量。

争议记录的格式见图19-20,说明见表19-22。

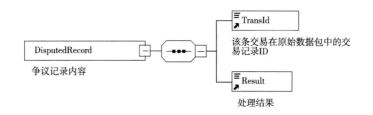

图 19-20　争议记录结构示意图

表 19-22　争议记录取值说明

名　　称	数据类型	取　值　说　明
TransId	Int	表示该条交易在原始数据包中的交易记录 ID
Result	Short	处理结果,详细解释见表19-23

记账处理结果 Result 定义见表19-23。

表 19-23　记账处理结果取值说明

取　值	说　　明
1	验证未通过(如:TAC 错误)
2	重复的交易信息
3	表示对此交易有疑义,由于用户状态变化拒付(如在状态名单中已经是挂失等)
4	无效交易类型
5	逾期超过设定值
6	交易数据域错
7	超过最大交易限额
8	卡号不存在
9	卡状态不匹配
10	卡超过有效期

续上表

取 值	说 明
11	不允许的交易
12	卡片序列号不匹配
13	测试交易
14	卡账不符（仅用于储值卡）
15	无效卡类型
16~20000	区域联网保留
20001 以上	本地自定义

4 处理流程

记账交易处理流程示意见图 19-21。

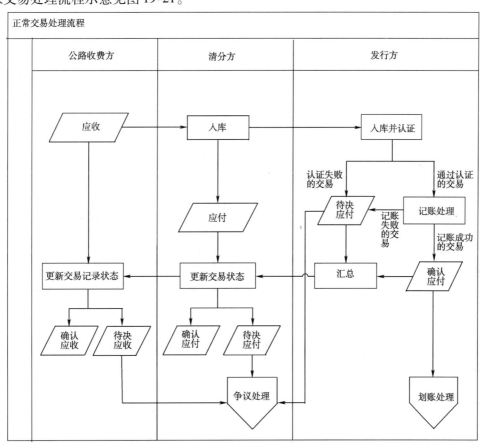

图 19-21 记账交易处理流程示意图

发送方发送交易处理的消息类别（MessageClass）的值都为 5（通知 Notification），此类消息应在发送后一段时间内收到接收方发来的 MessageClass 的值为 6（通知应答 Notification Response）、消息内容中 MessageId 与本消息的 MessageId 相同且 Result 值为 0 的确认消息才算正确发送，否则需要重新发送相同的包或根据 Result 值做相应处理后再发送。

接收方在收到 MessageClass 值为 5 的消息后解包并做完整性和正确性校验后给发送方发送 MessageClass 值为 6 的确认消息。

1）清分方按照交易的发行方将交易发送给相应的发行方做记账处理。

2）发行方对交易认证。未通过认证交易的状态为待决应付，属于争议交易。

3）发行方根据通过认证交易的明细及用户状态记账，把交易状态更改为待决应付或确认应付。

4）发行方合并待决交易及确认应付交易结果，发送给清分方。处理结果中的 MessageId 是公路收费方交易包中的 MessageId。

5）清分方根据发行方提供的记账处理结果更新交易状态。

6）清分方根据 ServiceProviderId 确定公路收费方并将结果发送。

7）公路收费方根据记账处理结果修改原始交易的状态为确认应收或待决应收。

8）对于三方中状态为待决应收或待决应付的交易由三方协商做争议处理。

公路收费方发出的交易包与发行方生成的记账信息包之间的关系如下：

1）公路收费方的交易包与清分方分组转发给发行方的交易包是一对一的关系。清分方不对原始交易包的内容作任何修改。包与包之间的对应关系由公路收费方交易包 Body 下子节点 MessageId 的值确定。

2）交易记录之间的关系由 MessageId 和 TransId 确定。

19.1.3.6 争议交易处理

1 应用范围

争议交易是发行方由于无法正常对用户扣费而产生的交易。争议交易由清分方协调产生交易的公路收费方及交易所属的发行方处理。争议交易处理结果由清分方输入并下达到相关公路收费方及发行方。

争议处理结果消息的发送方向是：区域清分方→省（区、市）清分方，省（区、市）清分方→发行方，省（区、市）清分方→公路收费方，各个阶段的传输使用相同的消息结构。

2 消息头

争议处理消息头取值说明见表 19-24。

表 19-24 争议处理消息头取值说明

名 称	数 据 类 型	取 值 说 明
MessageClass	Int	5，Notification
MessageType	Int	7，Transaction

3 消息内容

争议记录消息内容结构示意见图 19-22。

争议记录与交易记录的 MessageClass 和 MessageType 相同，但 ContentType 不同。Body 各个子节点说明见表 19-25。

表 19-25 争议记录消息体各子节点取值说明

名 称	数 据 类 型	取 值 说 明
ContentType	Int	始终为 2
ClearingOperatorId	Hex(16)	清分方 ID，表示争议是由哪个清分方处理的
ServiceProviderId	Hex(16)	公路收费方 ID，表示争议交易是由哪个公路收费方产生的
IssuerId	Hex(16)	发行方 ID，表示争议交易属于哪一个发行方
FileId	Int	争议结果文件 ID，与 ClearingOperatorId 组合，在系统内唯一。文件 ID 由处理争议交易的清分方维护
ProcessTime	DateTime	争议处理时间
Count	Int	本消息包含的交易记录数量，包括经讨论确认付款和记录和坏账记录数量，大于 0
Amount	Decimal	确认需要记账的总金额，大于或等于 0
MessageList		所处理的争议交易列表

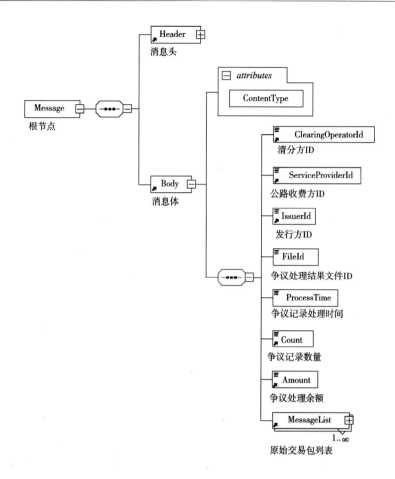

图 19-22　争议记录消息内容结构示意图

争议交易包列表 MessageList 的格式见图 19-23，说明见表 19-26。

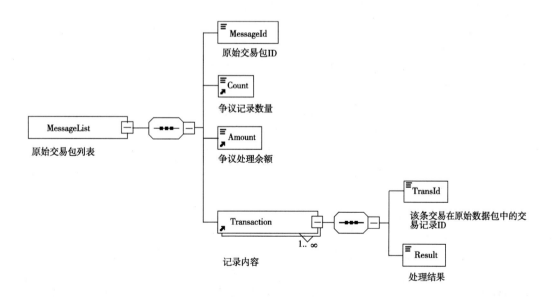

图 19-23　争议交易列表结构示意图

表 19-26 争议交易列表子节点取值说明

名　　称	数 据 类 型	取　值　说　明
MessageId	Long	收费方原始交易包 ID
Count	Int	属于当前交易包的争议结果记录数量,大于 0
Amount	Decimal	属于当前交易包的争议结果付款金额,大于或等于 0
Transaction		争议处理结果记录
TransId	Int	表示该条交易在原始数据包中的交易记录 ID
Result	Short	为 0 表示正常支付;为 1 表示此交易作坏账处理。

对争议交易的处理结果是或者全额付款,或者按坏账处理不付款,不会发生只支付一部分的情况,所以此处不再说明应支付的金额。

4 处理流程

争议交易处理流程示意见图 19-24。

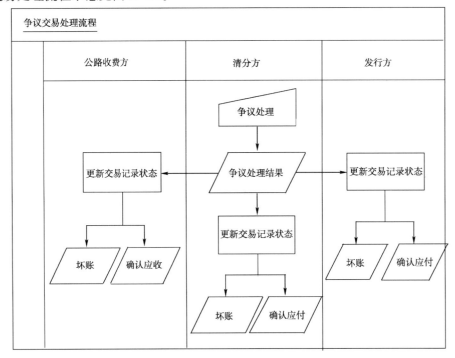

图 19-24 争议交易处理流程示意图

争议交易由清分方、发行方、公路收费方协商后得出处理结果,由清分方负责产生争议交易处理结果数据包并发送给公路收费方和发行方。

每次处理,产生一个处理结果文件,以 FileId 作为唯一标识。

每个争议处理文件中,均只能包含一个公路收费方与一个发行方间的争议交易。每个处理文件可以包含该组公路收费方与发行方之间多个交易信息包中的交易。一个原始交易包中被发行方认定有争议的交易可以在多个处理文件中分别处理。已被处理的争议交易不得被再次处理。

在清分方提交争议结果前,清分方按争议结果生成一份正式的文件,打印后由各方签字保存,作为争议处理结果的凭证。每份凭证均有唯一的文件号 FileId。该凭证是执行争议结果的依据。

通过协商后由清分方产生的争议处理结果为最终结果,各方均需按该结果执行相应操作。区域清分方负责处理跨区的争议交易,省(区、市)清分方负责处理本地区内的争议交易。区域清分方产生的争议交易结果由省(区、市)清分方直接转发给与争议相关的发行方和公路收费方。

争议交易消息中的记录不包含交易细节,仅提供交易记录号。公路收费方和发行方应使用交易记录号 TransId 获取交易细节以进一步处理。

发行方和公路收费方接收到争议处理结果后应按其内容将对应交易记录设置为确认应收/付或坏账。

19.1.3.7 异常交易退费

1 应用范围

异常交易退费的主要原因为公路收费方计算错误,多扣了用户的通行费或产生了重复的可通过 TAC 码验证的交易。由于多扣了用户费用,经核实无误后,应由公路收费方通过发行方退给用户多扣除的部分。

争议交易是发行方在扣费过程中产生的。通过记账处理消息,系统中各参与方能够及时确认交易的状态并处理。异常交易退费事件是由用户在核对消费记录后产生的,不在争议交易中处理。对该类事件,经各方核实后,由清分方输入处理结果。

异常交易退费消息的发送方向是:区域清分方→省(区、市)清分方→发行方及公路收费方,省(区、市)清分方→发行方及公路收费方,各个阶段的传输使用相同的消息结构。

2 消息头

异常交易退费消息头取值说明见表 19-27。

表 19-27 异常交易退费消息头取值说明

名 称	数 据 类 型	取 值 说 明
MessageClass	Int	5,Notification
MessageType	Int	7,Transaction

3 消息内容

异常交易退费消息内容结构示意见图 19-25。

异常交易退费消息与交易记录的 MessageClass 和 MessageType 相同,但 ContentType 不同。Body 各个子节点说明见表 19-28。

表 19-28 异常交易退费消息体子节点取值说明

名 称	数 据 类 型	取 值 说 明
ContentType	Int	始终为 3
ClearingOperatorId	Hex(16)	执行异常退费操作的清分方 ID
ServiceProviderId	Hex(16)	产生异常交易退费的公路收费方 ID
IssuerId	Hex(16)	发行方 ID,表示该退费由哪一个发行方执行
RefundId	Int	退费文件 ID,与 ServiceProviderId 和 IssuerId 组合,在系统内唯一。该 ID 由提出退费的公路收费方维护
ProcessTime	DateTime	退费处理时间
Count	Int	本消息包含的退费记录数量,大于 0
Amount	Decimal	退费总金额,大于 0
MessageList		退费交易信息列表

退费交易信息列表 MessageList 的格式见图 19-26,说明见表 19-29。

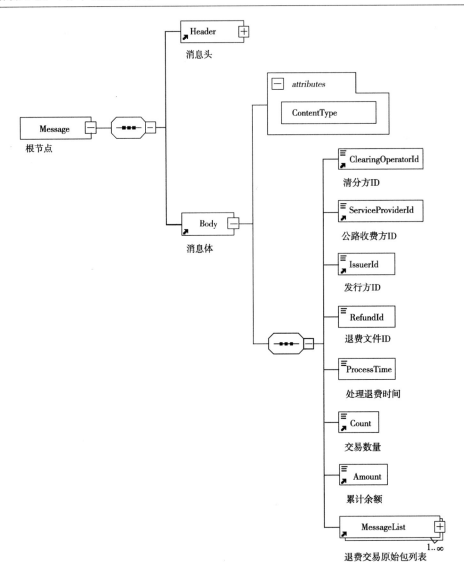

图 19-25 异常交易退费消息内容结构示意图

表 19-29 退费交易信息列表子节点取值说明

名　称	数据类型	取　值　说　明
MessageId	Long	收费方原始交易包 ID
Count	Int	属于该原始交易包的退费交易数据,大于0
Amount	Decimal	属于该原始交易包的退费金额,大于0
Transaction		退费交易信息
TransId	Int	该条交易在原始数据包中的交易记录 ID
Reason	Short	1:重复交易; 2:U 转或邻道干扰; 3:车型错误; 4:费率错误; 5:折扣错误; 6~20000:区域联网保留; 20001 以上:自定义
RefundAmount	Decimal	退费金额,大于0,可以是全部或部分交易金额

MessageList 的 Amount 是属于该原始交易包的所有退费交易记录的 RefundAmount 之和;Body 的

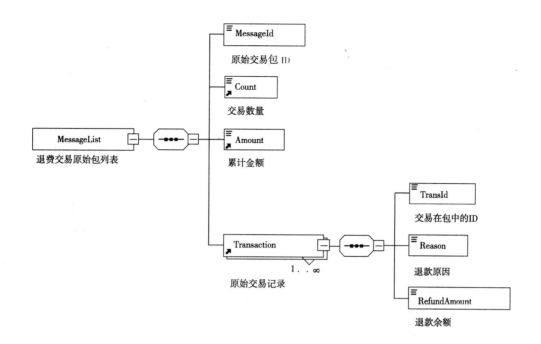

图 19-26 退费交易信息列表结构示意图

Amount 是所有 MessageList 的 Amount 之和。

4 处理流程

异常退费交易是在交易正常记账处理后发现的,所以不在正常记账及争议中处理。

在各参与方确定应为某条交易全额或部分退费后,由清分方选择需退费的交易记录,输入退费金额并提交。区域清分方负责处理跨省(区、市)退费交易,省(区、市)清分方负责本地退费交易的处理。

每次处理,产生一个处理结果文件,以 RefundId 作为标识。ClearingOperatorId 和 RefundId 组合可在系统内唯一确定异常退费文件。

每个异常交易退费文件,只能包含一个发行方和公路收费方间的退费交易。每个文件可以包含该组公路收费方与发行方之间多个交易信息包中需退费的交易。同一交易信息包中需要退费的多条交易可以分多次处理,被包含在多个异常交易退费文件中。已被处理的异常退费交易不得被再次处理。

该消息产生后,由清分方向下发送给相关的公路收费方和发行方。

19.1.3.8 清分消息结构

1 应用范围

清分方每日定时统计已经发行方确认可以付款的交易,产生清分统计信息,发送给发行方和公路收费方核对。

清分消息的发送方向是:区域清分方→省(区、市)清分方,省(区、市)清分方→发行方,省(区、市)清分方→公路收费方,各个阶段的传输使用相同的消息结构。

2 消息头

清分消息头取值说明见表 19-30。

表 19-30 清分消息头取值说明

名 称	数据类型	取 值 说 明
MessageClass	Int	5,Notification
MessageType	Int	5,Reconciliation Totals

3 消息内容

清分消息内容结构示意见图 19-27。

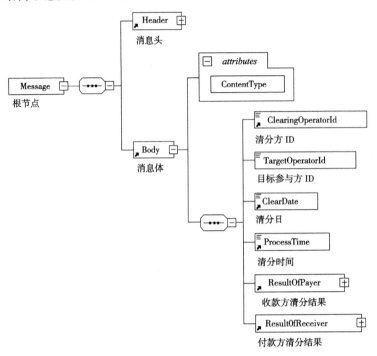

图 19-27 清分消息内容结构示意图

清分消息的 MessageClass 及 MessageType 与记账消息相同,但 ContentType 不同。Body 各个子节点说明见表 19-31。

表 19-31 清分消息体子节点取值说明

名 称	数据类型	取 值 说 明
ContentType	Int	始终为 2
ClearingOperatorId	Hex(16)	产生当前清分消息的清分方 ID
TargetOperatorId	Hex(16)	目标参与方 ID,即清分方为哪一个参与方生成的清分消息。目标参与方可以是省(区、市)清分方、公路收费方和发行方
ClearDate	Date	清分日
ProcessTime	Datetime	清分消息生成时间
ResultOfPayer		付款方的清分结果
ResultOfReceiver		收款方的清分结果

ResultOfPayer 节点和 ResultOfReceiver 节点结构完全相同,所以仅以 ResultOfPayer 为例说明,其结构见图 19-28。

Sum 节点在清分消息中多处使用,除作用范围随其上级节点变化外,其基本意义相同,说明见表 19-32。

表 19-32 Sum 节点取值说明

名 称	数据类型	取 值 说 明
MessageCount	Int	上级节点包含的交易包数量
FileCount	Int	上级节点包含的争议处理结果文件数量
RefundCount	Int	上级节点包含的异常交易退费文件数量
Amount	Decimal	上级节点信息清分总金额

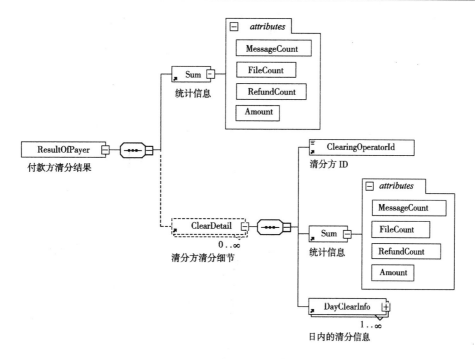

图 19-28 付款方清分结果结构示意图

清分细节 ClearDetail 说明见表 19-33。

表 19-33 清分细节取值说明

名 称	数 据 类 型	取 值 说 明
ClearingOperatorId	Hex(16)	生成当前清分细节节点的清分方 ID
Sum		统计信息，见前面说明
DayClearInfo		按清分日分别列出的清分信息

清分结果 ResultOfPayer 和 ResultOfReceiver 中可包含多个清分方的 ClearDetail 节点。如果 ResultOfPayer 下没有 ClearDetail 节点，说明清分时没有付款方的清分内容，ResultOfPayer.Sum 的值都为 0；如果 ResultOfReceiver 下没有 ClearDetail 节点，说明清分时没有收款方的清分内容，ResultOfPayer.Sum 的值都为 0。

ClearDetail 中包含清分方产生的至少一个清分日的 DayClearInfo 节点。

区域清分结果 ResultOfPayer 和 ResultOfReceiver 中仅包含区域清分方的 ClearDetail 节点。该节点中仅有以清分当天作为清分日的一个 DayClearInfo 节点。

一般情况下，由省（区、市）清分方生成的清分消息包含两个清分方的 ClearDetail 节点：一个是该省（区、市）内部的 ClearDetail；另一个是区域清分方生成的跨省市交易的 ClearDetail。但如果省（区、市）清分方与区域清分方之间有数据交换异常，也存在某清分日的清分消息中仅有本省（区、市）内的 ClearDetail 一个节点的情况。

省（区、市）内交易的 ClearDetail 中，仅有以清分当天作为清分日的一个 DayClearInfo 节点。

由于省（区、市）清分方与区域清分方之间一旦发生数据交换延时，会导致区域清分消息未能及时到达省（区、市）清分方，而在系统正常后一次性有多个清分日的区域清分消息被发送到省（区、市）清分方。因此，省（区、市）清分方合并区域清分信息后的由区域清分方产生的清分细节节点中可以有多个 DayClearInfo 节点。

DayClearInfo 格式见图 19-29，说明见表 19-34。

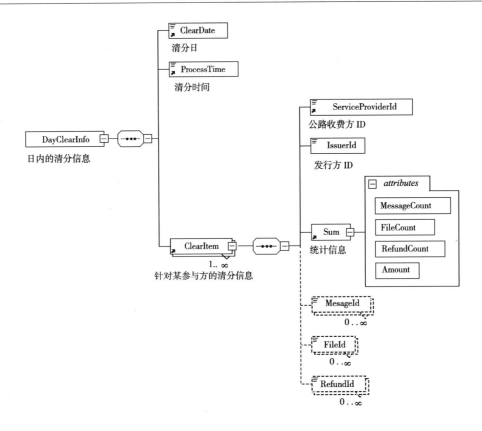

图 19-29 日内清分信息结构示意图

表 19-34 日内清分信息取值说明

名　　称	数 据 类 型	取　值　说　明
ClearDate	Date	清分日
ProcessTime	DateTime	处理时间
ServiceProviderId	Hex(16)	公路收费方 ID
IssuerId	Hex(16)	发行方 ID
Sum		统计信息，见前文说明
MessageId	Long	交易包 ID
FileId	Int	争议交易处理结果文件 ID
RefundId	Int	异常交易退费结果文件 ID

通过 ServiceProviderId、IssuerId 和 MessageId 可以在系统中确定唯一的交易包。通过 ClearingOperatorId 和 FileId，可以在系统中确定唯一的争议交易处理结果包。通过 ClearingOperatorId 和 RefundId，可以在系统中确定唯一的异常交易退费结果包。

4　处理流程

在区域联网中，存在着两级清分，即区域清分方和本省(区、市)清分方。这两级清分分别负责对跨省(区、市)交易和本地区内交易进行清分，各自产生清分结果。省(区、市)清分方在清分时合并区域清分方的清分结果，形成一份包含所有清分交易的清分消息发送给本地区内的公路收费方和发行方。

为保证在省(区、市)清分时可以及时合并区域清分信息，区域清分方的清分时间应早于省(区、市)清分时间，并留有足够的时间间隔用于数据处理及传输。

若省(区、市)清分方清分时尚未收到区域清分消息，则省(区、市)清分方仅需将本地清分消息下发,无需等待。当延迟传送的区域清分消息到达后,合并到下一清分日的清分消息中一同下发。

清分信息是最终结算的依据,该结果生成后不能更改。

下面以图 19-30 所示的简单结构说明一级清分和二级清分的处理过程。在图 19-30 中,联网电子收费系统包含三个清分方:区域清分方、A 省清分方和 B 省清分方。两个省(区、市)级清分方又各自处理一个公路收费方和一个发行方的数据。

结算说明也将用图 19-30 作为示例说明其处理流程。

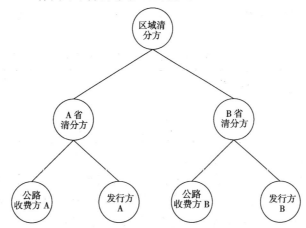

图 19-30　清分处理流程示意图

1　一级清分

区域清分方首先根据跨区交易发生的参与方对所有交易、争议处理结果及异常交易退费记录分组:

(1) A 省用户在 B 省的消费,此处为发行方 A 的用户在公路收费方 B 产生的交易相关数据(原始交易、争议处理结果和异常交易退费,均以消息包为单位),此处称为数据集 a。

(2) B 省用户在 A 省的消费,此处为发行方 B 的用户在公路收费方 A 产生的交易相关数据,此处称为数据集 b。

(3) 对每个数据集,计算其所有 ClearItem 的汇总信息 Sum,包括:

① 数据集所包含的原始交易包数量 Sum.MessageCount,以及原始交易记账处理确认付款的金额;

② 争议处理结果文件数量 Sum.FileCount,以及确认支付的金额;

③ 异常交易退费文件数量 Sum.RefundCount,以及退款金额。

(4) 数据集总金额 Sum.Amount 等于原始交易记账处理确认付款的金额与争议交易确认付款的金额之和减去退款金额。如果退款金额超过原始交易和争议交易的付款金额,Sum.Amount 会为负数。

因为在本例中,每个省(区、市)清分方只有一个公路收费方和一个发行方,所以仅有一个 ClearItem。若有多个公路收费方和发行方,则需组合多个 ClearItem 并分别计算。计算完所有 ClearItem 的数据后,逐层累加,可得到 ClearDetail.Sum,并最终得到 ResultOfPayer.Sum 和 ResultOfReceiver.Sum。

ResultOfPayer 中各节点的 Sum.Amount 是应该支付的金额;ResultOfReceiver 中各节点的 Sum.Amount 是应接收的金额。

对清分信息的接收方而言,ResultOfReceiver.Sum.Amount 减去 ResultOfPayer.Sum.Amount 的结果就是该接收方在本次清分中应收入的金额。该金额大于 0,表示净收入;小于 0,表示净支出。

区域清分为省(区、市)清分生成的清分信息中数据集对应关系见表 19-35。

表 19-35　一级清分数据集对应关系

接　收　方	ResultOfPayer	ResultOfReceiver
A 省清分方	数据集 a	数据集 b
B 省清分方	数据集 b	数据集 a

如果清分时,没有任何需清分的数据,则数据集 a、b 为空。此时生成的清分消息中 ResultOfPayer 和 ResultOfReceiver 节点的 Sum 节点属性值均为 0,表示未清分任何数据,接收方无任何支出与收入。

2 二级清分

省(区、市)清分方首先为本地的发行方和公路收费方生成本地清分信息。以 A 省清分方为例,首先选取发行方 A 的用户在公路收费方 A 产生的交易相关数据(原始交易、争议处理结果和异常交易退费,均以消息包为单位),此处称为数据集 c。

然后合并接收到的区域清分数据,生成针对发行方 A 和公路收费方 A 的清分信息,数据集对应关系见表 19-36。

表 19-36 二级清分数据集对应关系

接收方	ResultOfPayer	ResultOfReceiver
发行方 A	数据集 a、c	无
公路收费方 A	无	数据集 b、c

对各节点 Sum 值的计算与一级清分相同。

如果各省(区、市)中发行方和公路收费方多于一家,则给发行方 A 的 ResultOfPayer 信息使用的是数据集 a 中 ClearItem.IssuerId 为发行方 A 的数据;给公路收费方 A 的 ResultOfReceiver 信息使用的是数据集 b 中 ClearItem.ServiceProviderId 为公路收费方 A 的数据。

对于延迟到达的区域清分信息,省(区、市)清分需进行合并,即区域清分方的 ClearDetail 下有多个 DayClearInfo 节点对应区域清分方多个清分日的清分信息。

19.1.3.9 结算消息结构

1 应用范围

每隔一定周期,区域清分方和本省(区、市)清分方根据每日清分结果,统计各参与方应收/付金额,协调发行方付款。

跨区交易结算周期与本地交易结算周期原则上可以不同。

结算消息的发送方向是:区域清分方→省(区、市)清分方,省(区、市)清分方→发行方,省(区、市)清分方→公路收费方,各个阶段的传输使用相同的消息结构。

2 消息头

结算消息头取值说明见表 19-37。

表 19-37 结算消息头取值说明

名　　称	数据类型	取　值　说　明
MessageClass	Int	5,Notification
MessageType	Int	5,Reconciliation Totals

3 消息内容

结算消息内容结构示意见图 19-31。

结算消息的 MessageClass 及 MessageType 与记账消息相同,但 ContentType 不同。Body 各个子节点说明见表 19-38。

表 19-38 结算消息子节点取值示意图

名　　称	数据类型	取　值　说　明
ContentType	int	始终为 3
ClearingOperatorId	Hex(16)	执行结算的清分方 ID。通过该 ID,接收方可以进一步分析出所结算的是区域内交易还是区域外交易

续上表

名　　称	数据类型	取　值　说　明
TargetOperatorId	Hex(16)	目标参与方 ID，即清分方为哪一个参与方生成的结算消息。目标参与方可以是省(区、市)清分方、公路收费方和发行方
SettlementDate	Date	结算日
ProcessTime	DateTime	结算处理时间
Sum		统计信息，见下文说明
DayClearInfo		本次结算包含的一个或多个清分信息

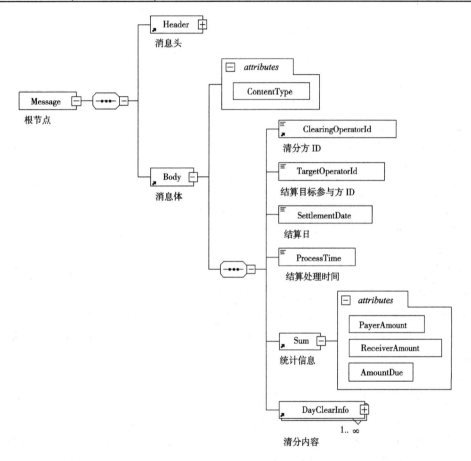

图 19-31　结算消息内容结构示意图

Sum 节点在结算消息中多处使用，除作用范围随其上级节点变化外，其基本意义相同，说明见表 19-39。

表 19-39　Sum 节点取值说明

名　　称	数据类型	取　值　说　明
PayerAmount	Decimal	上级节点作为支付方结算总金额
ReceiverAmount	Decimal	上级节点作为收款方结算总金额
AmountDue	Decimal	上级节点结算总金额结余，AmountDue = ReceiverAmount − PayerAmount。该值大于 0 表示净收款；小于 0 表示净付款；0 表示无需收/付款

每次结算,至少包含一个清分日的清分结果。清分信息 DayClearInfo 的结构见图 19-32,说明见表 19-40。

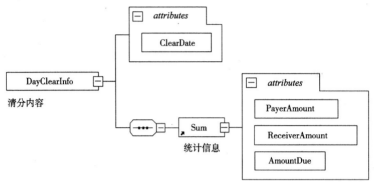

图 19-32 清分消息结构示意图

表 19-40 清分信息子节点取值说明

名　　称	数据类型	取　值　说　明
ClearDate	Date	清分日
Sum		统计信息,见前文说明,表示该清分日的结果

每一清分日的 PayerAmount 等于该清分日清分消息 ResultOfPayer.Sum.Amount;每一清分日的 ReceiveAmount 等于该清分日 ResultOfReceiver.Sum.Amount。

4　处理流程

在区域联网中,存在着两级结算方,即区域清分方和省(区、市)清分方。这两级清分方分别负责对跨省(区、市)交易和本地区内进行结算。原则上,两级清分方的结算周期可以不同。

1)一级结算

省(区、市)清分方对于区域清分方而言既是发行方又是公路收费方,所以区域清分方为省(区、市)清分方生成的结算消息中需要对收款及付款信息一并统计。

区域清分方累加所有待结算清分日的 ResultOfPayer.Sum.Amount 为 Body.Sum.PayerAmount;累加所有待结算清分日的 ResultOfReceiver.Sum.Amount 为 Body.Sum.ReceiverAmount;最后计算 Body.Sum.AmountDue。

2)二级结算

省(区、市)清分方在生成本省(区、市)结算消息时需按发行方及公路收费方生成不同的结算消息。为发行方生成的消息中,仅累计本省(区、市)清分信息中 ResultOfPayer 中的信息。而为公路收费方生成的消息中,仅统计清分信息中的 ResultOfReceiver 信息。对清分信息的处理规则与一级结算相同。

省(区、市)清分方在接收到区域清分方的结算信息后,需要按发行方和公路收费方对区域结算消息进行分解重组:

(1)根据区域结算信息中给出的清分日,选取对应的区域清分结果。

(2)在这些清分结果中,按各自省(区、市)内的发行方和公路收费方选择清分信息。

(3)为每个发行方和公路收费方重新计算 Sum 信息,最终生成针对各个发行方及公路收费方的结算消息。

结算统计生成后不能更改。

19.1.3.10　交易数据逻辑检查

接收方在收到有关交易的消息后,除根据对应的 Schema 对消息进行合法性检验外,还需对该消息包含的数据逻辑进行检查。逻辑检查包含两部分:

1　通常性检查,如:消息是否重复、发送方 ID 和接收方 ID 等参与方 ID 是否已定义、记账处理消息中指明的原始消息 MessageId 是否存在等。

2 内在关系检查,如:清分消息内容是否正确等。

本部分仅对交易处理中的内在关系检查进行说明。

1 原始交易和记账处理

记账处理消息接收方的正确性校验主要针对 Amount 值进行。即 Amount 值应等于原始消息包中所有交易的总金额减去该包中争议交易的金额。若这两个值不相等,应在确认消息中返回错误信息(Result 为 4:消息格式正确但内容错误,同时在 Description 中加入相应说明)给发送方。

2 清分结果

清分消息的接收方应根据清分消息中 MessageId、FileId 和 RefundId 确定对应的原始交易包、争议处理结果和异常交易退费结果,逐层核对 Sum 节点的值,确认自己计算的结果与清分消息中给出的结果相同。若有异常,返回错误消息(Result 为 4:消息格式正确但内容错误,同时在 Description 中加入相应说明)给发送方。

3 结算结果

结算消息的接收方应根据结算消息包含的所有清分日,统计执行结算的清分方的这些清分日的清分结果。该结果必须与结算消息给出的结果相同。否则,返回错误消息(Result 为 4:消息格式正确但内容错误,同时在 Description 中加入相应说明)给发送方。

19.1.4 用户状态处理

用户状态名单在接收方处理时不会有延迟,采用建议(Advice)的形式传送。

19.1.4.1 发送状态名单

随着用户在系统中使用各种服务,其账户状态不可避免地会发生改变。例如从正常状态变为低值,又从低值变为透支,最后经付费后又恢复为正常等。

为给用户提供更好的服务,也为了避免公路收费方因用户状态异常而产生不必要的损失,及时地更新用户状态是必要的。

清分方只对各个发行方提交的用户状态信息进行转发,不自行修改用户状态信息。

在收到发行方或其他清分方发送过来的用户状态列表后,清分方更新本地数据并立即转发给公路收费方,整个转发过程有详细的日志,并且支持手动指定下发功能。在特殊情况下,可以支持人工使用移动介质传输数据。

从发行方到清分方再到公路收费方使用相同的记录格式。

1 发送消息结构

1)消息头

状态名单消息头取值说明见表 19-41。

表 19-41 状态名单消息头取值说明

名 称	数据类型	取 值 说 明
MessageClass	Int	3,Advice 或 2,Request Response
MessageType	Int	10,Status List

主动发送时 MessageClass 使用 Advice,响应请求重发时使用 Request Response。

2)消息内容

状态名单消息内容结构示意见图 19-33。

MessageId 是可选节点,用于消息接收方回应消息发送方对状态名单的重发请求,表示发送的状态名单回应的是哪一条重发请求消息。参与方主动发送状态名单时不使用该节点。

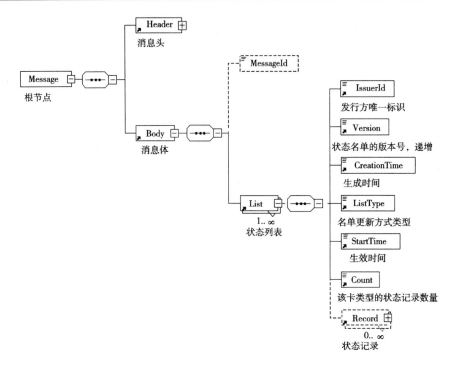

图 19-33 状态名单消息内容结构示意图

状态名单消息包含多个状态列表 List。每个 List 对应一个发行方产生的状态名单。通过一个消息,清分方可以将所有发行方产生的状态发送给公路收费方。

发行方生成并发送的状态名单仅包含一个 List 节点;清分方为响应下级参与方请求重发而生成的状态名单可以包含多个 List 节点。

List 的各个属性说明见表 19-42。

表 19-42 状态列表取值说明

名 称	数据类型	取 值 说 明
IssuerId	Hex(16)	发行方唯一标识
Version	Int	状态名单的版本号,递增,由发行方维护
CreationTime	DateTime	发行方生成状态名单的时间
ListType	Short	0 表示整体更新,1 表示增量更新
StartTime	DateTime	生效时间,对 List 中所有记录均有效
Count	Int	状态记录数量
List		状态记录列表,其记录数量与 Count 值一致

状态名单中仅有生效时间。用户卡状态从异常变为正常应由发行方通过新的状态名单更新,接收方不自动处理。

状态记录结构见图 19-34。

状态记录的格式见表 19-43。

表 19-43 状态记录取值说明

名 称	数据类型	取 值 说 明
CardType	Short	卡类型,22 为储值卡,23 记账卡,
NetNo	Hex(4)	网络编号,BCD 码
CardId	Hex(16)	CPU 卡内部编号,BCD 码

续上表

名称	数据类型	取值说明
Status	Short	状态类型： 1:正常； 2:挂失； 3:低值； 4:透支； 5:禁用； 6:拆卸电子标签； 7~20000:区域联网保留； 20001以上:本地自定义
StartTime	DateTime	生效时间，可选。如果使用本项，则本项的值取代名单的StartTime，作为当前记录的生效时间

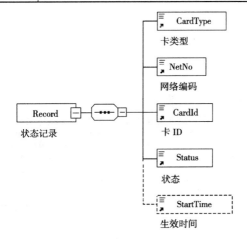

图 19-34　状态记录结构示意图

2　确认消息结构

使用通用确认消息结构。

1) 应用范围

接收方使用通用确认消息结构建立回应消息告知发送方接收结果。

2) 消息头

确认消息头取值说明见表 19-44。

表 19-44　确认消息头取值说明

名称	数据类型	取值说明
MessageClass	Int	4,AdviceResponse
MessageType	Int	10,Status List

如果收到的状态名单版本号跳号，且本地系统需临时保存名单但暂不处理，则确认消息 Result 应使用 6(接收正确)；正常接收并更新本地名单，则 Result 值为 1。

3　消息处理流程

状态的产生包含人工输入和交易处理自动更新两种。前者是客服系统根据用户的续费、挂失等活动产生的；后者是系统处理交易从用户账户中记账导致账户状态变化产生的。

用户状态一旦变化，系统可以立即下发，也可以间隔一定的时间汇总后下发。

发送方式分为整体发送和增量发送两种。

清分方只对各个发行方提交的用户状态信息进行转发,不自行修改用户状态信息。

在收到发行方或其他清分方发送过来的用户状态信息后,系统对状态消息进行消息合法性校验。如果消息非法,则给发行方返回一条异常确认消息;如果合法,则更新本地系统的用户状态名单并返回一条正常确认消息。更新成功后,立即将此消息包自动转发给所有公路收费方。

公路收费方在收到清分方转发过来的用户状态名单时,也要进行消息合法性校验。如果消息非法,就给清分方返回一条异常确认消息;如果合法,则更新本地系统的用户状态信息并返回一条正常确认消息。

公路收费方在正确更新本地用户状态信息后需立即将更新信息发布到所有的收费车道。

整个转发过程有详细的日志,并且支持手动指定下发功能。在特殊情况下,可以支持人工使用移动介质传输数据。

状态名单的版本管理见前文说明。

19.1.4.2 请求重发状态名单

1 发送消息结构

1)应用范围

发送方请求接收方提供完整的状态名单。

2)消息头

请求重发状态名单消息头取值说明见表 19-45。

表 19-45 请求重发状态名单消息头取值说明

名　　称	数据类型	取　值　说　明
MessageClass	Int	1,Request
MessageType	Int	10,Status List

3)消息内容

请求重发状态名单消息内容结构示意见图 19-35。

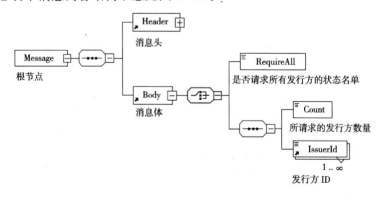

图 19-35　请求重发状态名单消息内容结构示意图

消息体要么包含 RequireAll,表示向上一级参与方索取全部发行方产生的状态名单;要么包含一组发行方 ID,表示只需要该发行方的状态名单。请求重发状态名单消息体取值说明见表 19-46。

表 19-46　请求重发状态名单消息体取值说明

名　　称	数据类型	取　值　说　明
RequireAll	Booleam	始终为 true
Count	Int	发行方数量,大于0
IssuerId	Hex(16)	发行方 ID

2 确认消息结构

接收方生成状态名单后通过状态名单消息对重发状态名单消息进行回应。生成的状态名单必须是全体名单,不能采用增量更新。生成的消息中需使用 MessageId 节点。

19.1.5 基础信息维护

基础信息处理相对简单,时间上不会有延迟,所以采用建议(Advice)的形式传送。

19.1.5.1 服务类型

1 发送消息结构

1)应用范围

各个参与方均需使用此类信息。该信息由最上层的清分方生成,并逐级下发给各参与方。

2)消息头

服务类型消息头取值说明见表 19-47。

表 19-47 服务类型消息头取值说明

名　　称	数据类型	取　值　说　明
MessageClass	Int	3,Advice 或 2,Request Response
MessageType	Int	1,Service List

3)消息内容

服务类型消息内容结构示意见图 19-36。

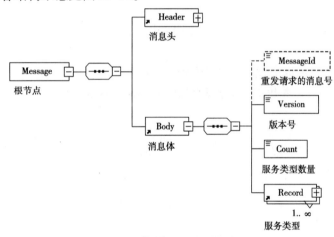

图 19-36　服务类型消息内容结构示意图

各个子节点说明见表 19-48。

表 19-48　服务内容消息子节点取值说明

名　　称	数据类型	取　值　说　明
MessageId	Long	当发行方或公路收费方请求重发服务类型时,清分方的回应使用此属性,说明是针对哪一个重发请求的回应;直接发送时不使用该属性
Version	Int	版本号,由产生服务类型的清分方维护
Count	Int	本操作包含的记录数量,大于 0
ServiceType	Short	服务类型: 1:公路电子收费; 2:停车场; 3:加油; 4~20000:区域联网保留; 20001 以上:本地自定义

续上表

名　　称	数据类型	取　值　说　明
ServiceName	String(30)	服务名称
Description	String(500)	服务说明

服务类型每次均以整体形式下发。

由于服务类型由最上层清分方生成,所以本地自定义的服务类型不包含在由最上层清分方维护的消息中。自定义的服务类型由定义方自行维护。

2　确认消息结构

使用通用确认消息结构。

确认消息头取值说明见表19-49。

表19-49　确认消息头取值说明

名　　称	数据类型	取　值　说　明
MessageClass	Int	4,AdviceResponse
MessageType	Int	1,ServiceList

19.1.5.2　请求重发服务类型

1　发送消息结构

1)应用范围

发行方和公路收费方向清分方请求将服务类型重新下发。

2)消息头

请求重发服务类型消息头取值说明见表19-50。

表19-50　请求重发服务类型消息头取值说明

名　　称	数据类型	取　值　说　明
MessageClass	Int	1,Request
MessageType	Int	1,Service List

3)消息内容

使用通用重发请求消息。

2　确认消息结构

接收到重发请求后,清分方将把所有服务类型一次性返回。生成的消息中需使用 MessageId 节点。

19.1.5.3　参与方信息

1　发送消息结构

1)应用范围

所有参与方需使用该信息。

2)消息头

参与方信息消息头取值说明见表19-51。

表19-51　参与方信息消息头取值说明

名　　称	数据类型	取　值　说　明
MessageClass	Int	3,Advice 或 2,Request Response
MessageType	Int	14,OperatorList

3）消息内容

参与方信息消息内容结构示意见图 19-37。

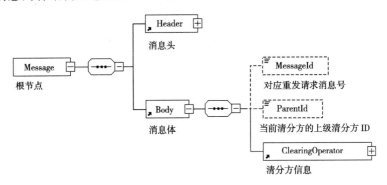

图 19-37　参与方信息消息内容结构示意图

消息结构的各个子节点说明见表 19-52。

表 19-52　参与方信息消息体子节点取值说明

名　　称	数据类型	取　值　说　明
MessageId	Long	用于返回重发请求的消息 ID，主动发送时不使用
ParentId	Hex(16)	生成参与方信息的清分方的上级清分方 ID，如果是最顶层的清分方则省略该项，否则应包含项
ClearingOperator		生成参与方信息的清分方信息，结构后面详述

通过是否包含 ParentId，可以确定消息体中的清分方信息是以顶层清分方为根节点表示的整个电子收费柜架中的参与方信息，还是以系统中某一个清分方为根节点的该清分方以下的参与方信息。

清分方信息结构见图 19-38。

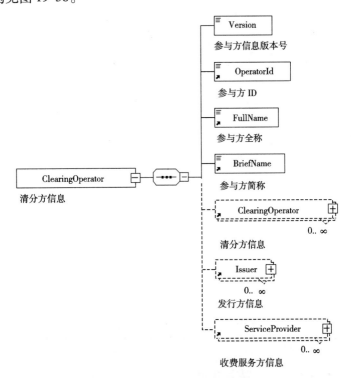

图 19-38　清分方信息结构示意图

清分方信息结构说明见表19-53。

表19-53　清分方信息子节点取值说明

名　　称	数据类型	取　值　说　明
Version	Int	由 ClearingOperator 节点所表示的清分方维护的该清分方信息的版本号，从1开始，每次版本变化加1。每个清分方维护自己的版本号
OperatorId	Hex(16)	清分方 ID
FullName	String(50)	清分方全称
BriefName	String(16)	清分方简称
ClearingOperator		与当前清分方具有直接业务关系的下级清分方信息
Issuer		与当前清分方具有直接业务关系的发行方信息
ServiceProvider		与当前清分方具有直接业务关系的收费服务方信息

一个清分方信息，可以包含多个下级清分方信息。通过这种递归结构，可表示以当前清分方为根节点的 ETC 框架结构中的所有参与方信息。

每个清分方维护自己的 Version，只要本节点下的子节点本身没有变化，其版本号也不变化。例如，北京清分方增减了公路收费方，其参与方结构版本号加1，但上级区域清分方的参与方结构版本不变。只有在区域清分方修改了省(区、市)清分方信息后，其版本号才发生变化。

发行方信息结构见图19-39。

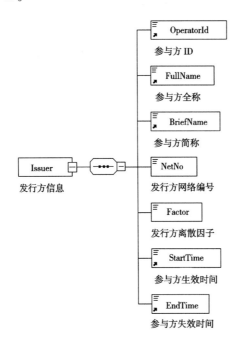

图19-39　发行方信息结构示意图

发行方信息结构说明见表19-54。

表19-54　发行方信息结构说明

名　　称	数据类型	取　值　说　明
OperatorId	Hex(16)	发行方 ID
FullName	String(50)	发行方全称

续上表

名　　称	数据类型	取　值　说　明
BriefName	String(16)	发行方简称
NetNo	Hex(4)	发行方网络编号
Factor	Hex(16)	发行方离散因子
StartTime	DateTime	生效时间说明新加入系统运营的发行方发行的CPU用户卡何时可以在公路收费方使用
EndTime	DateTime	生效时间说明新加入系统运营的发行方发行的CPU用户卡何时不能在公路收费方使用

公路收费方信息结构见图19-40。

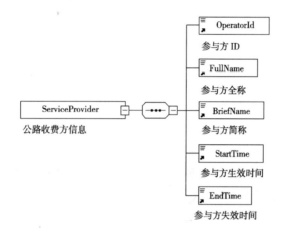

图19-40　公路收费方信息结构示意图

公路收费方信息结构说明见表19-55。

表19-55　公路收费方信息结构说明

名　　称	数据类型	取　值　说　明
OperatorId	Hex(16)	公路收费方ID
FullName	String(50)	公路收费方全称
BriefName	String(16)	公路收费方简称
StartTime	DateTime	生效时间说明新加入系统运营的公路收费方何时可支持本系统电子交易
EndTime	DateTime	生效时间说明新加入系统运营的公路收费方何时停止支持本系统电子交易

2　确认消息结构

使用通用确认消息结构。

确认消息头取值说明见表19-56。

表19-56　确认消息头取值说明

名　　称	数据类型	取　值　说　明
MessageClass	Int	4, AdviceResponse
MessageType	Int	14, OperatorList

3 处理规则

参与方信息每次均以整体形式发送,不支持增量发送。

参与方的变更仅由该参与方的直接上级清分方处理。该上级清分方修改其下属参与方信息后,将其下属的所有参与方信息发送给更上一级的清分方,再由该清分方转发给其他参与方。

新增参与方的 ID 由其直接上级清分方按参与方 ID 的编码规则分配,保证在整个系统内唯一。

下面以图 19-41 为例说明处理规则。

1)在清分方 B 的区域内,新增加发行方 B,如图 19-41 中虚线所示。

2)发行方 B 的信息由清分方 B 生成。

3)清分方 B 将收费服务方 A、发行方 A 及发行方 B 的信息放在以本清分方为根的消息中,发送给清分方 A。

4)清分方 A 根据该消息更新本地数据后将其转发给清分方 C 以及其他清分方,以保证清分方 B 的信息变更传送到整个系统。

对于下级节点的请求重发参与方信息的请求,接

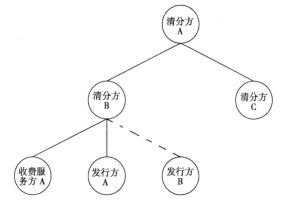

图 19-41 参与方信息处理规则

收方以顶层清分方为根生成参与方信息消息。如果接受请求的清分方是顶层清分方,则不使用 ParentId 节点,否则使用其上级清分方 ID 作为 ParentId 的值。

19.1.5.4 请求重发参与方信息

1 发送消息结构

1)应用范围

发行方和公路收费方向清分方请求将参与方信息重新下发。

2)消息头

请求重发消息头取值说明见表 19-57。

表 19-57 请求重发消息头取值说明

名　　称	数 据 类 型	取　值　说　明
MessageClass	Int	1,Request
MessageType	Int	14,Operator List

3)消息内容

使用通用重发请求消息。

2 确认消息结构

接收到重发请求后,清分方将把所有参与方信息一次性返回。生成的消息中需使用 MessageId 节点。

19.1.5.5 消息处理流程

经人工输入并确认后,清分分系统生成服务类型消息并发送给所有发行方和公路收费方。

接收方首先校验消息的合法性,包括数据格式及内容逻辑关系,如消息内容中的实际记录数量与声明数量是否相等。

经校验后的消息按记录顺序逐条处理,保存在数据库中。

19.2 两两结算模式的跨省(区、市)数据接口

19.2.1 传输规则

19.2.1.1 传输方式

省市间采用 TCP/IP 异步短连接方式,各方的 Server 端和 Client 端独立,见图 19-42。

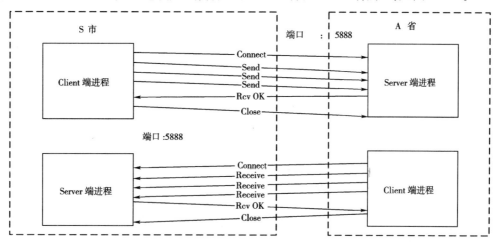

图 19-42　TCP/IP 异步通信示意图

客户端 Client 进程负责向对方消息的发送处理,服务端 Server 进程负责接收处理对方发送的消息。

客户端发送前,主动向服务端建立 TCP/IP Socket 连接,连接建立后,发送消息报文,服务端接收消息,根据报文长度判断接收完毕后,应答客户端通信接收 OK,客户端接收应答后,主动关闭 Socket。

19.2.1.2 基本结构

1　通信报文格式

通信报文格式见表 19-58。

表 19-58　通信报文格式

MESSAGEID 消息报文序号	压缩后 XML 消息包长度	32 字节 MD5 校验串	压缩后的 XML 消息包	344 字节　数字签名串 RSA 私钥对 MD5 摘要签名后的值
Char(20)	Char(6)	Byte (32)	Byte(不定长)	Byte(344)

注:①MESSAGEID 长度 20 字节 Char 型,不足左补 0,取值与 XML 消息包消息头中的 MessageId 栏位相同。
　　②压缩后的 XML 消息长度类型为 6 字节 Char 型压缩后的消息包长度,不足左补 0。
　　③MD5 为 32 个 16 进制显示字符,不足左补 0。
　　④数字签名串字段长度为 344 个字节,不足左补 0。对于 1024 位数字证书公私钥签名为长度为 128 字节,按照 BASE64 编码规则,对应可显字符 176 字节。2048 位数字证书公私钥数字签名长度为 256 字节,对应可显字符 344 字节。

C 语言通信报文格式定义如下:
typedef struct XMLBUF_STRU {
char messageid[20];
char xml_length[6];
char SignStr[344];

```
char xml_msg[MAX_XML_LENGTH];
}
```

2　MD5 计算方法

MD5 是一种用于产生数字签名的单项散列算法,通过 MD5 算法技术可以让大容量信息在数字签名前被"压缩"成一种保密的格式(将一个任意长度的"字节串"通过一个不可逆的字符串变换算法变换成一个 128bit 的大整数)。

本技术要求中 MD5 值由 <Message> … </Message> XML 报文压缩前明文的二进制流进行计算获得。

3　数字签名

数字签名技术是非对称加密算法的典型应用。数字签名的应用过程是,数据源发送方使用自己的私钥对数据校验和或其他与数据内容有关的变量进行加密处理,完成对数据的合法签名,数据接收方则利用对方的公钥来解读收到的数字签名,并将解读结果用于对数据完整性的检验,以确认签名的合法性。

基于本技术要求,首先采用上述 MD5 算法对 XML 报文明文产生 128bit 数据摘要,然后使用 X509 数字证书私钥对该 MD5 数据摘要进行签名。

接收方通过使用发送方的数字证书中的公钥对数字签名解密后获得 MD5 摘要值,与接收到的 XML 报文计算出的 MD5 值进行比对,验证数据的合法性、完整性。

4　数字签名格式要求

1)加签要素和数字签名编制

数字签名由数据发送方编制,数据接收方进行审核验签,必要时,交通运输部密钥管理与安全认证中心系统作为可信第三方,对签名数据进行核准和认定。签名采用无签名者证书(公钥)的数字签名标准(PKCS#1,裸签)。

数字签名的具体做法要求如下:

(1)签名要素串为 <Message> … </Message> XML 报文压缩前明文的二进制流。

(2)使用本省的数字证书(私钥)对签名要素串签名,签名的摘要算法采用 MD5 算法。

(3)将签名值使用 BASE64 转码后填写到报文的数字签名域。

2)数字签名核验标准

由于系统中使用的是无签名者证书(公钥)的数字签名(PKCS#1,裸签),因此核验该数字签名的要求如下:

(1)按报文格式标准中的加签要素组织签名要素串。

(2)通过参与方 ID 获取业务发送方的证书公钥。

(3)使用该公钥、签名要素串、数字签名,核验数字签名的合法性,并使用证书注销列表文件(CRL)进行证书是否已被注销的检查。

核验通过后,各参与方应存储传输数据及其签名备查。

5　CA 证书管理

CA 证书管理涉及数字证书的产生、发布和更新等。

交通运输部密钥管理与安全认证中心系统是收费公路管理与服务领域的核心信任源点,负责各省市及跨区域结算中心[适用于有跨省(区、市)联网电子收费结算中心的情况]的证书管理工作。具体管理与安全应用流程参见附录 K"CA 数字证书相关应用流程"。

6　压缩算法

XML 消息包的压缩算法采用标准的 LZ77 压缩算法。

7　报文接收处理

对于大报文(长度超过16K),接收方获得报文长度后,需进行多次 Read,直至接收到所有报文数据后,应答接收 OK 报文(见第 8 款)。如中间报文接收超时,应答接收失败报文,关闭 Socket 退出接收处理。

8　通信应答接收完成报文格式

　　MessageId + TCP 接收结果

　　20 字节 Char 型 + 1 字节 Char 型

该应答用于通信接收完成的即时应答,不校验消息内部信息格式,判断消息接收长度符合,即返回此应答给发送方。发送方依此应答作为报文发送结束标志,不作为消息内容正确的判断依据,消息内容的正确性判断,由接收方业务处理后通过通用确认消息格式异步返回。TCP 接收结果说明见表 19-59。

表 19-59　TCP 接收结果说明

TCP 接收结果 Result	取　　值
1	成功接收
0	接收超时长度不符

C 语言通信报文应答格式定义如下:

typedef struct REPLY_STRU {

char messageid[20];

char result;

}

异步短连接通信处理时序模型图见图 19-43。

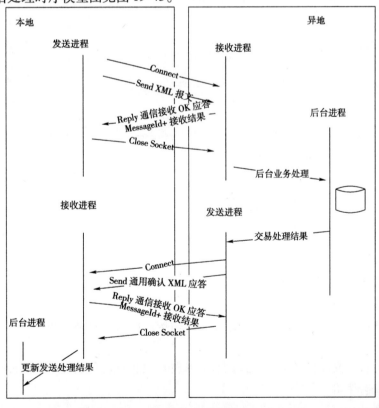

图 19-43　TCP/IP 异步短连接通信处理时序模型图

9 XML 消息包数据存储形式

所有传输的数据及回应消息均采用 XML，其基本结构见图 19-44。

所有消息，包括用于确认信息的消息均使用以上基本结构。

消息包含消息头 Header 和消息体 Body。所有消息的消息头结构相同，仅使用的具体数值根据其不同应用有所区别。不同应用的消息体内部结构不同。

若未明确说明，所有整数类型的值均采用十进制，所有表示金额的节点均采用十进制并精确到分，如表示一百二十三元四角五分为 123.45（报文中定义的为 Decimal 类型）。

所有数据结构由以 Schema 形式定义，所有 XML 数据能够通过对应 Schema 的合法性验证。

10 XML 符号定义

本技术要求中定义 XML 结构的 Schema 见图 19-45。

所有 XML 节点定义均以方框套点节名称定义，见图 19-45 中的 RootElement 及 Item1 到 Item8。

根据连接线可知各个节点的关系：Item1~Item8 均为 RootElement 的子节点。如果一个节点应出现且仅能出现一次，则其方框为实线，没有任何下标，如 Item1~Item5。

如果一个节点可以被省略，即其出现次数可以为 0，则其方框为虚线，如 Item6 和 Item7。Item6 的虚框下无下标，说明 Item6 最多可以出现一次；Item7 的虚框下有下标，指明其出现次数的上限是无穷大。

Item8 的下标说明其出现次数应在 4~8 次之间，否则不能通过 XML 合法性验证。

两个图形说明子节点的出现规则。前者表示子节点按结构图从上到下的顺序出现。例如，RootElement 的子节点应按 Item1、Item2、Item3……的顺序出现，否则无法通过合法性验证。后者表示子节点的出现是选择关系。例如，Item3、Item4、Item5 均为 RootElement 的子节点，但在任意一个 XML 文件中，只能出现这三者之一，不能同时出现。

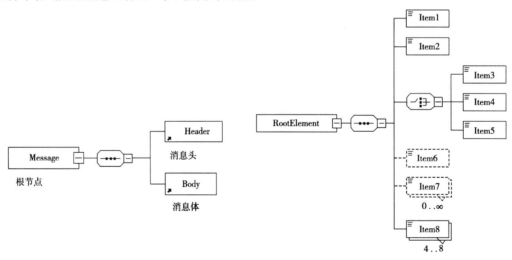

图 19-44　XML 基本结构　　　　图 19-45　XML 的 Schema 结构图

11 数据结构定义

所有传输中的消息，均通过 Schema 定义文件结构。所有根据 Schema 生成的 XML 文件，均应是合法的。

Schema 文件仅定义文件结构，无法对数据的逻辑合法性进行验证。XML 文件的应用系统应保证 XML 文件内容符合逻辑。

12 数据类型

Schema 中用于定义 XML 结构的部分数据类型说明见表 19-60。

表 19-60　XML 结构中部分数据类型说明

数据类型	说　　明	示　　例
Short	2 字节整数,以 10 进制表示	
Int	4 字节整数,以 10 进制表示	
Long	8 字节整数,以 10 进制表示	
Date	日期	YYYY-MM-DD,如 2008-01-25
DateTime	时间,采用 24h 表示法,以字符"T"作为日期与时间的分隔符,精确到秒	YYYY-MM-DDTHH:mm:ss,如 2008-01-25T15:33:46
HexBinary	在后文定义中简略为 Hex(n),以 16 进制数字对的方式表示一串字节数组的内容,高位在前,低位在后。n 为长度,每两个 16 进制数表示 1 个字节,所以,n 必定是偶数。不足规定长度的,左补 0。Schema 定义本身不规定 Hex 的长度(只要保证是偶数),长度控制由应用程序负责	001a345f 表示 0x001a345f。若使用 01a345f 则在验证 XML 文件合法性时会产生错误,因为数字串的长度是 7,不是偶数长度
Decimal	以 10 进制表示的浮点数	如 1340.56 等
String	字符串,为表示长度,在后文定义时使用 String(n)进行表示。n 为字符串最终存储的最大字节数。超过定义长度的部分将不被接收方处理。若省略 n,表示不规定字符串长度	汉字字符串字节长度的计算应以 GB18030 大字符集的编码为依据,1 个汉字用 2 个字节保存

19.2.1.3　消息头

消息头结构示意见图 19-46。

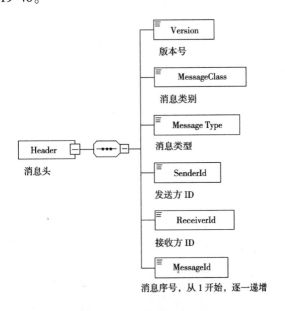

图 19-46　消息头结构示意图

消息头是所有消息均包含的第一个节点,表示消息的身份及用途,数据类型及意义见表19-61。

表19-61 消息头结构说明

名 称	数据类型	取 值 说 明
Version	Hex(8)	版本号,按照从高位到低位分解4字节的整数,每两个字节表示一个序号:前两个字节表示主版本号,后两个字节表示次版本号。如0x00010000表示版本1.0。本接口规范版本号统一使用0x00010000,表示版本1.0
MessageClass	Int	说明消息传输的机制
MessageType	Int	说明消息的应用类型
SenderId	Hex(16)	发送方ID,在整个系统中唯一
ReceiverId	Hex(16)	接收方ID,在整个系统中唯一
MessageId	Long	消息序号,从1开始,逐一递增,8字节

MessageClass以4字节整型表示,见表19-62。

表19-62 MessageClass取值说明

名 称	值	说 明
请求 Request	1	接收方需返回处理结果,请求方式
请求应答 Request Response	2	
建议 Advice	3	接收方需指明是否接受发送方的建议,返回信息简单
建议应答 Advice Response	4	
通知 Notification	5	接收方仅需指明接收是否正确
通知应答 Notification Response	6	

MessageType以4字节整型表示,见表19-63。

表19-63 MessageType取值说明

名 称	值
服务列表 Servcie List	1
价目表 Fare Products List	2
用户信息 Customer Details	3
分账规则 Apportionment Rules	4
对账总金额 Reconciliation Totals	5
授权 Authorization	6
交易 Transaction	7
报告已发送 Report Sent	8
密钥管理 Key Management	9
状态名单 Status List	10
设备状态 Equipment Status	11
例外事件 Event Exception	12

续上表

名 称	值
接受付费方式 Payment Method Acceptance	13
参与方信息 Operator List	14
公务卡名单 Privilege List	15
保留	16
保留	17
未定义的消息类型 Undefined Message Type	18
保留	19
重复收取外地车辆贷款道路通行费交易明细 Loan Refund Detail	20
重复收取外地车辆贷款道路通行费交易对账 Loan Refund Reconciliation	21

19.2.1.4 消息体

消息体结构示意见图 19-47。

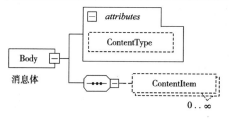

图 19-47 消息体结构示意图

消息体包含一个属性 ContentType 和多个内容对象。

消息头中的 MessageClass 说明消息传输、应答的方式；MessageType 说明消息内容所属应用分类；ContentType 说明在 MessageType 确定的应用中的具体分类。

并不是所有消息体均有 ContentType 属性。如果 MessageType 仅传递一种信息，则该类消息的消息体可忽略 ContentType 属性。

19.2.1.5 传输控制

发送方与接收方的数据传输采用一问一答方式。发送方在规定时间内，未接收到接收方的应答应通过自动重发、手动重发或文件导入/导出功能将数据传送到接收方。重发消息、导出消息的 MessageId 保持不变。

1 通用确认消息结构

1）应用范围

接收方收到发送方的消息后，应给予发送方回应。不同的 MessageClass，MessageType 所使用的返回消息结构不尽相同。但如果消息结构不正确（例如 MessageClass 值未定义等）无法通过校验的情况发生时，接收方需通知发送方消息异常。此时需使用通用确认消息结构。另外，对某些消息的回应相对简单，也使用通用确认消息结构发送。

各消息的详细回应说明请参与相关章节。

2）消息头

消息头结构说明见表 19-64。

表 19-64 消息头结构说明

名 称	数据类型	取 值 说 明
Version	Hex(8)	跨省市互通本次版本号统一使用 0x00010000，表示版本 1.0
MessageClass	Int	使用所接收消息的 MessageClass
MessageType	Int	使用与其对应的 Response 值

续上表

名　称	数据类型	取　值　说　明
SenderId	Hex(16)	当前参与方 ID
ReceiverId	Hex(16)	准备接收确认消息的参与方 ID
MessageId	Long	消息序号,从 1 开始,逐一递增,8 字节

3)应答消息内容

应答消息结构示意见图 19-48。

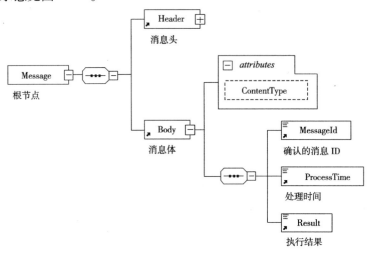

图 19-48　应答消息结构示意图

Body 的 ContentType 属性是可选的,在消息头 MessageClass 和 MessageType 的基础上进一步指出响应的是哪一类消息,与所回应的消息的 ContentType 保持一致。Body 各个子节点说明见表 19-65。

表 19-65　消息体子节点说明

名　称	数据类型	取　值　说　明
MessageId	Long	确认的消息 ID（对应于发送方的 Header 里的 MessageId）
ProcessTime	DateTime	处理时间
Result	Short	执行结果: 消息已正常接收(用于 Advice Response 时含已接受建议); 消息头错误,如 MessageClass 或 MessageType 不符合定义,SenderId 不存在等; 消息格式不正确,即 XML Schema 验证未通过; 消息格式正确但内容错误,包括数量不符,内容重复等; 消息重复; 消息正常接收,但不接受建议(仅用于 Advice Response); 消息版本错误

2　通用重发请求消息结构

1)应用范围

用于数据接收方向数据发送方请求重发基础信息等数据。

2)消息头

消息头结构说明见表 19-66。

表 19-66　消息头结构说明

名　　称	数 据 类 型	取　值　说　明
MessageClass	Int	1, Request
MessageType	Int	请求重发的数据类型对应的 MessageType
SenderId	Hex(16)	请求重发消息方 ID
ReceiverId	Hex(16)	接收消息的参与方 ID

3）消息内容

重发请求消息结构示意见图 19-49。

通用重发请求消息中没有更多的数据，其 Body 为空。

3　名单数据的版本控制

1）应用范围

用户状态名单、公务卡名单、基础信息等所有经常变动的数据。

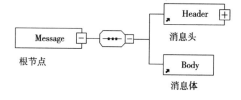

图 19-49　重发请求消息结构示意图

2）名单形式

名单数据会随着系统运行不断更新。所有名单类数据的更新方式分为整体更新和增量更新两类。整体更新是数据包包含所有名单记录，接收方通过删除原有名单，直接使用接收到的新名单即可达到名单同步的目的。增量更新是发送方只告知接收方发生数据内容改变的记录，接收方根据增量内容修改其现有名单从而达到数据同步。

3）名单顺序

整体下发是静态的，可以保证发送方与接收方名单数据的同步，但每当名单发生变化时都使用整体形式下发会降低系统效率。

增量下发是动态的，相对整体下发数据量少，适合及时通知接收方名单的改变。这种方式对发送顺序与接收顺序要求十分严格。如果接收顺序与发送顺序不同，会使数据更新异常。在名单数据中，以版本号表示发送的先后顺序。

名单超过单包发送的允许数量，应进行多包发送。在名单报文中增加总包数和第几包两个栏位，用于说明正在发送的是第几包，接收方根据总包数值和已接收到的包数判别是否已将该版本名单接收完毕。如果未收全某版本的状态名单，可通过重发请求消息，请求重发。

4）主动发送的版本处理

（1）处理规则

发送方保证版本号逐一递增。接收方校验版本号，并根据版本号及名单形式执行相应处理。

设接收方已处理的版本号为 OldVer，刚刚接收的名单版本号为 NewVer，处理规则如下：

①若 NewVer≤OldVer，说明当前使用的名单比接收到的名单版本更新，所以直接忽略接收到的名单。否则，转至下一步。

②如果新接收的名单是整体名单，则只要 NewVer > OldVer 即可直接处理接收到的名单，清除在第③步中临时保存的版本≤NewVer 名单，完成后更新 OldVer 的值，即设置 OldVer = NewVer。

③如果新接收的名单是增量名单，则只有 NewVer = OldVer + 1 时方可立即处理，并更新 OldVer 的值后转到第④步。否则临时保存该名单直到合适的名单（NewVer = OldVer + 1 的增量名单或 NewVer > OldVer 的整体名单）到达。

④等待时间 5min。若等待一段时间后仍没有合适的名单，则向发送方请求重发名单（如果以前已经发送过整体名单请求重发消息且没有收到回复则不发送），之后收到的名单分别按第②或③步处理。

（2）示例

名单处理示例流程图见图19-50。

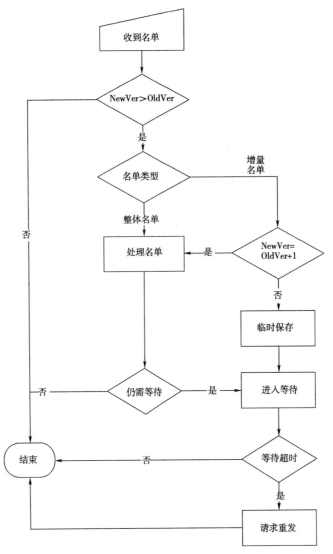

图19-50 名单处理示例流程图

图18-50中未包含退出等待状态,说明见下文示例。

"处理名单"包括的操作有：

①根据名单更新本地数据库；

②删除临时保存的版本号小于NewVer的名单；

③如果仍有临时保存的名单中存在,版本连续且与NewVer相邻,则循环处理这些名单；

④更新OldVer值为最大已处理名单的版本号。

处理完成后临时保存的只有版本号大于OldVer+1的名单。

等待状态中可以继续接收消息并处理。

示例：当前已处理的状态名单版本为3,之后收到的版本顺序为:6（增量）,7（增量）,4（增量）,9（增量）,8（整体）,10（回复请求重发的整体名单）,5（增量）。

处理过程为：

①收到版本为6的名单:临时保存,进入等待状态（假设等待时间结束为收到版本为9的名单之后）；

②收到版本为 7 的名单:临时保存,保持原等待状态;

③收到版本为 4 的名单:处理此名单,更新 OldVer 为 4,因为临时保存的名单显示仍缺版本为 5 的名单,所以不改变等待状态。等待时钟重新计时(假设等待时间结束仍为收到版本为 9 的名单之后);

④收到版本为 9 的名单:临时保存,保持原等待状态;

⑤等待结束,为及时得到最新的名单,发送名单请求重发消息给发送方;

⑥收到版本为 8 的整体名单:处理此名单,更新 OldVer 为 8,删除临时保存的版本为 6 和 7 的名单,不对这两个名单进行处理;

⑦处理临时保存的版本为 9 的名单,更新 OldVer 为 9,退出等待状态;

⑧收到版本为 10 的回复名单:处理此名单,更新 OldVer 为 10;

⑨收到版本为 5 的名单:忽略。

5)响应请求重发的版本处理

名单接收方可以向名单发送方请求发送当前完整的名单信息或增量名单信息。名单的发送方有两类:一类是名单的产生方,即产生用户状态名单的发行方;另一类是名单的转发方,即清分方。

名单的产生方在接收到重发请求后,可以产生包含整体名单数据及新版本号的数据名单,接收方的处理与主动发送的版本处理相同。

名单的转发方自己并不产生名单,所以不能产生新的版本号,只能使用当前最新的版本号。

名单转发方的处理规则如下:

(1)名单转发方接收到重发请求后,根据本地数据产生整体名单,并使用最新的版本号作为名单的版本号;

(2)设接收方已处理的版本号为 OldVer,刚刚接收的名单版本号为 NewVer,处理规则如下:

若 NewVer < OldVer,说明当前使用的名单比接收到的名单版本更新,所以直接忽略接收到的名单。否则,因为重发请求回应是整体名单,所以直接处理接收到的名单并更新 OldVer,删除所有临时保存的名单。

19.2.1.6 名单数据的有效期

名单数据除服务类型外,通信消息中每条记录均有生效时间。各个系统在使用名单数据时均需检查生效时间,并根据接收到的新的名单处理已有记录的失效时间。到达失效时间后,系统应自动将记录从名单中删除。名单数据应能保存多个版本。

用于传送名单数据的消息仅包含每条记录的生效时间,但在系统中,应保存名单记录的生效时间和失效时间。失效时间由接收系统自行维护。

以用户状态名单为例,当前系统使用的用户状态名单记录见表 19-67(生效时间及失效时间均可精确到秒,但示例中为简单仅精确到日;卡 ID 也只使用了内部编号)。

表 19-67 初始用户状态名单记录

卡 ID	状 态	生 效 时 间	失 效 时 间
1	透支	2007 年 8 月 1 日	无
2	挂失	2007 年 8 月 1 日	无
3	禁用	2007 年 8 月 1 日	无

因为名单消息中仅指出每条记录的生效时间,没有失效时间,所以默认为永不失效。失效时间根据新接收到的名单发生变化。

2007 年 8 月 4 日接收到增量状态名单见表 19-68,包含卡 ID 为 1、4、5、6 的记录。

表 19-68 增量状态名单记录

卡 ID	状态	生效时间	操作类型	被删除记录的原生效时间
1	透支	2007 年 8 月 5 日	删除	2007 年 8 月 1 日
2	禁用	2007 年 8 月 5 日	新增	
2	挂失	2007 年 8 月 5 日	删除	2007 年 8 月 1 日
4	透支	2007 年 8 月 5 日	新增	
5	禁用	2007 年 8 月 5 日	新增	

根据该增量名单更新后,系统中的名单记录见表 19-69。

表 19-69 更新后状态名单记录

卡 ID	状态	生效时间	失效时间
1	透支	2007 年 8 月 1 日	2007 年 8 月 5 日
2	挂失	2007 年 8 月 1 日	2007 年 8 月 5 日
2	禁用	2007 年 8 月 5 日	无
3	禁用	2007 年 8 月 1 日	无
4	透支	2007 年 8 月 5 日	无
5	挂失	2007 年 8 月 5 日	无

在 8 月 5 日之前,1 号卡仍然处于透支状态;到 8 月 5 日,系统应自动将其删除。同理,系统在 8 月 5 日删除 2 号卡状态为挂失的记录。在未收到新的名单之前,3~5 号卡的状态均永久有效。

在以上结果中,同时保存了有关 2 号卡的两条记录。系统根据自行维护的失效时间删除符合失效时间范围的记录。

8 月 6 日收到整体名单见表 19-70。

表 19-70 整体状态名单 1

卡 ID	状态	生效时间
2	禁用	2007 年 8 月 5 日
4	透支	2007 年 8 月 5 日
6	禁用	2007 年 8 月 8 日

则系统内状态名单更新见表 19-71。

表 19-71 整体状态名单 2

卡 ID	状态	生效时间	失效时间
2	禁用	2007 年 8 月 5 日	无
4	透支	2007 年 8 月 5 日	无
6	禁用	2007 年 8 月 8 日	无

整体名单包含全部最新的状态记录,所以直接删除系统中现有记录,并使用新数据更新即可。

19.2.1.7 参与方 ID

前 4 字节省内自定义,对于跨省数据接口后 4 字节为全 0;后 4 个字节标识区域中心或省级参与方 ID,统一使用省级行政区划代码的十六进制表示。

如 0x1F 上海,0x20 浙江,0x21 江苏,0x22 安徽,0x24 江西。

相应 XML 报文值十六进制显示值为 0B,0C,0D,1F,20,21,22,24。

两两结算模式参与方 ID 取值说明见表 19-72。

表 19-72　两两结算模式参与方 ID 取值说明

Hex(16)	省(区、市)名称	Hex(16)	省(区、市)名称
00000000 0000001F	上海	00000000 00000022	安徽
00000000 00000020	浙江	00000000 00000024	江西
00000000 00000021	江苏		

19.2.1.8　卡 ID 及卡类型

卡类型主要分为 CPU 用户卡和 OBU。

CPU 用户卡 ID 在本系统中的唯一性表示为：CPU 用户卡卡号，即卡片网络编码(2B) + 卡片内部编号(8B)。CPU 用户卡卡号的编码规则见第二部分"1　关键信息编码规则"。

车载单元 ID 在本系统中的唯一性表示为：OBU 序号(8B)。OBU 序号编码规则见第二部分"1　关键信息编码规则"。

在 XML 文件中，均以 HexBinary 表示，不足位数左侧补 0。

19.2.2　交易处理

19.2.2.1　应用范围

交易处理是公路收费交易从收费方到清分方，再到发行方的整个传输、记账、争议处理、清分统计、结算划账等各个过程的总和。本节说明在整个处理过程中使用的消息结构及处理流程。

所有交易消息的接收方均需通过通用确认消息通知发送方消息接收结果。

19.2.2.2　日间和日终交互消息说明

日间和日终交互消息示意见图 19-51。

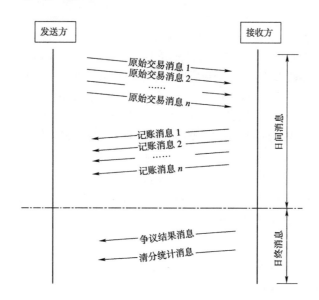

图 19-51　日间和日终交互消息示意图

日间消息主要交互原始交易消息，记账消息和状态名单消息。清分方进行清分日期切换后，进行交互日终消息，包括争议结果消息和清分统计消息。

19.2.2.3　处理规则

1　交易处理

交易记录在整个系统中打包传送。一个交易包中包含多条交易记录。发行方应以包为单位处理交易。交易处理流程见图 19-52。

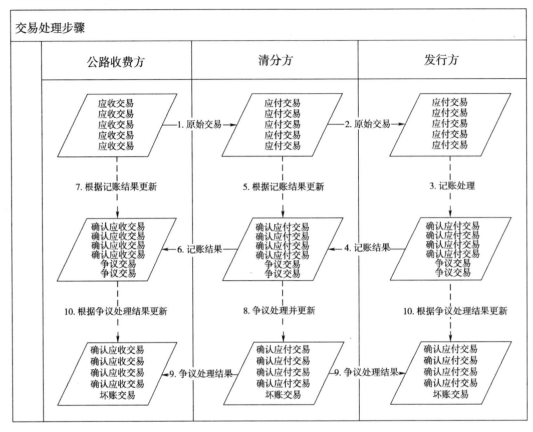

图 19-52 交易处理流程图

注:对于两两结算模式,公路收费方指产生交易的路方所属省(区、市)的清分结算中心,清分方指发生消费的异地 ETC 用户发行所属省(区、市)清分结算中心,发行方是指发生消费的异地 ETC 用户的发行机构;对于有区域联网清分中心模式,公路收费方指产生交易的路方所属省(区、市)的清分结算中心,清分方则指区域联网清分中心,发行方是指发生消费的异地 ETC 用户发行所属省(区、市)清分结算中心,具体异地省(区、市)清分结算中心与其发行机构之间的数据传输属于省(区、市)内事务,本技术要求不做规定。

1)公路收费方根据产生交易的 CPU 用户卡的发行方 ID 将本地公路收费方生成原始交易包转发给清分方。

2)清分方转发给产生交易的 CPU 用户卡所属的发行方。

3)发行方负责对接收到的原始交易进行记账处理,包括对交易的认证及确认是否可以从用户账户中扣除通行费。原始交易包中的交易处理结果为两类:确认付款或争议交易。记账结果信息包与原始交易包一一对应。

4)发行方将记账结果发送给清分方。

5)清分方根记账结果更新本地保存的数据。

6)清分方将记账结果转发给对应的产生原始交易的收费方。

7)清分方根据记账结果更新本地保存的数据。

8)清分方将记账结果转发给对应的产生原始交易的收费方。

9)公路收费方根据记账结果更新本地保存的数据。

经过以上处理,在各区域参与方系统中,每一个交易包所含的交易必定处于两种状态之一:确认付款或争议交易。确认付款的交易状态为最终状态,不会再发生变化;争议交易由清分中心协调各参与方进行处理。

1)争议交易由清分方负责协调处理。生成的结果由清分方输入,产生报表由涉及争议的收费方和发行方盖章确认。

2)经过各方确认后的争议处理结果为最终结果,所处理的交易最终被确定为确认付款或坏账状态,不会再发生变化。清分方将处理结果发送给涉及争议的收费方和发行方。

3)公路收费方和发行方根据争议处理结果更新本地数据。

原始交易包与发行方的记账处理结果包一一对应。

一次争议处理可以处理多个原始交易包中的所有或部分争议交易,每个交易包中的争议交易可以分多次处理。经过以上过程,除尚未处理的部分争议交易外,所有记录均处于确认付款或坏账状态。

2 清分目标日

清分方对收到的原始交易流水,将交易流水划归的结算日期。

主要用于与上传方按该日期对账结算。

3 清分范围

所有未清算处理的确认扣款原始交易和争议后确认付款的交易(可疑调整交易)均属于清分范围。

清分方(发行方)日切后,清分目标日自动切换到下一工作日,切换后上传的原始交易,顺延清分统计到下一工作日。

19.2.2.4 原始交易消息结构

1 应用范围

由公路收费方将交易分组打包后发送给清分方的原始交易数据。对于两两结算模式,交易数据的发送方向是:公路收费方→本地省(区、市)结算中心,本地省(区、市)结算中心→异地省(区、市)结算中心,异地省(区、市)结算中心→异地发行方,三个阶段的传输使用相同的消息结构;对于有区域联网清分中心模式,交易数据的发送方向是:公路收费方→本地省(区、市)结算中心,本地省(区、市)结算中心→区域联网清分中心,区域联网清分中心→异地省(区、市)结算中心,异地省(区、市)结算中心→异地发行方,四个阶段的传输使用相同的消息结构。

2 请求包格式

1)消息头

原始交易请求包消息头取值说明见表19-73。

表19-73 原始交易请求包消息头取值说明

名 称	数据类型	取 值 说 明
Version	Hex(8)	跨省市互通本次版本号统一使用0x00010000,表示版本1.0
MessageClass	Int	5,Notification
MessageType	Int	7,Transaction
SenderId	Hex(16)	公路收费方ID,清分方ID
ReceiverId	Hex(16)	清分方ID,发行方ID
MessageId	Long	消息序号,从1开始,逐一递增,8字节

SenderId与ReceiverId的取值见表19-74。

表19-74 发送方与接收方对应关系

发送阶段	SendId	ReceiverId
公路收费方→清分方	公路收费方ID	清分方ID
清分方→发行方	清分方ID	发行方ID

2）消息内容

请求包消息体结构示意见图19-53。

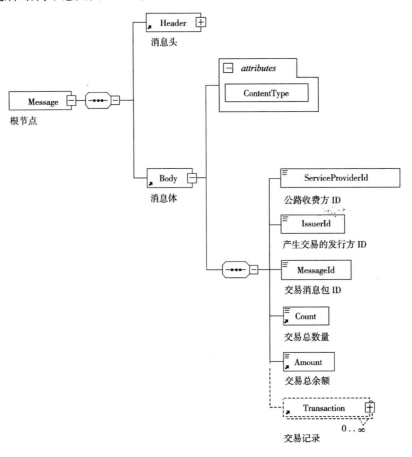

图19-53　请求包消息体结构示意图

交易信息中,Body 的 ContentType 始终为1,Body 各个子节点说明见表19-75。

表19-75　消息体结构说明

名　　称	数 据 类 型	取 值 说 明
ServiceProviderId	Hex(16)	收费方 ID,表示消息包中的交易是由哪个公路收费方产生的
IssuerId	Hex(16)	发行方 ID,表示产生交易记录的 CPU 用户卡所属的发行方
MessageId	Long	交易消息包 ID。由公路收费方发送包到清分方时,该字段与消息头的 MessageId 相同。清分方发出的消息此字段不用改变。各参与方可通过 ServiceProviderId 和 MessageId 在系统唯一确定一个原始交易信息包。公路收费方消息发送失败重发时,消息头与消息体使用原相同 MessageId 不变重发
Count	Int	本消息包含的记录数量
Amount	Decimal	交易总金额

收费方按照 CPU 用户卡所属的发行方,将原始交易分组打包,发送给清分方。清分方按交易包中指明的发行方将交易提交给对应对发行方处理。

交易包中包含原始交易记录。交易记录的格式见图19-54。

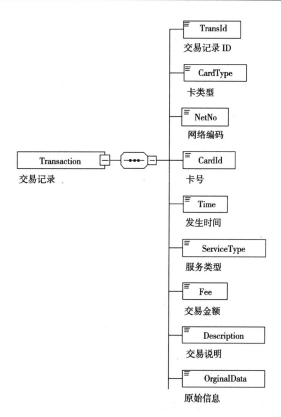

图 19-54 交易记录结构示意图

交易记录的属性说明见表 19-76。

表 19-76 交易记录属性说明

名　　称	数 据 类 型	取　值　说　明
TransId	Int	是由公路收费方产生的该包内顺序 ID,从 1 开始递增。在公路收费方、清分方、发行方三方的交易通信过程中均采用此 ID 表示包内唯一的交易记录。通过 MessageId 与 TransId,可以在系统中唯一确定一条交易
CardType	Short	卡类型
NetNo	Hex(4)	卡网络编码
CardId	Hex(16)	CPU 用户卡内部编号
Time	DateTime	交易的发生时间
ServiceType	Short	交易的服务类型,取值见基础信息维护 ServiceType Short 服务类型: 1:公路电子收费; 2:停车场; 3:加油; 4:~10000:系统保留; 10001 以上:在系统实现时可自行定义内部使用的服务类型

续上表

名 称	数 据 类 型	取 值 及 说 明
Fee	Decimal	交易的发生金额
Description	String	采用 GB2312 编码,对交易的文字解释。如:回龙观北入口至清河主出口
OriginalData	String	包含所有校验信息在内的原始信息

为了给用户提供完整的消费清单,即使消费金额为0,也应将交易信息发送给发行方。

OriginalData 项以字符串方式记录车道交易流水,XML 栏位使用 HEXBINARY 类型表示原16进制字节的值,如:使用"001a345f"8 个字符,表示原始交易16 进制 0x001a345f。各字段不允许为空,如果某字段交易数据为空,则在 OriginalData 中对应表示为 0。清分方原则上不处理 OriginalData 中的数据。

字段组织顺序及内容见表19-77。

表19-77 OriginalData 数据构成

序号	字段名称	内部名称	XML 类型	XML 宽度	备 注
1	TAC 校验码	TAC	hexbinary	8	
2	交易金额	TxnAmt	hexbinary	8	
3	交易类型	TxnType	hexbinary	2	
4	终端机编号	PosId	hexbinary	12	
5	交易的终端流水号	PosSeq	hexbinary	8	
6	交易时间	TxTime(TxnDate + TxnTime)	hexbinary	14	YYYYMMDDHHMISS
7	TAC 保留串	Reserve	hexbinary	4	
8	交易后余额	Balance	hexbinary	8	
9	交易前余额	PreBalance	hexbinary	8	
10	卡计数器	Iccounter	hexbinary	4	

3)发送规则

收费方将原始交易包发送给清分方需满足如下两个条件之一:

(1)到达预定义的时间间隔(如 10min、0.5h);

(2)在时间间隔未到达前,积累未发送的记录达到一定数量(数量值自定义)。

3 应答包格式

1)应答消息内容

原始交易应答包消息结构见图 19-55。

2)消息头

原始交易应签包消息头说明见表 19-78。

表19-78 原始交易应签包消息头说明

名 称	数 据 类 型	取 值 说 明
Version	Hex(8)	跨省市互通本次版本号统一使用 0x00010000,表示版本 1.0
MessageClass	Int	6

续上表

名　　称	数据类型	取　值　说　明
MessageType	Int	7
SenderId	Hex(16)	当前参与方 ID
ReceiverId	Hex(16)	准备接收确认消息的参与方 ID
MessageId	Long	消息序号,从 1 开始,逐一递增,8 字节

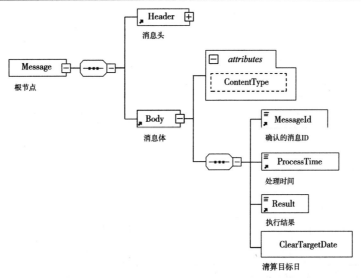

图 19-55　原始交易应答包消息结构图

Body 的 Body 的 ContentType 始终为 1。

Body 各个子节点说明见表 19-79。

表 19-79　记账处理请求包消息头说明

名　　称	数据类型	取　值　说　明
MessageId	Long	确认的消息 ID
ProcessTime	DateTime	处理时间
Result	Short	执行结果: 消息已正常接收(用于 Advice Response 时含已接受建议); 消息头错误,如 MessageClass 或 MessageType 不符合定义,SenderId 不存在等; 消息格式不正确,即 XML Schema 验证未通过; 消息格式正确但内容错误,包括数量不符,内容重复等; 消息重复; 消息正常接收,但不接受建议(仅用于 Advice Response); 消息版本错误
ClearTargetDate	String	YYYYMMDD 清算方(发行方)确认归属的清分日期 接收方业务处理失败添全 0,对于消息重复应答仍需回填归属清分日期

19.2.2.5 记账处理消息结构

1 应用范围

用于发行方日间校验处理异地原始交易后,将校验处理后的扣款结果(包括可疑账)发送给上传方。

记账消息是由发行方根据清分方传来的收费方原始交易包经过记账处理后的结果。对每一个收费方原始交易包,发行方均返回且仅返回一个记账处理结果。

清分方接到记账处理后要转发到相应收费方。记账数据的发送方向是:发行方→清分方→收费方,三个阶段的传输使用相同的消息结构。

2 请求包格式

1)消息头

发送方与接收方对应关系见表19-80。

表19-80 发送方与接收方对应关系

名 称	数据类型	取 值 说 明
Version	Hex(8)	跨省市互通本次版本号统一使用0x00010000,表示版本1.0
MessageClass	Int	5,Notification
MessageType	Int	5,Reconciliation Totals
SenderId	Hex(16)	发行方ID,清分方ID
ReceiverId	Hex(16)	清分方ID,公路收费方ID
MessageId	Long	消息序号,从1开始,逐一递增,8字节

SenderId与ReceiverId的取值见表19-81。

表19-81 记账消息体子节点说明

发 送 阶 段	SendId	ReceiverId
发行方→清分方	发行方ID	清分方ID
清分方→公路收费方	清分方ID	公路收费方ID

2)消息内容

记账处理消息请求包结构示意见图19-56。

记账消息的ContentType始终为1,Body各个子节点说明见表19-82。

表19-82 记账消息体子节点说明

名 称	数据类型	取 值 说 明
ServiceProviderId	Hex(16)	公路收费方ID,指明当前记账消息针对的是哪一个公路收费方
IssuerId	Hex(16)	发行方ID,说明记账消息是哪一个发行方产生的
MessageId	Long	表示是针对哪一个公路收费方的交易包。取值为原始交易包消息体中MessageId的值
ProcessTime	DateTime	
Count	Int	本消息对应的原始交易包中交易记录的数量
Amount	Decimal	确认记账总金额
DisputedCount	Int	本消息包含的争议交易数量(可疑账笔数)

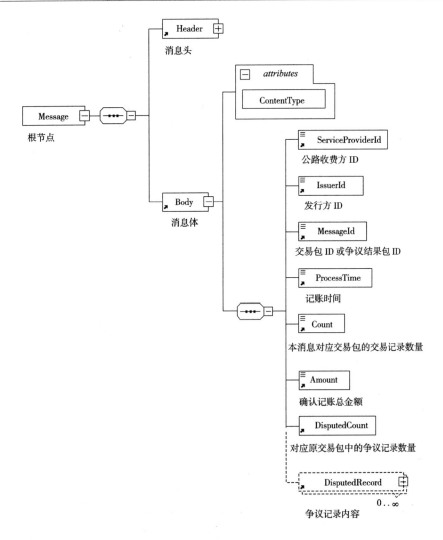

图 19-56　记账处理消息请求包结构示意图

记账处理结果仅返回有争议(可疑)的交易记录明细。未包含在争议交易记录明细中的交易,均默认为发行方已确认可以付款。

争议记录的格式见图 19-57,说明见表 19-83。

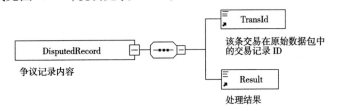

图 19-57　记账交易记录消息体结构示意图

表 19-83　记账交易记录消息体结构说明

名　　称	数 据 类 型	取　值　说　明
TransId	Int	表示该条交易在原始数据包中的交易记录 ID 是由收费方产生的该包内顺序 ID,从 1 开始递增。在收费方、清分方、发行方三方的交易通信过程中均采用此 ID 表示包内唯一的交易记录。通过 MessageId 与 TransId,可以在系统中唯一确定一条交易
Result	Short	处理结果,详细解释见表 19-84

记账处理结果 Result 定义见表 19-84。

表 19-84 记账处理结果定义

取值	说明
1	验证未通过（如：TAC 错误）
2	重复的交易信息
3	表示对此交易有疑义，由于用户状态变化拒付（如黑名单交易）
4	无效交易类型
5	逾期超过设定值
6	交易数据域错
7	超过最大交易限额
8	卡号不存在
9	卡状态不匹配
10	卡超过有效期
11	不允许的交易
12	卡片序列号不匹配
13	测试交易
14	卡账不符（仅用于储值卡）
15	无效卡类型
100	其他

3 应答包格式

1）应答消息内容

记账处理应答包结构示意见图 19-58。

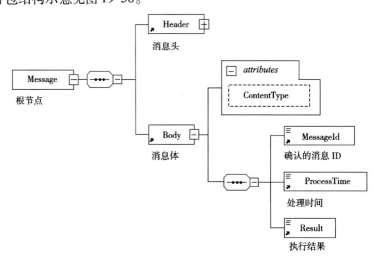

图 19-58 记账处理应答包结构示意图

2）消息头

应答包消息头取值说明见表 19-85。

表 19-85 应答包消息头取值说明

名 称	数据类型	取 值 说 明
Version	Hex(8)	跨省市互通本次版本号统一使用 0x00010000,表示版本 1.0
MessageClass	Int	6
MessageType	Int	5
SenderId	Hex(16)	当前参与方 ID
ReceiverId	Hex(16)	准备接收确认消息的参与方 ID
MessageId	Long	消息序号,从 1 开始,逐一递增,8 字节

Body 的 ContentType 属性是可选的,在消息头 MessageClass 和 MessageType 的基础上进一步指出响应的是哪一类消息,与所回应的消息的 ContentType 保持一致。Body 各个子节点说明见表 19-86。

表 19-86 应答包消息体取值说明

名 称	数据类型	取 值 说 明
MessageId	Long	确认的消息 ID
ProcessTime	DateTime	处理时间
Result	Short	执行结果: 消息已正常接收(用于 Advice Response 时含已接受建议); 消息头错误,如 MessageClass 或 MessageType 不符合定义,SenderId 不存在等; 消息格式不正确,即 XML Schema 验证未通过; 消息格式正确但内容错误,包括数量不符,内容重复等; 消息重复; 消息正常接收,但不接受建议(仅用于 Advice Response); 消息版本错误

4 处理流程

记账处理流程见图 19-59。

发送方发送交易处理的消息类别(MessageClass)的值都为 5(通知 Notification),此类消息应在发送后一段时间内收到接收方发来的 MessageClass 的值为 6(通知应答 Notification Response)、消息内容中 MessageId 与本消息的 MessageId 相同且 Result 值为 0 的确认消息才算正确发送,否则需要重新发送相同的包或根据 Result 值作相应处理后再发送。

接收方在收到 MessageClass 值为 5 的消息后解包并作完整性和正确性校验后给发送方发送 MessageClass 值为 6 的确认消息(确认消息结构见确认消息结构)。详细流程如下:

1)公路收费方按照交易的发行方打包将交易数据通过清分方转发给相应的发行方做记账处理。

2)发行方对交易认证。未通过认证交易的状态为待决应付,属于争议交易。

3)发行方根据通过认证交易的明细及用户状态记账,把交易状态更改为待决应付或确认应付。

4)发行方合并待决交易及确认应付交易结果,发送给清分方。处理结果中的 MessageId 是清分方发来交易包(公路收费方交易包或争议处理结果包)的 MessageId。

5)清分方根据发行方提供的记账处理结果更新交易状态。

6)清分方根据 ServiceProviderId 确定公路收费方并将结果发送给相应的公路收费方。

7)公路收费方根据记账处理结果和认证失败的交易修改原始交易的状态为确认应收或待决应收。

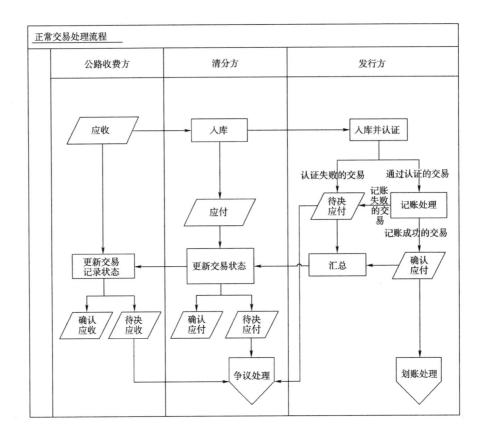

图 19-59 记账处理流程

8）对于三方中状态为待决应收或待决应付的交易由三方协商作争议处理。

9）公路收费方发出的交易包与发行方生成的记账信息包之间的关系如下：

10）公路收费方的交易包与清分方分组转发给发行方的交易包是一对一的关系。清分方不对原始交易包的内容作任何修改。包与包之间的对应关系由公路收费方交易包的 MessageId 确定。

11）发行方返回的记账信息包与收费方的交易包是一对一关系；发行方返回的记账信息包与清分方发送的争议处理结果包是一对一关系。以上关系均由包内的 MessageId 确定。即针对每一个包含交易信息的数据包（无论是公路收费方的原始交易包还是清分方的争议处理结果包），发行方均有且只有一个记账消息与之对应。

12）交易记录之间的关系由 MessageId 和 TransId 确定。

19.2.2.6 争议交易处理（可疑账调整数据）

1 应用范围

每日日终处理后清分方将上一清算日进行可疑调整确认的争议结果处理数据发送给收费上传方和发行方。

争议交易一般出现在以下几种情况：数据重复；未通过认证；发行方由于用户状态等原因拒付；交易额超出最大限额等。

本技术要求所述的争议交易是本地公路收费方与异地发行方之间产生的争议。省（区、市）内的争议由本省（区、市）结算中心协调处理。

争议交易处理结果的发送方向是：清分方→公路收费方，清分方→发行方。

2 请求包格式

1）消息头

请求包消息头结构说明见表 19-87。

表 19-87 请求包消息头结构说明

名 称	数 据 类 型	取 值 说 明
Version	Hex(8)	跨省市互通本次版本号统一使用 0x00010000,表示版本 1.0
MessageClass	Int	5,Notification
MessageType	Int	7,Transaction
SenderId	Hex(16)	清分方 ID
ReceiverId	Hex(16)	公路收费方 ID,发行方 ID
MessageId	Long	消息序号,从 1 开始,逐一递增,8 字节

2) 消息内容

争议交易请求包结构示意见图 19-60。

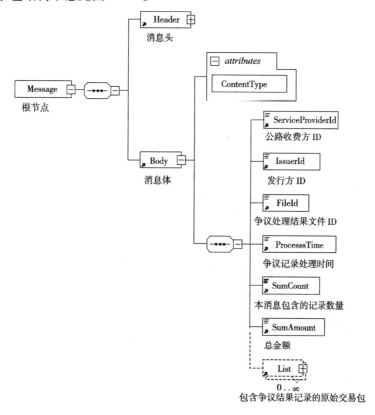

图 19-60 争议交易请求包结构示意图

争议记录与原始交易记录的 MessageClass 和 MessageType 相同。争议记录 Body 的 ContentType 始终为 2,与交易记录的 1 相区别。Body 各个子节点说明见表 19-88。

表 19-88 争议交易请求包消息体结构说明

名 称	数 据 类 型	取 值 说 明
ServiceProviderId	Hex(16)	公路收费方 ID,表示争议交易是由哪个公路收费方产生的
IssuerId	Hex(16)	发行方 ID,表示争议交易属于哪一个发行方
FileId	Int	争议结果文件 ID,使用此栏位确认争议归属清算日期(现使用 OBU 中心清算日 ClearTargetDate 作为唯一标识,YYYYMMDD)。 如果争议结果文件每天需要交互多次,建议 FileID 编码规则改为前 8 位为争议处理结果归属清算日 yyyymmdd,加 1 位序号

续上表

名 称	数 据 类 型	取 值 说 明
ProcessTime	DateTime	争议处理时间
SumCount	Int	本消息包含的记录数量,包括经讨论确认付款的记录和坏账记录数量
SumAmount	Decimal	确认需要记账的总金额

争议交易记录 List 的格式见图 19-61,说明见表 19-89。

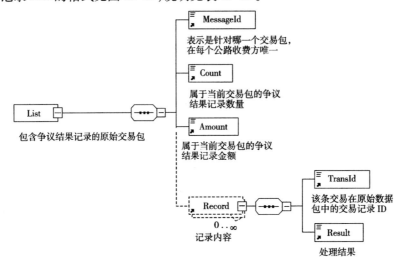

图 19-61 争议交易记录 List 结构示意图

表 19-89 争议交易记录 List 结构说明

名 称	数 据 类 型	取 值 说 明
List		表示其包含的争议结果记录来自于收费方某个原始交易包
MessageId	Long	收费方原始交易包 ID
Count	Int	属于当前交易包的争议结果记录数量
Amount	Decimal	属于当前交易包的争议结果记录金额
Record		争议处理结果记录
TransId	Int	表示该条交易在原始数据包中的交易记录 ID
Result	Short	0:表示正常支付;1:表示此交易作坏账处理

对争议交易的处理结果是或者全额付款,或者按坏账处理不付款,不会发生只支付一部分的情况,所以此处不再说明应支付的金额。

3 应答包格式

1)应答消息内容

争议交易处理应答包结构示意见图 19-62。

2)消息头

争议交易处理应答包消息头说明见表 19-90。

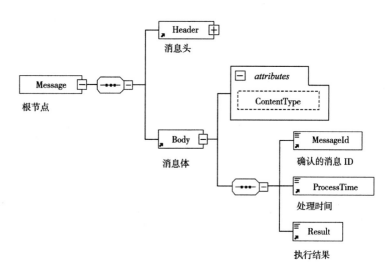

图 19-62　争议交易处理应答包结构示意图

表 19-90　争议交易处理应答包消息头说明

名　　称	数据类型	取　值　说　明
Version	Hex(8)	跨省市互通本次版本号统一使用 0x00010000,表示版本 1.0
MessageClass	Int	6,Notification Response
MessageType	Int	7,Transaction
SenderId	Hex(16)	当前参与方 ID
ReceiverId	Hex(16)	准备接收确认消息的参与方 ID
MessageId	Long	消息序号,从 1 开始,逐一递增,8 字节

Body 的 ContentType 始终为 2。Body 各个子节点说明见表 19-91。

表 19-91　争议交易处理应答包消息体结构说明

名　　称	数据类型	取　值　说　明
MessageId	Long	确认的消息 ID
ProcessTime	DateTime	处理时间
Result	Short	执行结果: 消息已正常接收(用于 Advice Response 时含已接受建议); 消息头错误,如 MessageClass 或 MessageType 不符合定义,SenderId 不存在等; 消息格式不正确,即 XML Schema 验证未通过; 消息格式正确但内容错误,包括数量不符,内容重复等; 消息重复; 消息正常接收,但不接受建议(仅用于 Advice Response); 消息版本错误

4　处理流程

争议交易处理流程示意见图 19-63。

争议交易由清分方、发行方、公路收费方协商后得出处理结果,由清分方负责产生争议交易处理结果数据包并发送给公路收费方和发行方。

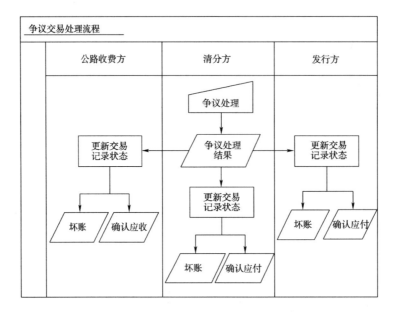

图 19-63 争议交易处理流程示意图

每次争议处理,均只能处理一个公路收费方与一个发行方间的争议交易。每次处理可以包含该组公路收费方与发行方之间多个交易信息包中的交易。一个原始交易包中被发行方认定有争议的交易可以分多次处理,被包含在多个争议处理结果中。已被处理的争议交易不得被再次处理。

每次处理,产生一个处理结果文件,以 FileId 作为唯一标识。FileId 编码规则:暂时使用发行方清算日期 ClearTargetDate,通过 FileId 可直接确认本次争议结果归属的清算日期便于清分统计对账。

由清分方提交争议结果前,清分方按争议结果生成一份正式的文件,打印后由各方签字保存,作为争议处理结果的凭证。每份凭证均有唯一的文件号 FileId。该凭证是执行争议结果的依据。

通过协商后由清分方产生的争议处理结果为最终结果,各方均需按该结果执行相应操作。

争议交易消息中的记录不包含交易细节,仅提供交易记录号。公路收费方和发行方应使用交易记录号 TransId 获取交易细节以进一步处理。

发行方和公路收费方接收到争议处理结果后应按其内容将对应交易记录设置为确认应收/付或坏账。

19.2.2.7 清分统计消息结构

1 应用范围

清分方按清分日统计发行方已经确认并可以付款的交易,产生清分统计信息,发送给公路收费方核对。交易数据的发送方向是:清分方→收费方。

2 请求包格式

1)消息头

请求包消息头结构说明见表 19-92。

表 19-92 请求包消息头结构说明

名 称	数据类型	取 值 说 明
Version	Hex(8)	跨省市互通本次版本号统一使用 0x00010000,表示版本 1.0
MessageClass	Int	5,Notification
MessageType	Int	5,Reconciliation Totals
SenderId	Hex(16)	清分方 ID
ReceiverId	Hex(16)	公路收费方 ID,发行方 ID
MessageId	Long	消息序号,从 1 开始,逐一递增,8 字节

2）消息内容

清分统计请求包消息体结构示意见图 19-64。

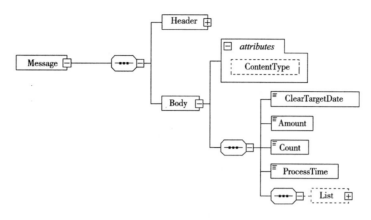

图 19-64　清分统计请求包消息体结构示意图

清分消息的 MessageClass 及 MessageType 与记账消息相同。清分消息的 ContentType 始终为 2，以与记账消息相区别。Body 各个子节点说明见表 19-93。

表 19-93　清分统计请求包消息体结构说明

名　　称	数 据 类 型	取　值　说　明
ClearTargetDate	Date	清分日
Amount	Decimal	清分总金额（确认付款金额）
Count	Int	对应清分总金额的的交易记录数量，包含原始交易包中由发行方确认应付的交易数量和争议处理结果中确认应付的交易数量之和，不包含争议处理结果中为坏账的记录数量
ProcessTime	DateTime	清分统计处理时间

ProcessTime 之后的内容，或者包含 0 或多个 List，或者仅包含一个 List。前者是清分方为发行方产生的清分统计结果，后者是为公路收费方产生的清分统计结果。

清分细节 List 格式见图 19-65，说明见表 19-94。

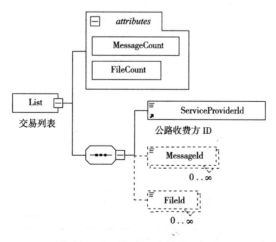

图 19-65　清分统计 List 结构示意图

表 19-94 清分统计 List 结构说明

名称	数据类型	取值说明	
MessageCount	Int	本次清分包含的所有原始交易包数量	
FileCount	Int	本次清分包含的所有争议处理结果包数量	
ServiceProviderId	Hex(16)	公路收费方 ID	在系统内唯一确定原始交易消息包 ID
MessageId	Long	公路收费方发的原始交易包 ID	
FileId	Int	争议处理结果文件 ID（可疑调整数据）	

List 说明本次清分所包含的交易记录范围。该范围可以通过交易记录消息包 MessageId 和争议处理结果 FileId 确定。

3 应答包格式

1）应答消息内容

清分统计应答包构成示意见图 19-66。

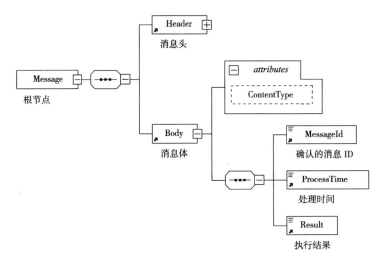

图 19-66 清分统计应答包构成示意图

2）消息头

清分统计应答包消息头结构说明见表 19-95。

表 19-95 清分统计应答包消息头结构说明

名称	数据类型	取值说明
Version	Hex(8)	跨省市互通本次版本号统一使用 0x00010000，表示版本 1.0
MessageClass	Int	6，Notification Response
MessageType	Int	5，Reconciliation Totals
SenderId	Hex(16)	当前参与方 ID
ReceiverId	Hex(16)	准备接收确认消息的参与方 ID
MessageId	Long	消息序号，从 1 开始，逐一递增，8 字节

Body 的 ContentType 属性是可选的，在消息头 MessageClass 和 MessageType 的基础上进一步指出响应的是哪一类消息，与所回应的消息的 ContentType 保持一致。Body 各个子节点说明见表 19-96。

表 19-96 清分统计应答包消息体结构说明

名 称	数据类型	取 值 说 明
MessageId	Long	确认的消息 ID
ProcessTime	DateTime	处理时间
Result	Short	执行结果： 消息已正常接收（用于 Advice Response 时含已接受建议）； 消息头错误，如 MessageClass 或 MessageType 不符合定义，SenderId 不存在等； 消息格式不正确，即 XML Schema 验证未通过； 消息格式正确但内容错误，包括数量不符，内容重复等； 消息重复； 消息正常接收，但不接受建议（仅用于 Advice Response）； 消息版本错误； 清分统计对账失败

4 处理流程

清分方每日定时以前一日为清分日进行清分统计，产生的结果发送给发行方和公路收费方核对。清分统计结果是最终结算划账的依据。

清分统计生成后不能更改。

19.2.3 用户状态处理

用户状态名单在接收方处理时不会有延迟，采用建议（Advice）的形式传送。

19.2.3.1 发送状态名单

随着用户在系统中使用各种服务，其账户状态不可避免地会发生改变。例如从正常状态变为低值，又从低值变为透支，最后经付费后又恢复为正常等。

为给用户提供更好的服务，也为了避免公路收费分系统因用户状态异常而产生不必要的损失，及时地更新用户状态是必要的。

清分方只对各个发行分系统提交的用户状态信息进行转发，不自行修改用户状态信息。

在收到发行方或其他清分方发送过来的用户状态列表后，清分方更新本地数据并立即转发给路网内所有公路收费方，整个转发过程有详细的日志，并且支持手动指定下发功能。在特殊情况下，可以支持人工使用移动介质传输数据。

1 发送消息结构

从发行方到清分方再到公路收费方使用相同的记录格式。

1）消息头

发送状态名单消息头结构说明见表 19-97。

表 19-97 发送状态名单消息头结构说明

名 称	数据类型	取 值 说 明
Version	Hex(8)	跨省市互通本次版本号统一使用 0x00010000，表示版本 1.0
MessageClass	Int	3，Advice 或 2，Request Response 对应于请求重发消息应答
MessageType	Int	10，Status List
SenderId	Hex(16)	发送方 ID，可以是发行方或清分方
ReceiverId	Hex(16)	接收方 ID，可以是清分方或公路收费方
MessageId	Long	消息序号，从 1 开始，逐一递增，8 字节

SenderId 与 ReceiverId 的取值见表 19-98。

表 19-98 发送方与接收方对应关系

发 送 阶 段	SendId	ReceiverId
发行方→清分方	发行方 ID	清分方 ID
清分方→公路收费方	清分方 ID	公路收费方 ID

主动发送时 MessageClass 使用 3(Advice)，响应请求重发时使用 2(Request Response)。

2）消息内容

用户状态名单消息构成示意见图 19-67。

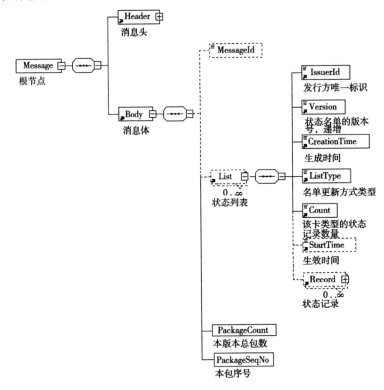

图 19-67 用户状态名单消息构成示意图

MessageId 是可选对象，用于消息接收方回应消息发送方对状态名单的重发请求，表示发送的状态名单回应的是哪一条重发请求消息。参与方主动发送状态名单时不使用该对象。

状态名单消息包含多个状态列表 List。每个 List 对应一个发行方产生的状态名单。通过一个消息，清分方可以将所有发行方产生的状态发送给公路收费方。在逻辑处理上，清分方可以一个一个地发送状态名单，但在数据结构上，消息定义支持一个消息包含多个发行方的状态名单。

List 的各个属性说明见表 19-99。

表 19-99 状态列表 list 属性说明

名 称	数 据 类 型	取 值 说 明
IssuerId	Hex(16)	发行方唯一标识
Version	Int	状态名单的版本号，递增，由发行方维护
CreationTime	DateTime	发行方生成状态名单的时间
ListType	Short	0:表示整体更新,1:表示增量更新
Count	Int	状态记录数量
StartTime	DateTime	生效时间,对 List 中所有记录均有效。如果有此项,Record 的记录应不使用每条记录的 StartTime 项

状态记录结构见图 19-68。

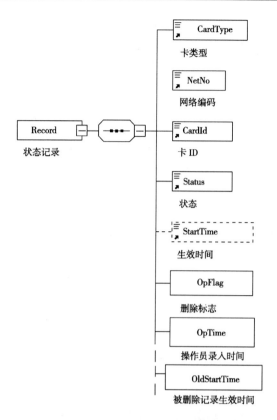

图 19-68 状态记录结构示意图

状态记录的格式见表 19-100。

表 19-100 状态记录结构说明

名 称	数 据 类 型	取 值 说 明
CardType	Short	卡类型
NetNo	Hex(4)	卡网络编号,编码方式应符合第二部分"1 关键信息编码"的规定
CardId	Hex(16)	卡片内部编号(卡发行号),编码方式应符合第二部分"1 关键信息编码"的规定
Status	Short	状态类型: 1:正常; 2:挂失; 3:低值; 4:透支; 5:禁用; 6:拆卸 OBU; 7:灰名单
StartTime	DateTime	生效时间,如果使用了总体的 StartTime 项,则在记录中不使用本项;否则必须使用本项
OpFlag	Short	1:新增; 2:删除

续上表

名　称	数据类型	取　值　说　明
OpTime	DateTime	操作员录入时间,用于接收方按此时间先后进行顺序记录处理
OldStartTime	DateTime	可选项,OpFlag 为删除操作应包含此栏位。表示对应卡号此生效时间对应的待删除(失效)记录

在数据结构上支持一次性将所有状态名单下发。在实际处理中可以一次只发送一个发行方某一个卡类型的状态名单。提供数据结构上的支持是为了接收方请求重新发送状态名单时处理简单。

状态记录的顺序处理约定,虽然状态名单中例明了记录的生效时间 StartTime,但是业务操作中存在后续操作录入记录的生效时间,提前生效的情况。这里增设 OpTime 用于接收方按发送方的录入次序依次处理,保证增量更新的一致。

PackageCount 和 PackageSeqNo 用于控制版本内黑名单数量过大,无法由单包通信完成情况下,进行多包发送某版本状态名单时,说明发送总包数和第几包,便于接收方接收完整性控制。如果接收方等待超时无法收全所有包,需向下发方请求重发,说明见 19-101。

表 19-101 PackageCount 和 PackageSeqNo 说明

名　称	数据类型	取　值　说　明
PackageCount	Int	用于说明该版本状态名单总共下发的包数
PackageSeqNo	Int	用于说明该报文对应状态名单的第几包

2　应答消息结构

使用通用确认消息结构。

1)应用范围

接收方使用通用确认消息结构建立回应消息告知发送方接收结果。

用户状态包应答消息构成示意见图 19-69。

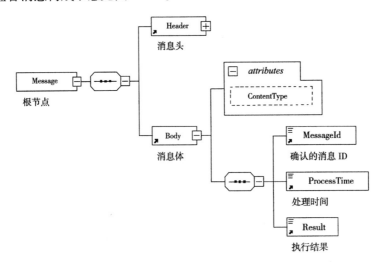

图 19-69　用户状态包应答消息构成示意图

2)消息头

用户状态包应答消息消息头结构说明见表 19-102。

表19-102 用户状态包应答消息消息头结构说明

名　　称	数据类型	取　值　说　明
Version	Hex(8)	跨省市互通本次版本号统一使用0x00010000,表示版本1.0
MessageClass	Int	4,AdviceResponse
MessageType	Int	10,Status List
SenderId	Hex(16)	当前参与方 ID
ReceiverId	Hex(16)	准备接收确认消息的参与方 ID
MessageId	Long	消息序号,从1开始,逐一递增,8字节

SenderId 与 ReceiverId 的取值见表19-103。

表19-103 发送方与接收方对应关系

发　送　阶　段	SendId	ReceiverId
发行方→清分方	发行方 ID	清分方 ID
清分方→公路收费方	清分方 ID	公路收费方 ID

Body 的 ContentType 属性是可选的,在消息头 MessageClass 和 MessageType 的基础上进一步指出响应的是哪一类消息,与所回应的消息的 ContentType 保持一致。Body 各个子节点说明见表19-104。

表19-104 应签包消息体子节点说明

名　　称	数据类型	取　值　说　明
MessageId	Long	确认的消息 ID
ProcessTime	DateTime	处理时间
Result	Short	执行结果: 消息已正常接收(用于 Advice Response 时含已接受建议); 消息头错误,如 MessageClass 或 MessageType 不符合定义,SenderId 不存在等; 消息格式不正确,即 XML Schema 验证未通过; 消息格式正确但内容错误,包括数量不符,内容重复等; 消息重复; 消息正常接收,但不接受建议(仅用于 Advice Response); 消息版本错误

如果收到的状态名单版本号跳号,且本地系统需临时保存名单但暂不处理,则确认消息 Result 应使用6(接收正确)。

3　消息处理流程

用户状态消息处理流程见图19-70。

状态的产生包含人工输入和交易处理自动更新两种。前者是客服系统根据用户的续费、挂失等活动产生的;后者是系统处理交易从用户账户中记账导致账户状态变化产生的。

用户状态一旦变化,系统可以立即下发,也可以间隔一定的时间汇总后下发。

发送方式分为整体发送和增量发送两种。

清分方只对各个发行方提交的用户状态信息进行转发,不自行修改用户状态信息。

在收到发行方或其他清分方发送过来的用户状态信息后,系统具备提醒功能,并进行消息合法性校验。如果消息非法,则给发行方返回一条异常确认消息;如果合法,则更新本地系统的用户状态名

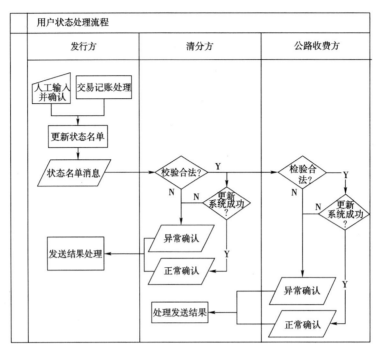

图 19-70 用户状态消息处理流程图

单,如果更新失败,则给发行方返回一条异常确认消息,更新成功就返回一条正常确认消息。更新成功后,立即将此消息包自动转发给路网内所有公路收费方。

公路收费方在收到清分方转发过来的用户状态名单时,也要进行消息合法性校验,校验消息的合法性,如果消息非法就给清分方返回一条异常确认消息,合法则更新本地系统的用户状态信息,更新用户状态成功就给清分方返回一条正常确认消息,失败则返回一条异常确认消息。

公路收费方在正确更新本地用户状态信息后需立即将更新信息发布到所有的收费车道。

整个转发过程有详细的日志,并且支持手动指定下发功能。在特殊情况下,可以支持人工使用移动介质传输数据。

19.2.3.2 请求重发状态名单

1 发送消息结构

1)应用范围

发送方请求接收方提供某版本的完整的状态名单或增量名单。

2)消息头

请求重发状态名单消息头结构说明见表 19-105。

表 19-105 请求重发状态名单消息头结构说明

名称	数据类型	取值说明
Version	Hex(8)	跨省市互通本次版本号统一使用 0x00010000,表示版本 1.0
MessageClass	Int	1,Request
MessageType	Int	10,Status List
SenderId	Hex(16)	发送方 ID,可以是发行方或清分方
ReceiverId	Hex(16)	接收方 ID,可以是清分方或公路收费方
MessageId	Long	消息序号,从 1 开始,逐一递增,8 字节

SenderId 与 ReceiverId 的取值见表 19-106。

表 19-106　发送方与接收方对应关系

发　送　阶　段	SendId	ReceiverId
公路收费方→清分方	公路收费方 ID	清分方 ID
清分方→发行方	清分方 ID	发行方 ID

3）消息内容

请求重发消息构成示意见图 19-71，说明见表 19-107。

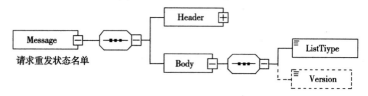

图 19-71　请求重发消息构成示意图

表 19-107　请求重发消息消息体结构说明

名　　称	数据类型	取　值　说　明
ListType	Short	0 表示整体更新，1 表示增量更新
Version	Int	请求重发的版本号，整体更新不需填写

2　应答消息结构

接收方生成状态名单后通过状态名单消息对重发状态名单消息进行回应。生成的消息中需使用 MessageId 节点。

附录 A 术语、定义、符号和缩略语

A.1 术语和定义

A.1.1 车道控制器
工业控制计算机,与车道路侧设备及其他外围设备相连,配合车道控制软件,控制车道逻辑流程。

A.1.2 自动栏杆
安装在 ETC 车道内,车道控制器用 I/O 信号控制其开启与关闭,判断到来车辆合法时栏杆自动开启,判断到来车辆非法时栏杆自动关闭。

A.1.3 报警设备
用于提示驾驶员和现场工作人员本次交易失败、车道发生异常等。

A.1.4 信息显示屏
用于向驾驶员提示账户信息,如本次通行费额、余额、提示续费等。

A.1.5 雨棚信号灯
指示 ETC 车道当前工作状态。

A.1.6 车道信号灯
用于提示驾驶员本次交易状态,是否能正常通行等。

A.1.7 车辆检测器
又称为地感线圈,车辆检测器状态用 I/O 信号的电平方式输入到车道控制器,用于系统检测车辆的到来和离去。

A.1.8 车道摄像机
信号不通过车道控制器,直接与监控中心连接,用于实现对车道状况的全天候监视。

A.1.9 合法 ETC 车辆
装有能够与路侧设备成功交易的车载设备(包括 OBU 和 CPU 卡)的车辆。

A.1.10 非法 ETC 车辆
包括无 OBU、非法 OBU、CPU 卡没有插好、黑名单车辆等情况造成与路侧设备交易失败的车辆。

A.1.11 ETC 车道待车状态
ETC 车道处于正常使用状态且车道内没有车辆通行时,车道信号灯变红,自动栏杆落下,报警器

灭,信息显示屏显示限速标志,雨棚信号灯指示正常过车。

A.1.12　ETC 车道阻截车辆状态

当 ETC 车道通行车辆为非法 ETC 车辆,ETC 车道将被置于阻截车辆状态,车道信号灯变红,启动报警器,自动栏杆落下,信息显示屏提示异常信息。

A.1.13　ETC 车道正常过车状态

当 ETC 车道通行车辆为合法 ETC 用户且本次交易成功,则 ETC 车道被置于正常过车状态,车道信号灯变绿,自动栏杆抬起,信息显示屏显示过车信息(如本次通行费额、余额等)。

A.1.14　ETC 车道警告通行状态

当 ETC 车道通行车辆为合法 ETC 用户但列入灰名单,则 ETC 车道被置于警告通行状态,车道信号灯变红,自动栏杆抬起,信息显示屏显示警告信息(如本次通行费额、警示续费等)。

A.1.15　ETC 车道交易

对于 ETC 入口车道,交易是指向 CPU 卡写入入口车道信息;对于 ETC 出口车道,交易是指读取入口信息,计算本次通行费额,并从 CPU 卡成功扣款。

A.1.16　ETC 过车记录

对于 ETC 入口车道,ETC 过车记录主要包括 OBU 信息、CPU 卡信息、车辆基本信息、入口车道信息以及车辆图像数据等。对于 ETC 出口车道,ETC 过车记录主要包括 OBU 信息、CPU 卡信息、车辆信息、本次扣款费额、入口车道信息、出口车道信息、交易状态以及车辆图像数据等。

A.1.17　黑名单

禁止通过收费车道的非现金支付卡列表。当用户的预付款余额已经低于其最低使用限额或其该卡已超过规定的透支限额时,该非现金支付卡将被列入黑名单。持有黑名单非现金支付卡的用户将禁止通过收费车道。

A.1.18　灰名单

储值卡中的余额低于特定限额所组成的非现金支付卡集合(列表)。当用户的预付款余额(储值卡中的余额)已低于电子收费系统规定的限额时,该非现金支付卡(储值卡等)将被列入灰名单。持有灰名单非现金支付卡的用户仍允许通过收费车道,但系统将警示其余额不足,需尽快充值。

A.1.19　本地清分方

又称为本省(市)清分方,是负责该清分方所属省(市)内的交易进行清分的参与方。本地清分方直接与本省(市)内的发行方和公路收费方相连。

A.1.20　区域清分方

负责对跨省(市)交易进行清分的参与方。区域清分方仅直接与区域内各省(市)的清分方相连,不与各地的发行方和公路收费方直接相连。

A.1.21 清分目标日

收费服务方预设的原始交易清分归属日期，用于简化清分数据核对。该日期原则上以自然日为基准，新的清分目标日启用后，之前的清分目标日不可再被使用。

A.1.22 清分日

清分方执行清分业务的日期。

A.1.23 收款方

接收服务费的参与方，可以是清分方和公路收费方。收款方在发生异常交易退费时，收款金额为负数，表示净支付。

A.1.24 付款方

支付服务费的参与方，可以是清分方和发行方。收款方在发生异常交易退费时，需向付款方返还部分服务费，此时付款金额为负数，表示付款方净收入。

A.2 符号

dBm——功率与1mW的比值；
RSUt——路侧单元发射天线；
RSUr——路侧单元接收天线。

A.3 缩略语

ADF——应用数据文件(Application Definition File)；
ADU——应用数据单元(Application Data Unit)；
AID——应用标识(Application Identifier)；
APDU——应用协议数据单元(Application Protocol Data Unit)；
API——应用编程接口(Application Programming Interface)；
ASDU——应用服务数据单元(Application Service Data Unit)；
ASK——幅移键控(Amplitude Shift Keying)；
ASN.1——抽象语法记法一(Abstract Syntax Notation One)；
AVI——自动车辆识别(Automatic Vehicle Identification)；
BER——位误码率(Bit Error Rate)；
BST——信标服务表(Beacon Service Table)；
CA——证书认证机构(Certification Authority)；
CLA——命令类别(Chip Card Payment Service)；
CLK——时钟(Clock)；
COS——卡片操作系统(Chip Operating System)；
CPU——中央处理单元(Central Process Unit)；
CRC——循环冗余校验(Cyclic Redundancy Check)；
CRL——证书注销列表(Certificate Revocation List)；
DEA——数据加密算法(Data Encrpytion Algorithm)；
DES——数据加密标准(Data Encryption Standard)；

DID——目录标识(Directory Identifier);
DIR——目录(Directory);
DSRC——专用短程通信(Dedicated Short Range Communication);
e.i.r.p——等效全向辐射功率(Equivalent Isotropic Radiated Power);
ED——电子存折(Electronic Deposit);
EF——基本文件(Elementary File);
EP——电子钱包(Electronic Purse);
ETC——电子(不停车)收费(Electronic Toll Collection);
F——频率(Frequency);
FCI——文件控制信息(File Control Information);
FID——文件标识(File Identifier);
FSK——频移键控(Frequency Shift Keying);
I/O——输入/输出(Input/Output);
IC——集成电路(Integrated Circuit);
ICC——集成电路卡(Integrate Circuit Card);
ID——身份标识号码(Identity);
INS——命令报文的指令字节(Instruction Byte of Command Message);
Lc——终端发出的命令数据的实际长度(Exact Length of Data Sent);
LDAP——轻量目录访问协议(Lightweight Directory Access Protocol);
Le——响应数据中的最大期望长度(Maximum Length of Data Expected);
LID——链路标识(Link Identifier);
LLC——逻辑链路控制(Logical Link Control);
MAC——报文鉴别码(Message Authentication Code);
MF——主控文件(Master File);
MTBF——平均无故障时间(Mean Time Between Failures);
MTC——(人工)半自动收费(Manual Toll Collection);
OBE——车载设备(On Board Equipment);
OBE-SAM——车载设备安全访问模块(OnBoardEquipment-SecurityAccessModule);
OBU——车载单元(On Board Unit);
P1——参数1(Parameter 1);
P2——参数2(Parameter 2);
PBOC——中国人民银行(People's Bank Of China);
PIN——个人密码(Personal Identification Number);
PSAM——消费安全访问模块(Payment Security Access Module);
RA——证书注册机构(Registration Authority);
RFU——保留为将来所用(Reserved for Future Use);
RSE——路侧设备(Roadside Equipment);
RSU——路侧单元(Roadside Unit);
SAM——安全存取模块(Secure Access Module);
SW1——状态码1(Status Word One);
SW2——状态码2(Status Word Two);
TAC——交易认证码(Transaction Authorization Cryptogram);

TDES——三重数据加密标准(Triple Data Encryption Standard);
VST——车辆服务表(Vehicle Service Table);
XML——可扩展标记语言(Extensible Markup Language);
XPD——交叉极化鉴别率(Cross Polarization Discrimination)。

A.4 XML 符号及说明定义

本技术要求中定义 XML 结构的 Schema 通过图 A-1 表示：

所有 XML 节点定义均以方框套节名称定义,如图 A-1 中的 RootElement 及 Item1 到 Item8。根据连接线可知各个节点的关系:Item1~Item8 均为 RootElement 的子节点。

如果一个节点应出现且仅能出现一次,则其方框为实线,没有任何下标,如 Item1~Item5。

如果一个节点可以被省略,即其出现次数可以为 0,则其方框为虚线,如 Item6 和 Item7。Item6 的虚框下无下标,说明 Item6 最多可以出现一次;Item7 的虚框下有下标,指明其出现次数的上限(上图中定义为无穷大)。

Item8 的下标说明其出现次数应在 4~8 次之间,否则不能通过 XML 合法性验证。

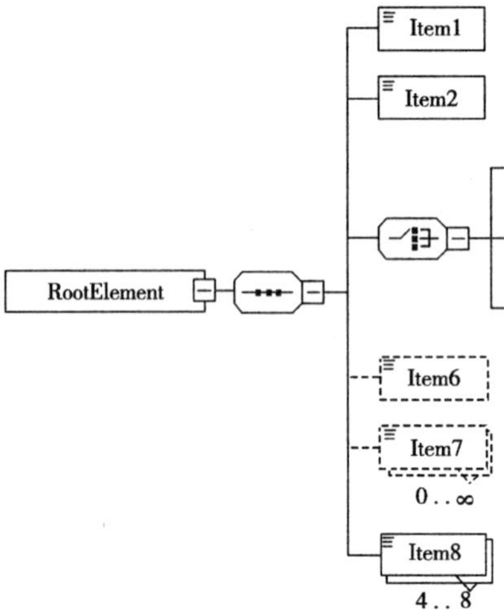

两个图形说明子节点的出现规则。前者表示子节点按结构图从上到下的顺序出现。例如,RootElement 的子节点应按 Item1、Item2、Item3……的顺序出现,否则无法通过合法性验证。后者表示子节点的出现是选择关系。例如,Item3、Item4、Item5 均为 RootElement 的子节点,但在任意一个 XML 文件中,只能出现这三者之一,不能同时出现。

图 A-1　XML 数据结构图

在说明中通过 RootElement.Item1、RootElement.Item2 的形式表示上下级节点之间的关系。

附录 B 密钥管理相关要求

B.1 省级密钥管理系统建设要求

B.1.1 系统要求

作为国家级密钥管理系统业务功能的延伸,省级密钥管理系统的设计与建设应符合如下要求:

1 应能导入国家级密钥管理系统下发的省级密钥。
2 可以提供密钥生产、密钥存储、密钥分发、密钥管理等服务,具备对称密钥的生成、注入、导出、备份、恢复、更新、服务等功能。
3 应确保密钥多级管理的可操作性。密钥的装载、存放和分散应在安全的环境下完成,中间结果不得被内部操作人员和外界获得。
4 支持通过领导卡方式,产生省级根密钥。
5 应能为用户提供各类母卡的生产服务,生成各类母卡时要求同时生成密钥母卡及传输卡。

B.1.2 运行环境

1 省级密钥管理系统应具备标准机房环境。
2 要求放置省级密钥管理系统的机房配有双重身份认证门禁系统及 24 小时监控系统。
3 省级密钥管理系统应配有专人负责管理以及相应的管理规范。

B.1.3 验收要求

省级密钥管理系统建成后,应由省级交通运输主管部门组织国内密码、安全方面的专家进行现场验收。验收通过后方可投入运营。

B.2 公路电子收费 PSAM 卡申请表(表 B-1)

表 B-1 公路电子收费 PSAM 卡申请表

编号:PSAM-SQ-201　(年)-　　(四位)

以下内容由申请人填写			
单位名称			
经办人姓名		身份证号	
单位地址		邮政编码	
电子邮件		联系电话	
申请内容	□ 正式使用 PSAM 卡	数量:	
	□ 测试用 PSAM 卡	数量:	
申请提供的证明资料	□ 身份证复印件	□ 其他(请注明)_____	
声　明 　　我单位申请领取 PSAM 卡,已仔细阅读并理解《申领 PSAM 卡责任书》的内容,同时承诺遵守《密钥管理规则》中之相关规定。 　　经办人(签名):_____　　　　　　　　　　　　单位公章: 　　____年___月___日　　　　　　　　　　　　　　　　____年___月___日			
以下内容由国家级密钥管理承担单位填写			
国家级密钥管理承担单位审核意见	□ 同意 □ 不同意(原因)_____ 受理人(签名): 　　　　　　　　　　　　　　　____年___月___日		
制作情况	制作人: 　　　　　　　　　　　　　　　____年___月___日		
PSAM 卡领取情况			
领取人:_____　　　　　　　　　　　　　　　　　　　　　　____年___月___日			

＊本申请表一式三份,申请者留存一份,国家级密钥管理承担单位留存两份。

申领 PSAM 卡责任书

PSAM 卡用于认证电子收费 CPU 用户卡及 OBU,以完成公路电子收费交易。为确保公路电子收费交易的安全,省级密钥管理承担单位应遵循以下规程:

1　PSAM 卡是公路电子收费系统的一部分,只能用于公路电子收费系统,不能作为其他任何用途。

2　应仔细阅读本技术要求第一部分"密钥管理规则",并按照安全操作流程对 PSAM 卡进行管理与使用。

3　应制定相关管理规定,并详细记录 PSAM 卡的申领与使用情况。

4　应保证 PSAM 卡的安全,如有遗失,应在 2 个工作日内以书面形式上报至国家级密钥管理承担单位。

5　使用过程中如有 PSAM 卡损坏,应及时提出书面申请并进行更换。

6　若发现某些 PSAM 卡存在安全问题,应及时向国家级密钥管理承担单位和相关部门汇报,在其使用范围内,停止使用该 PSAM 卡,并进行调换。

单位(盖章)

日期:_____年___月___日

B.3 公路电子收费 OBE-SAM 初始化申请表(表 B-2)

表 B-2 公路电子收费 OBE-SAM 初始化申请表

编号:OBESAM-SQ-201 (年)- (四位)

以下内容由申请人填写	
单位名称	
经办人姓名	身份证号
单位地址	邮政编码
电子邮件	联系电话
申请内容	□ 正式 OBE-SAM 初始化　　数量： □ 测试 OBE-SAM 初始化　　数量：
申请提供的证明资料	□ 企业营业执照　　　□ 其他(请注明)_____
声　明	我单位申请对 OBE-SAM 进行初始化,同时承诺遵守《密钥管理规则》相关规定。 经办人(签名):_____　　　　　　　　单位公章： 　　　____年___月___日　　　　　　　　　　____年___月___日
以下内容由国家级密钥管理承担单位填写	
国家级密钥管理承担单位审核意见	□ 同意 □ 不同意(原因)_____ 受理人(签名)： 　　　　　　　　　　　　____年___月___日
制作情况	制作人： 　　　　　____年___月___日

＊本申请表一式三份,申请者留存一份,国家级密钥管理承担单位留存两份。

B.4 公路电子收费 OBE-SAM 一次发行母卡申请表(表 B-3)

表 B-3 公路电子收费 OBE-SAM 一次发行母卡申请表

编号:ESAMKC-SQ-201 （年）- （四位）

以下内容由申请人填写			
单位名称			
经办人姓名		身份证号	
单位地址		邮政编码	
电子邮件		联系电话	
申请内容	□ 正式 OBE-SAM 一次发行母卡　　数量: □ 测试 OBE-SAM 一次发行母卡　　数量:		
申请提供的证明资料	□ 身份证复印件　　　　□ 其他(请注明)_____		
声　明	我单位申请领取 OBE-SAM 一次发行母卡,已仔细阅读并理解《申领 OBE-SAM 一次发行母卡责任书》的内容,同时承诺遵守《密钥管理规则》相关规定。 经办人(签名):_____　　　　　　　　单位公章: ____年___月___日　　　　　　　　　　____年___月___日		
以下内容由国家级密钥管理承担单位填写			
国家级密钥管理承担单位审核意见	□ 同意 □ 不同意(原因)_____ 　受理人(签名): 　　　　　　　　　　　　　　　____年___月___日		
制作情况	制作人: 　　　　　　　　　　　　　　　____年___月___日		
PSAM 卡领取情况			
领取人_____　　　　　　　　　　　　____年___月___日			

＊本申请表一式三份,申请者留存一份,国家级密钥管理承担单位留存两份。

申领 OBE-SAM 一次发行母卡责任书

OBE-SAM 一次发行母卡用于对经过部级初始化的车载单元（内含 OBE-SAM）进行一次发行以装载正式密钥，从而保证完成不停车收费交易中 PSAM 卡对车载单元的认证功能。为确保不停车收费交易的安全，省级密钥管理承担单位应遵循以下规程：

1　OBE-SAM 一次发行母卡是不停车收费系统的一部分，只能用于公路电子收费系统，不能作为其他任何用途。

2　应仔细阅读本技术要求第一部分"密钥管理规则"，并按照安全操作流程对 OBE-SAM 一次发行母卡进行管理与使用。

3　应制定相关管理规定，并详细记录 OBE-SAM 一次发行母卡的申领与使用情况。

4　应保证 OBE-SAM 一次发行母卡的安全，如有遗失，应在 2 个工作日内以书面形式上报至国家级密钥管理承担单位。

5　使用过程中如有 OBE-SAM 一次发行母卡损坏，应及时提出书面申请并进行更换。

6　若发现某些 OBE-SAM 一次发行母卡存在安全问题，应及时向国家级密钥管理承担单位和相关部门汇报，在其使用范围内，停止使用该 OBE-SAM 一次发行母卡，并进行调换。

单位（盖章）

日期：____年___月___日

附录 C OBU 发行流程

C.1 OBU 一次发行流程

OBU 一次发行流程见图 C-1。

图 C-1 OBU 一次发行流程

C.2 二次发行流程

OBU 二次发行流程见图 C-2。

图 C-2 OBU 二次发行流程

附录 D 多个 T-APDU 拼接在同一个 LSDU 中的示例

D.1 说明

本部分以 GetSecure 和 TransferChannel 服务为例,对多个 T-APDU 拼接在同一个 LSDU 中的数据帧进行示例说明。

D.2 GetSecure. request ∪ TransferChannel. request(表 D-1)

表 D-1 GetSecure. request ∪ TransferChannel. request 数据帧

字节	位(7…0)	值	描述
#01	0111 1110	7E	帧起始标志
#02	xxxx xxx0	XX	链路地址(MAC)
#03	xxxx xxx0	XX	
#04	xxxx xxx0	XX	
#05	xxxx xxx1	XX	
#06	0100 0000	40	MAC 控制域
#07	x111 0111	X7	LLC 控制域
#08	1001 0001	91	分段字头
#09	0000	0D	T-APDU:Action. request
	1		AccessCredential 存在
	1		ActionParameter 存在
	0		不存在 IID
	1		确认模式(Confirmed mode = 1)
#10	0000 0001	01	DID
#11	0000 0000	00	ActionType = 0(getSecure)
#N			……
#N + 1	1001 1001	91	分段字头
#N + 2	0000	05	T-APDU:Action. request
	1		AccessCredential 不存在
	1		ActionParameter 存在
	0		不存在 IID
	1		确认模式(Confirmed mode = 1)
#N + 3	0000 0001	01	DID
#N + 4	0000 0011	03	ActionType = 3 (transferChannel)
#N + M	xxxx xxxx	XX	……
#N + M + 1	xxxx xxxx	XX	帧校验序列
#N + M + 2	xxxx xxxx	XX	
#N + M + 3	0111 1110	7E	帧结束标志

D.3 GetSecure.response ∪ TransferChannel.response（表 D-2）

表 D-2 GetSecure.response ∪ TransferChannel.response 数据帧

字节	位(7…0)	值	描 述
#01	0111 1110	7E	帧起始标志
#02	xxxx xxx0	XX	链路地址（MAC）
#03	xxxx xxx0	XX	
#04	xxxx xxx0	XX	
#05	xxxx xxx1	XX	
#06	1110 0000	E0	MAC 控制域
#07	x111 0111	X7	LLC 控制域
#08	0000 0000	00	LLC 状态响应域
#09	1001 0001	91	分段字头
#10	0001	18	T-APDU：Action.response
	1		存在 responseParameter
	0		不存在 IID
	00		填充比特,设置为 0
#11	0000 0000	00	DID
#12	0001 0101	15	responseParameter.ContainerType = 21（GetSecureRs）
#N			……
#N+1	1001 1001	91	分段字头
#N+2	0001	18	T-APDU：Action.response
	1		存在 responseParameter
	0		不存在 IID
	00		填充比特,设置为 0
	0000 0000	00	DID
#N+3	0001 1001	19	responseParameter.ContainerType = 25（ChannelRs）
#N+M	xxxx xxxx	XX	……
#N+M+1	xxxx xxxx	XX	帧校验序列
#N+M+2	xxxx xxxx	XX	
#N+M+3	0111 1110	7E	帧结束标志

附录 E 储值卡/记账卡复合消费交易应用的 RSE~OBE 间 DSRC 数据帧定义

下面给出了复合消费交易流程的储值卡/记账卡 RSE~OBE 间 DSRC 数据帧的定义。
开放式收费系统采用与封闭式出口相同的交易流程。

E.1 封闭式入口

E.1.1 BST
方向:RSE→OBE
功能:轮询通信区域内的 OBU,并与其协商通信参数及应用参数。
格式:见本技术要求第二部分 8.4.1。

E.1.2 VST
方向:OBE→RSE
功能:对 BST 进行应答,建立通信链路,与 RSU 协商通信参数及应用参数,并返回部分应用信息。
格式:见本技术要求第二部分 8.4.2 及 8.8。

E.1.3 GetSecure.request
方向:RSE→OBE
功能:以安全的方式获取 OBE 内"ETC 应用车辆信息文件"中的相关车型参数信息。
格式:GetSecure.request 的格式见本技术要求第二部分 8.4.3。

E.1.4 GetSecure.response
方向:OBE→RSE
功能:以安全的方式将 OBE 内"ETC 应用车辆信息文件"中的相关车型参数信息返回给 RSE,并携带相关安全数据供 RSE 对 OBE 身份的合法性进行正;返回复合消费交易初始化结果。
格式:GetSecure.response 的格式请见本技术要求第二部分 8.4.4。

E.1.5 TransferChannel.request I
方向:RSE→OBE
功能:复合消费初始化;复合消费写 0019 文件。
格式:TransferChannel.request I 的格式见本技术要求第二部分 8.4.5,其中 ApduList 的格式见表 E-1。

表 E-1 ApduList 的格式

数 据 项	数 据 内 容
N of APDUs	2
Length of APDU-1	16(5+11)
APDU-1 Info	805003020B + DATA(1 字节密钥标识 + 4 字节交易金额* + 6 字节终端机编号)
Length of APDU-2	48
APDU-2 Info	80DCAAC82B + AA2900 + 0x28 个字节(复合消费专用文件)

注*:封闭式入口,交易金额为 0。

E.1.6 TransferChannel.response Ⅰ

方向:OBE→RSE

功能:返回复合消费初始化及复合消费写 0019 文件结果。

格式:TransferChannel.response Ⅰ 的格式见本技术要求第二部分 8.4.6,其中 ApduList 的格式见表 E-2。

表 E-2 ApduList 的格式

数 据 项	数 据 内 容
N of APDUs	2
Length of APDU-1	17(15+2)
APDU-1 Info	RetData(4 字节旧余额 + 2 字节电子钱包脱机交易序号 + 3 字节透支限额 + 1 字节密钥版本号 + 1 字节算法标识 + 4 字节伪随机数) + SW1SW2
Length of APDU-2	2
APDU-2 Info	SW1SW2

E.1.7 TransferChannel.request Ⅱ ∪ SetMMI.request

方向:RSE→OBE

功能:卡片复合消费交易,通过蜂鸣器等人机界面,提示用户交易结果。

格式:TransferChannel.request Ⅱ 的格式见本技术要求第二部分 8.4.5,其中 ApduList 的格式见表 E-3。

表 E-3 ApduList 的格式

数 据 项	数 据 内 容
N of APDUs	1
Length of APDU-1	20(5+15)
APDU-1 Info	805401000F + 4 字节终端交易序号 + 7 字节交易日期时间 + 4 字节 MAC1

SetMMI.request 的格式见本技术要求第二部分 8.4.7。

E.1.8 TransferChannel.response Ⅱ ∪ SetMMI.response

方向:OBE→RSE

功能:返回卡片复合消费交易结果,及人机界面提示操作的结果。

格式:TransferChannel.response II 的格式见本技术要求第二部分 8.4.6 节,其中 ApduList 的格式见表 E-4。

表 E-4 ApduList 的格式

数 据 项	数 据 内 容
N of APDUs	1
Length of APDU-1	10
APDU-1 Info	4 字节 TAC + 4 字节 MAC2 + SW1SW2

SetMMI.response 的格式见本技术要求第二部分 8.4.8。

E.1.9　EVENT-REPORT(Release)

方向:OBE→RSE

功能:结束交易,释放与电子标签的通信连接。

格式:见本技术要求第二部分 8.4.9。

E.2　封闭式出口

E.2.1　BST
同 E.1.1。

E.2.2　VST
同 E.1.2。

E.2.3　GetSecure.request
同 E.1.3。

E.2.4　GetSecure.response
同 E.1.4。

E.2.5　TransferChannel.request I
同 E.1.5。

注:封闭式出口,交易金额为车道软件实际费率计算结果。

E.2.6　TransferChannel.response I
同 E.1.6。

E.2.7　TransferChannel.request II ∪ SetMMI.request
同 E.1.7。

E.2.8　TransferChannel.response II ∪ SetMMI.response
同 E.1.8。

E.2.9　EVENT-REPORT(Release)
同 E.1.9。

附录F ETC标志标线设置条文说明及示例

F.1 ETC标志标线设置指南条文说明

11.1、11.2 设置内容及设置要求

本技术要求对ETC标志标线体系,进行了一个基本的定义和划分,各个省份在设计执行的过程中可以根据省内自身特点和情况进行合理的选择,对于规定的设置要求也可以根据省内特点进行调整。

按照标志布设位置出现的前后顺序,ETC标志体系依次出现的是:ETC预告类标志→ETC车道指示标志→ETC广场前标志→ETC收费岛头标志→ETC车道天棚标志。

11.3 ETC车道预告类标志

1 用于进行ETC车道预告的标志按照版面形式和内容信息分为单独型和组合型两种。单独型标志版面中仅包含了ETC信息,它主要是对在驶入收费站之前的ETC用户和普通用户进行ETC信息的警示,提醒驾驶员注意前方有ETC收费车道,因此单独型采用了黄底黑色图案的警示型标志;组合型是将前方收费站的指路信息与ETC收费警示信息结合起来进行设置,因此采用了上方黄底黑色图案、下方绿底白色图案的组合形式。版面中涉及标志的颜色、字体等都相关的要求都要按照《道路交通标志和标线》(GB 5768—2009)中的规定进行规范和要求。

2 根据具体的工程实践和布设经验,对"用于ETC车道预告的标志"的设置存在着以下具体的一些布设原则:

1)在现有收费站预告标志的基础上增加"用于ETC车道预告的标志"时,可采用单独型的样式附着在现有标志立柱上,当现有收费站预告标志无法利用当保留原有收费站预告标志时,标志一般采用单独式的版面形式(见附录F.3 图F-4、图F-5)进行设置。对于主线收费站来说,标志一般附着在500m收费站预告标志上,如果条件不容许(如已有其他附着标志),则单柱设置在500m预告标志前;如果是双向六(八)车道的,考虑到内侧车道会有视距阻挡,建议设置为单悬形式。对于匝道收费站来说,标志一般附着在匝道渐变段起点处的出口预告标志上,如果条件不容许,则单柱设置在出口预告标志前,如果是双向六(八)车道的,考虑到内侧车道会有视距阻挡,建议设置为单悬形式。对于一些被交路等级过低,或者收费广场距离被交路口很近,也可以不设置。

2)当现有收费站预告标志需要全部替换时,可采用贴膜的方式或者利用原有基础的方式进行标志的更换,版面内容采用附录F.3 图F-6的形式。

11.4 ETC车道信息指示类标志

1 版面中涉及标志的颜色、字体等都相关的要求应按照《道路交通标志和标线》(GB 5768—2009)中的规定进行规范和要求。

2 根据具体的工程实践和布设经验,ETC车道信息指示类标志在设置时,存在着以下具体的一些布设原则:

1)"ETC车道指示标志"一般设置在广场渐变段起点前300m左右,对ETC车道行驶路径进行图形化的信息预告指引,版面样式参照 GB 5768—2009 中的版面形式(图 F-8 ~ 图 F-9),标志板面中宜指示收费车道数量,当车道数量超过 5 时,以 5 车道表示,黄色箭头表示 ETC 车辆的行驶方向。版面形式可参考图 F-1。

2)"ETC 广场前标志"一般设置在收费广场渐变段前 50m 左右,对于规模比较小的收费广场,或者被交路距离收费广场很近的情况,距离可适当减少,但至少要保证在收费广场渐变段起点前。主要用于警示驾驶员前方有 ETC 车道,请 ETC 车辆靠左(右)行驶,是对"ETC 车道指示标志"的一种信息补充和加强。

3)"ETC 车道天棚标志"一般设置在收费广场天棚上,主要是对 ETC 车道位置信息的一种确认加强,使得驾驶员在驶入收费广场后能够迅速辨识出 ETC 车道的位置,标志采用黄底黑字,也是对非 ETC 用户的一种警示作用,告知用户此车道为 ETC 专用车道,避免误入。

11.5 ETC 收费岛头标志

1 ETC 收费岛头标志主要由"建议限速标志"和"辅助标志"组成。"建议限速标志"主要是根据 ETC 信号天线位置以及读写数据的要求对通过 ETC 车道的车辆的行驶速度进行一个限速建议值,同时利用"辅助标志"对 ETC 车道进行必要的信息补充和说明。版面中涉及标志的颜色、字体等都相关的要求都要按照《道路交通标志和标线》(GB 5768—2009)中的规定进行规范和要求。

2 对于设置在收费岛头的标志由于靠近 ETC 信号辐射区域,所以标志底板的材料最好使用非金属类板材,建议可以采用公路用玻璃纤维增强塑料(也称玻璃钢)等非金属类板材,从而降低标志版对 ETC 信号的影响。对于玻璃钢材料标志底板其性能应符合《公路交通标志板》(JT/T 279—2004)中对于合成树脂类板材的要求,以及《公路用玻璃纤维增强塑料产品》(JT/T 599.1—2004)中的规定要求。

11.6 ETC 车道地面标线和文字

1 ~ 3 ETC 地面标线具体施画形式并不固定,本指南以京津冀地区实施的 ETC 车道地面标线和文字形式作为推荐形式,主要包括车行道边缘线、纵向振动减速标线、视觉减速标线、车据确认标线、地面文字。其中车行道边缘线设置在收费车道最外侧,与收费岛中心线齐平,其中同向收费岛一侧设置为白色单实线,双向收费岛一侧采用黄色单实线。在车行道边缘线内侧设置纵向振动减速标线,标线位置与收费岛内侧路缘石齐平,在振动减速标线内侧约 5cm 间距设置视觉减速标线,在 ETC 车道中间设置箭头形式的车据确认标线以及地面文字,其中地面文字采用 3m 字高;岛头根据现场情况设置导流标线。地面文字和车据确认标线颜色采用橙黄色。所有标线及路面标记均采用热熔反光涂料,并掺有玻璃珠,其材料及配比应符合《路面标线涂料》(JT/T 280—2004)的规定。图 F-2 为 ETC 车道地面标线和地面文字组合使用的典型示例,图中限速值仅为示意。

11.7 用于 ETC 信息中文说明的辅助标志

针对 ETC 实施初期,用户对于 ETC 概念还存在着不熟悉的情况,采用了《道路交通标志和标线》(GB5768—2009)中的辅助标志形式,对 ETC 进行中文解释说明。版面形式和设置方式主要是以京津冀地区设置实例为基础,各个省份可以根据各自实际情况参考设置。

采用与 ETC 预告标志相同宽度的白底黑字黑边框的中文说明标志,附着在 ETC 预告标志下方,其设置示例见图 F-3。

F.2 交通标志专用字体示例

F.2.1 汉字字体示例

收费站　靠左　靠右

专用　　车辆

保持车距

F.2.2 英文和阿拉伯数字字体形式和规格

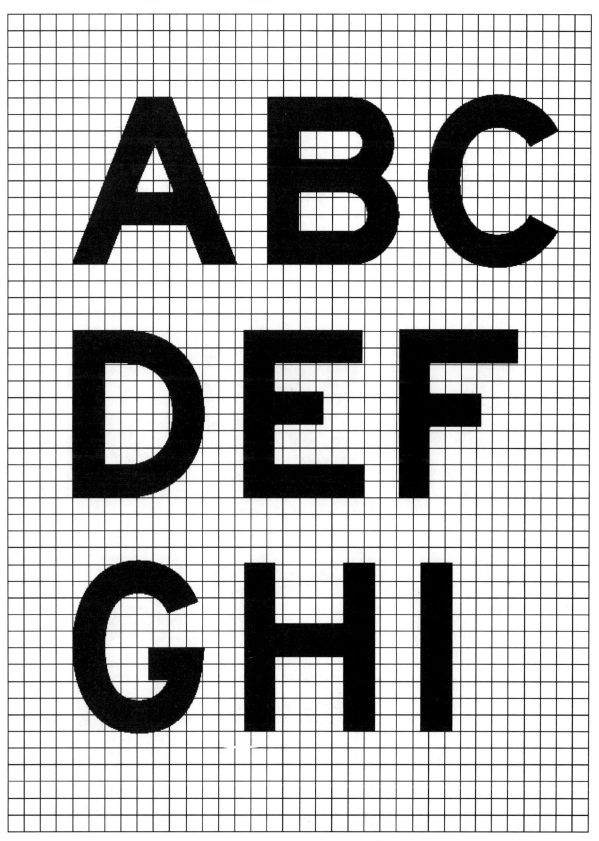

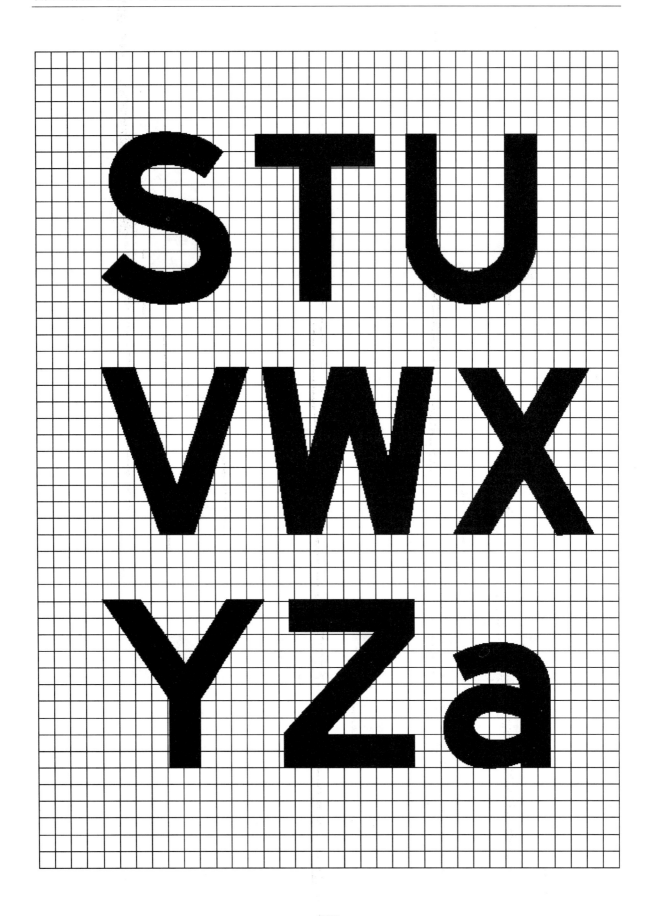

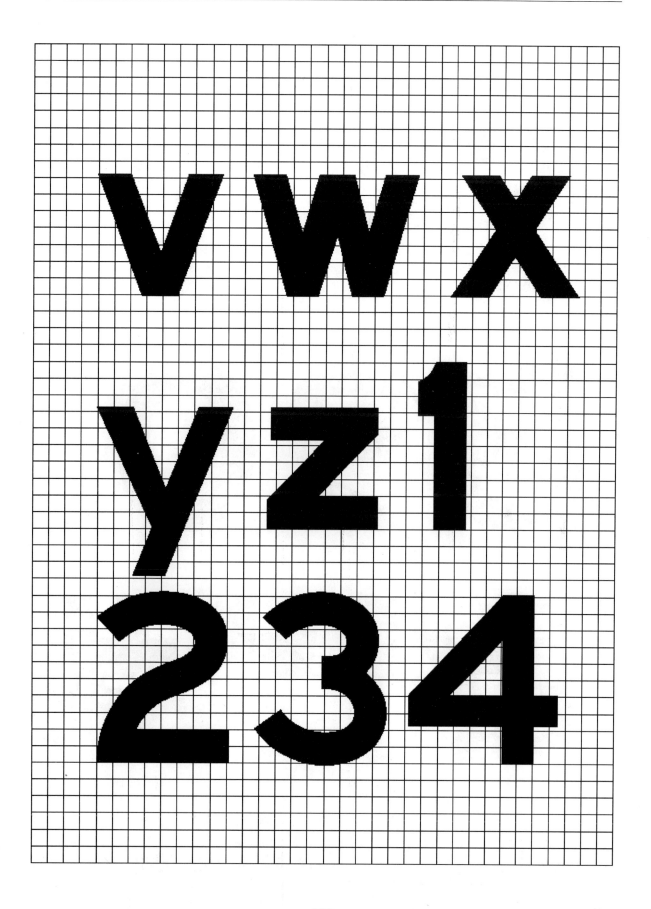

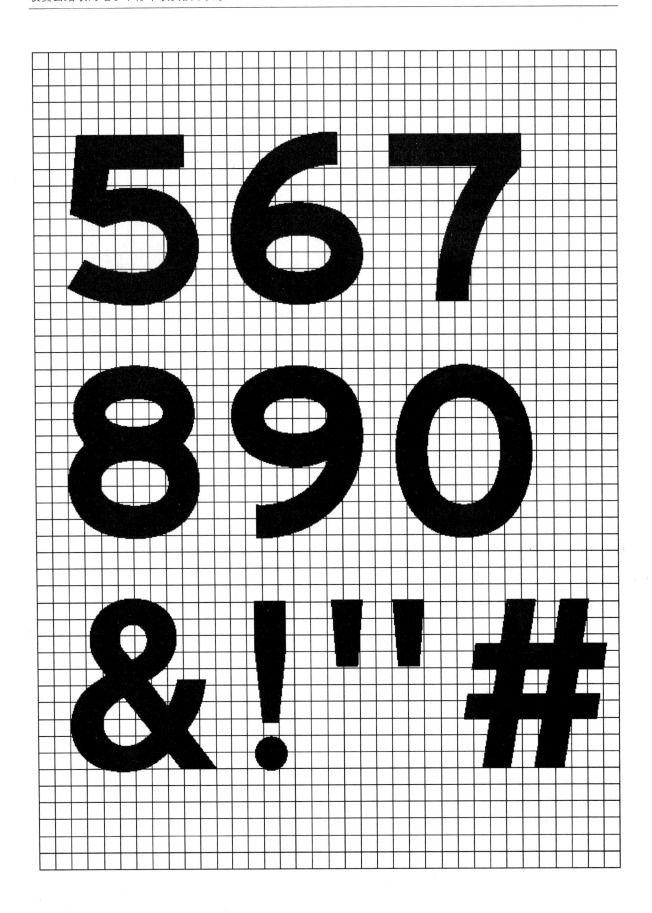

附录 F　ETC 标志标线设置条文说明及示例

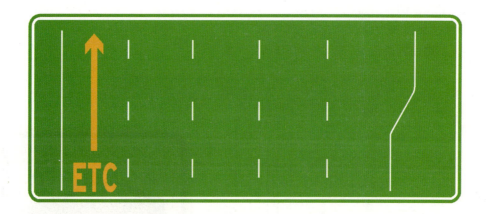

图 F-1　"ETC 车道指示标志"示例

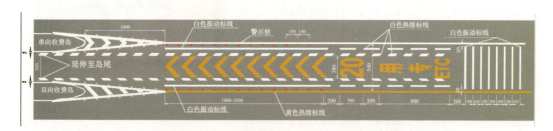

图 F-2　ETC 车道地面标线和文字布置示例(尺寸单位:cm)

图 F-3　ETC 辅助标志示例

F.3 标志版面设计示例

F.3.1 ETC车道预告类标志(图F-4~图F-6)

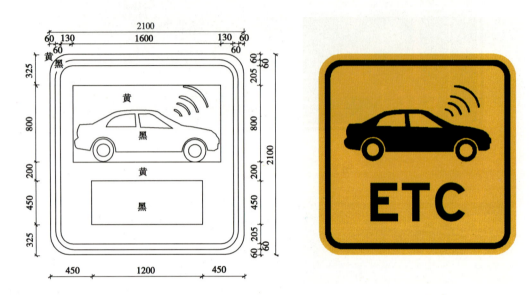

图F-4 单独式标志(附着/单柱)(尺寸单位:mm)

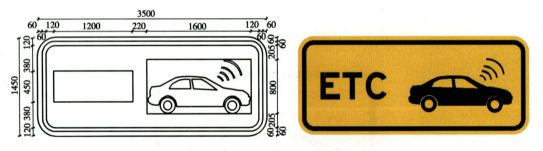

图F-5 单独式标志(单悬)(尺寸单位:mm)

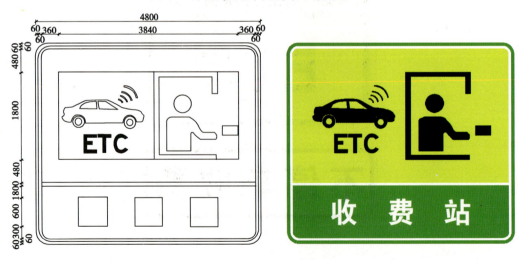

图F-6 组合式标志(单悬)(尺寸单位:mm)

F.3.2 ETC 车道信息指示类标志(图 F-7～图 F-12)

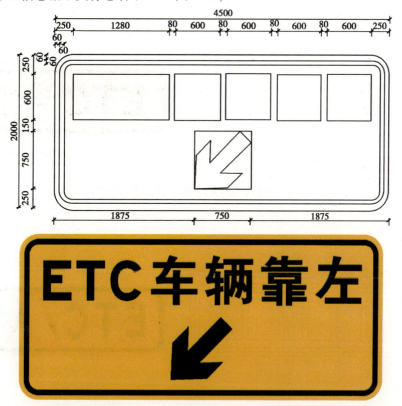

图 F-7　设置在 ETC 广场前标志（单悬）（尺寸单位：mm）

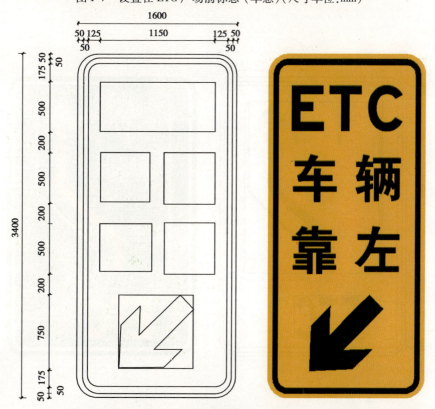

图 F-8　设置在 ETC 广场前标志（单柱）（尺寸单位：mm）

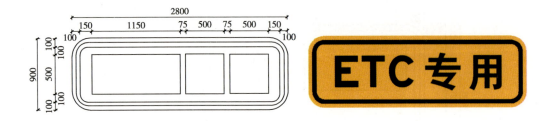

图 F-9　设置在收费天棚上的 ETC 车道标志(尺寸单位:mm)

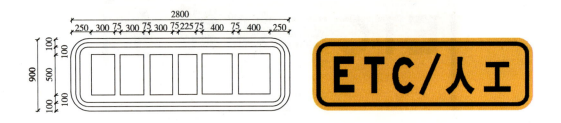

图 F-10　设置在收费天棚上的 ETC 车道标志(尺寸单位:mm)

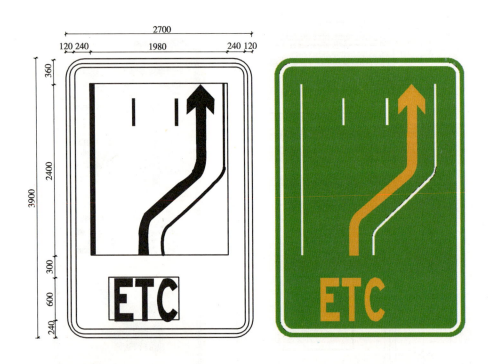

图 F-11　ETC 车道指示标志(尺寸单位:mm)

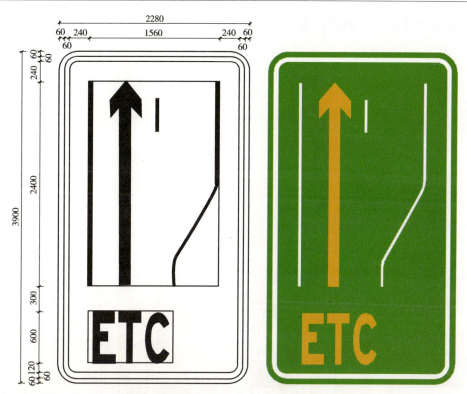

图 F-12　ETC 车道指示标志(尺寸单位:mm)

F.3.3　ETC 收费岛头标志(图 F-13)

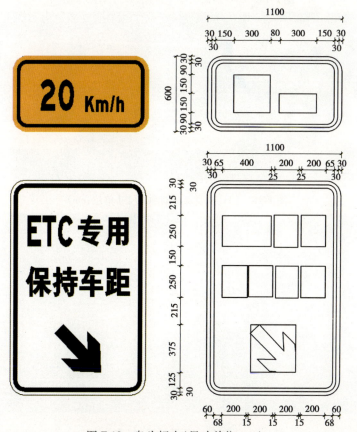

图 F-13　岛头标志(尺寸单位:mm)

F.3.4 ETC 车道地面文字和标线（图 F-14～图 F-16）

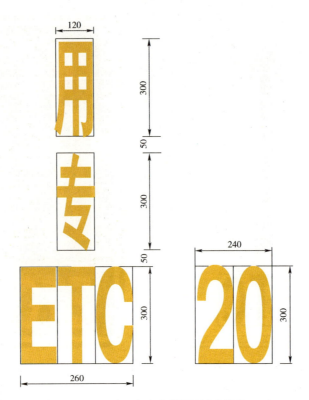

图 F-14　ETC 路面文字大样图（尺寸单位：cm）

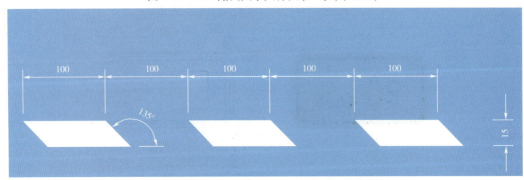

图 F-15　ETC 视觉减速标线（尺寸单位：cm）

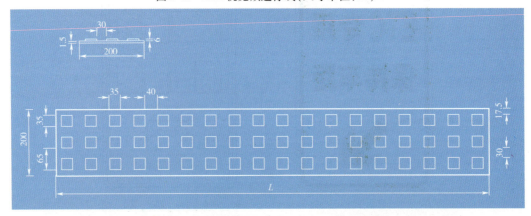

图 F-16　ETC 纵向振动标线（尺寸单位：cm）

F.3.5 ETC信息中文说明的辅助标志(图F-17)

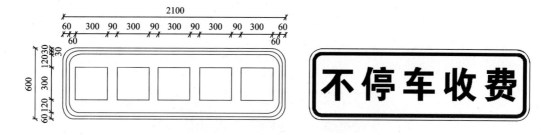

图F-17 ETC辅助标志(尺寸单位:mm)

附录 G ETC 专用形象标识规范图示

品牌标志图形

中英文名称字体

图 G-1 ETC 专用形象标识

①四色模式图形　　　　　②单色模式图形　　　　　③艺术立体图形

图 G-2 ETC 专用形象标识各版本图示

图 G-3 ETC 专用形象标识英文制图示例

注：A 为一个基本单位。

附录 G　ETC 专用形象标识规范图示

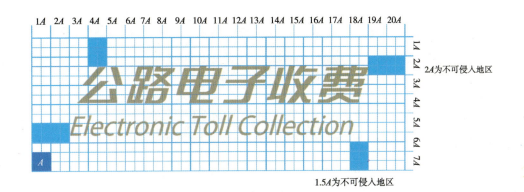

图 G-4　ETC 专用形象标识中文制图示例
注：A 为一个基本单位。

图 G-5　标识图形最小使用图示　　　图 G-6　标识中文名称最小使用图示

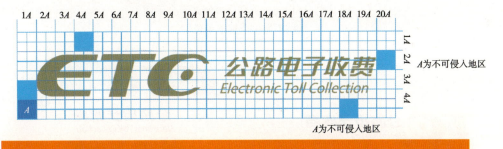

图 G-7　标识与中英文字体横式组合示例
注：A 为一个基本单位。

— 319 —

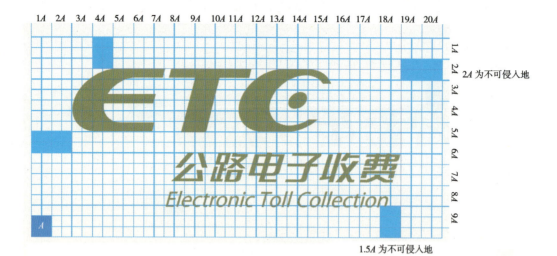

图 G-8　标识与中英文字体竖式组合示例
注：A 为一个基本单位

图 G-9　横式组合标识最小使用图示　　　　图 G-10　竖式组合标识最小使用图示

图 G-11　ETC 标识标准色图示

图 G-12　ETC 标识辅助色图示 1

图 G-13　ETC 标识辅助色图示 2

比例:1:5

比例:1:6

比例:1:7

比例:1:8

图 G-14　客户服务网点门头效果示例

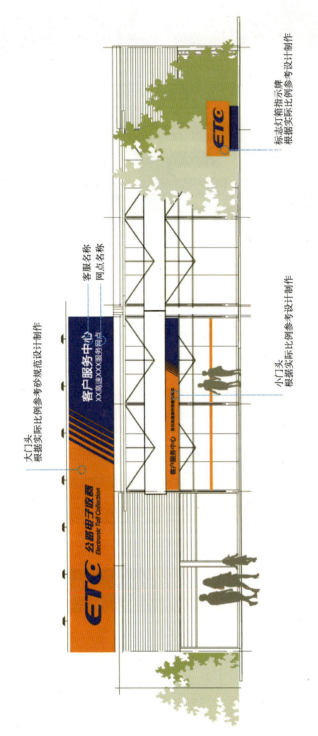

图 G-15　客户服务网点整体效果示例

附录G ETC专用形象标识规范图示

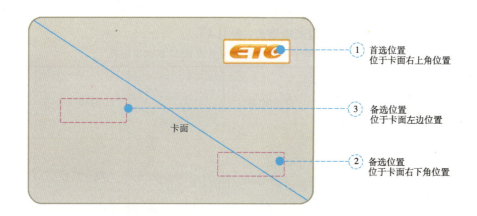

图 G-16　ETC 专用卡卡面标识应用示例
注:3 个位置根据实际卡面的设计合理选择。

图 G-17　银行(合作)卡卡面标识效果示例

附录 H 非现金收费关键设备测试申请表格

H.1 电子收费专用短程通信 RSU 测试申请表（表 H-1）

表 H-1 电子收费专用短程通信 RSU 测试申请表

申请单位：		法人代表	（签字）	联系人	
		电话		电子信箱	
（盖章）		邮政编码		申请日期	
通信地址					
申请测试类别		□ 型式检测		□ 型式检测复检	
执行标准					
设备名称			型号		
主要功能					
主要技术参数	发射/接收频率		等效辐射功率	占用带宽	调制方式
指标值					
初审意见 （本栏由检测单位填写）					年 月 日

H.2 电子收费专用短程通信 OBU 测试申请表(表 H-2)

表 H-2 电子收费专用短程通信 OBU 测试申请表

申请单位: (盖章)	法人代表	(签字)	联系人	
	电话		电子信箱	
	邮政编码		申请日期	
通信地址				
申请测试类别	□ 型式检测		□ 型式检测复检	
执行标准				
设备名称		型 号		
主要功能				
主要技术参数	发射/接收频率	等效辐射功率	占用带宽	调制方式
指标值				
初审意见 (本栏由检测单位填写)				

年　月　日

H.3 OBU 初始化设备测试申请表(表 H-3)

表 H-3 OBU 初始化设备测试申请表

申请单位:		法人代表	(签字)	联系人	
		电话		电子信箱	
	(盖章)	邮政编码		申请日期	
通信地址					
申请测试类别		□ 型式检测		□ 型式检测复检	
执行标准					
设备名称			型 号		
主要功能					
主要技术参数	发射/接收频率		等效辐射功率	占用带宽	调制方式
指标值					
初审意见 (本栏由检测单位填写)					

年　月　日

H.4 OBE-SAM、PSAM 卡及 CPU 用户卡测试申请表(表 H-4)

表 H-4 OBE-SAM、PSAM 卡及 CPU 用户卡测试申请表

申请单位：		法人代表	（签字）	联系人	
		电话		电子信箱	
（盖章）		邮政编码		申请日期	
通信地址					
执行标准					
产品名称			型 号		
主要功能					
主要技术参数					
初审意见 （本栏由检测单位填写）					年　月　日

H.5 电子收费 IC 卡读写器测试申请表（表 H-5）

表 H-5 电子收费 IC 卡读写器测试申请表

申请单位： （盖章）	法人代表 （签字）		联系人	
	电话		电子信箱	
	邮政编码		申请日期	
通信地址				
申请测试类别	□ 应用测试			
执行标准				
设备名称			型 号	
主要功能				
主要技术参数				
初审意见 （本栏由检测单位填写）				

年　月　日

附录 I 卡片个人化脚本编辑说明

为保证电子收费应用中各类 CPU 卡片测试工作的顺利展开,得到相对客观公平的测试结果,现要求各厂商提供卡片个人化脚本,由 ETC 应用卡片测试中心对卡片统一进行初始化。
脚本编辑规则定义如下:

I.1 变量类型

本测试软件中规定变量以%开头,现有版本支持四种类型的变量:
1. 字符型(Char):变量的起始字符为%c。
2. 整型(Int):变量名的起始字符为%i。
3. Word 型:变量名的起始字符为%w。
4. 字符串型(String):建议变量名的起始字符为%s。

变量可以用在流程控制语句中,进行赋值和判断,也可以被插入到命令语句中,经过解释后把变量值作为命令的一部分发往卡片。整型变量占用四个字节,Word 型变量占用两个字节,字符变量占用一个字节,转换后的值均采用 16 进制表示,字符串占用的字节为实际字节数。

注:测试软件中为系统预留了两个变量%resp 和%status。

I.2 符号

"<--!"用于变量赋值,如"20000002"在脚本中就表示为"<--! %s1 = 20000002"。
变量用在命令语句中
<--! %s1 = 20000002
00 %s1 12 34
以上命令语句最终都被解释为 00 20 00 00 02 12 34。

I.3 脚本实例

```
;卡片复位
reset
;擦除前认证
<--! %key = @strset(16,00)
<--! %data = @rand(8)
<--! %encdata = @desjs(%key,%data,00)
80 d8 02 00 10%data%encdata
reccmptxt 90 00


;建立文件 MF-----
80 E0 00 00 0d 00 01 01 00 00 00 00 00 00 00 00 00   //发送建立文件的命令
reccmptxt 9000    //比较命令成功后的返回码

;建立密钥文件
```

80 e0 02 00 07 00 FF 05 0F 00 03 19

reccmptxt 90 00

;写入密钥

<--!% dek = 00 00 00 00 00 00 00 00 00 00 00 00 00 00 00 00

<--!% dekid = 00

80 d4 00 00 18 %dekid 01 00 08 0F 01 0F 33 %dek   //发送替换密钥指令

……

……

;写入文件内容

<--!% service = BDBBCDA8B2BF0001

<--!% type = 01

<--!% sver = 02

<--!% sn = B1B1BEA9CAD0BBBB

<--!% stardate = 20070101

<--!% senddate = 20101231

<--!% sCX = 1F

<--!% sdata = % service + % type + % sver + % sn + % stardate + % senddate + % sCX + @ strset(72,00)

00 84 00 00 04

<--!% rand = @ strmid(% resp,0,8)

<--!% clen = @ strlen(% sdata) +4

<--!% rcmd = 04 d6 81 00 + % clen + % sdata

<--!% mac = @ mac(% maindamk,% rcmd,% rand)

sendtxt % rcmd % mac

reccmptxt 90 00

……

……

其中每行开头为";"的,表示该语句用于注释说明。

附录 J 跨省(区、市)清分结算消息说明

J.1 有区域中心模式消息总结

本技术要求第二部分"17 清分结算系统运行规则"所涉及的所有消息,均只定义了基本的数据结构,并未使用 XML 的内在功能全面定义数据约束。这些数据约束应由应用程序自行处理。很多确认消息的结果现阶段是相同的,但为保证后续的变动不影响开发,每种确认消息均使用独立的Schema。

J.1.1 消息列表

表 J-1 为各个消息使用 MessageClass、MessageType、ContentType 和 Schema 文件总结。

表 J-1 常用消息列表

消息应用	MessageClass	MessageType	ContentType	Schema 文件
交易消息	5,Notification	7,Transaction	1	TransactionOriginal. xsd
争议交易消息	5,Notification	7,Transaction	2	TransactionDisputed. xsd
异常交易退费	5,Notification	7,Transaction	3	TransactionRefund. xsd
记账消息	5,Notification	5,Reconciliation Totals	1	TransactionCharge. xsd
清分消息	5,Notification	5,Reconciliation Totals	2	TransactionClear. xsd
结算消息	5,Notification	5,Reconciliation Totals	3	TransactionSettlement. xsd
交易通信确认	6,Notification Response	5,Reconciliation Totals 7,Transaction	—	CommonResponse. xsd
状态名单	3,Advice	10,StatusList	—	StatusList. xsd
状态名单确认	4,Advice Response	10,StatusList	—	CommonResponse. xsd
状态名单重发	1,Request	10,StatusList	—	StatusListResend. xsd
状态名单回复	2,Request Response	10,StatusList	—	StatusList. xsd
服务列表	3,Advice	1,ServcieList	—	ServcieList. xsd
服务列表确认	4,Advice Response	1,ServcieList	—	CommonResponse. xsd

续上表

消息应用	MessageClass	MessageType	ContentType	Schema 文件
服务列表重发	1,Request	1,Servcie List	—	CommonResendRequest.xsd
服务列表回复	2,RequestResponse	1,Servcie List	—	ServiceList.xsd
参与方列表	3,Advice	14,Operator List	—	Operator List.xsd
参与方确认	4,Advice Response	14,Operator List	—	CommonResponse.xsd
参与方重发	1,Request	14,Operator List	—	CommonResendRequest.xsd
参与方回复	2,RequestResponse	14,Operator List	—	OperatorList.xsd

Header.xsd、OperatorId 和 Response.xsd 是其他 Schema 文件所引用的基本信息定义。

J.1.2 消息确认对应关系（表 J-2）

表 J-2 消息确认对应关系

发送的消息	确认消息	发送的消息	确认消息
交易消息	交易通信确认	状态名单	状态名单确认
争议交易消息	交易通信确认	状态名单重发	状态名单
记账消息	交易通信确认	服务列表	服务列表确认
异常交易退费	交易通信确认	服务列表重发	服务列表
清分消息	交易通信确认	参与方列表	参与方确认
结算消息	交易通信确认	参与方重发	参与方列表

J.2 两两结算模式消息说明

本技术要求第二部分"17 清分结算系统运行规则"所涉及的所有消息，均只定义了基本的数据结构，并未使用 XML 的内在功能全面定义数据约束。这些数据约束应由应用程序自行处理。

很多确认消息的结果现阶段是相同的，但为保证后的变动不影响开发，每种确认消息均使用独立的 Schema。

J.2.1 消息列表

表 J-3 为各个消息使用 MessageClass、MessageType、ContentType 和 Schema 文件总结。

表 J-3　常用消息列表

消息应用	MessageClass	MessageType	ContentType
原始交易消息	5,Notification	7,Transaction	1
争议交易消息	5,Notification	7,Transaction	2
记账消息	5,Notification	5,ReconciliationTotals	1
清分统计消息	5,Notification	5,ReconciliationTotals	2
交易通信确认	6,NotificationResponse	5,ReconciliationTotals 7,Transaction 17TagAbuse	—
状态名单	3,Advice	10,StatusList	—
状态名单确认	4,AdviceResponse	10,StatusList	—
状态名单重发	1,Request	10,StatusList	—
状态名单回复	2,RequestResponse	10,StatusList	—
重复收费交易明细请求	5,Notification	20,	—
重复收费交易明细确认	6,Notification	20	—
重复收费交易对账请求	5,Notification	21	—
重复收费交易对账确认	6,Notification	21	—

J.2.2　消息确认对应关系（表 J-4）

表 J-4　消息确认对应关系

发送的消息	确认消息	发送的消息	确认消息
交易消息	交易通信确认	清分统计消息	交易通信确认
争议交易消息	交易通信确认	状态名单	状态名单确认
记账消息	交易通信确认	状态名单重发	状态名单

附录 K CA 数字证书相关应用流程

K.1 CA 安全认证体系

K.1.1 体系框架

交通运输部密钥管理与安全认证系统采用集中建设模式,并作为收费公路管理与服务领域的信任源头统一为各省结算中心及跨区域结算中心(适用于有跨省(市)联网电子收费结算中心的情况)提供证书发放和证书生命周期管理。具体 CA 认证体系框架见图 K-1:

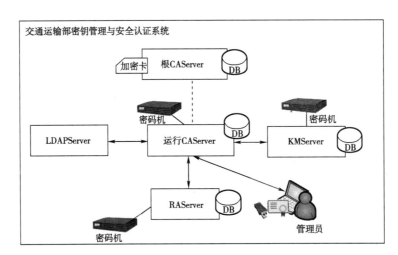

图 K-1 CA 认证体系框架

K.1.2 证书类型

数字签名证书的应用主要是解决各省结算中心节点间的信息加解密和抗抵赖安全需求,因此,本应用主要发放的证书为各省签名服务器设备证书,具体证书类型如下:

1 设备证书:标识各省签名服务器可信身份的设备证书;
2 个人身份证书:标识将来需要登录业务系统进行安全认证的用户证书。本附录不着重描述个人身份证书的相关说明。

考虑到设备证书的安全级别较高,省结算中心机构长期稳定,避免由于证书更新带来额外的工作量,建议设备证书采用较长时间的证书有效期,如3~5年期。

K.2 数字证书管理关键业务流程

证书发放管理包括证书申请、证书下载、证书更新、证书冻结、证书解冻、证书注销。为了加强认证体系的安全性,部 CA 系统提供的上述服务由部 CA 管理员通过本地操作来完成,部 CA 系统不提供网络接入服务方式。

K.2.1 证书发放

证书发放由交通运输部密钥管理与安全认证系统的 RA 管理员集中完成,省级节点签名服务器设备的证书在首次申请时,需要送入总部来签发后分发到各省去使用,也可考虑设备不报送总部,由省相关职责部门派专人在部 RA 管理员指导下完成设备证书申请书的生成,然后以安全的方式交给 RA 管理员来签发证书,签发的证书再以安全的方式传回省级节点导入到签名服务器。

具体设备证书的签发流程见图 K-2。

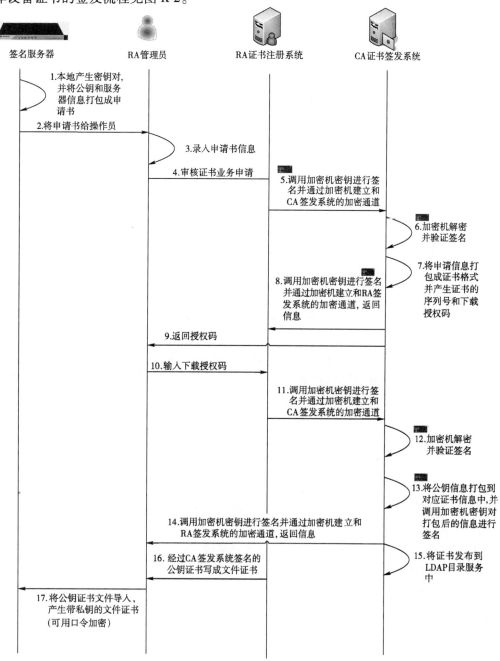

图 K-2　设别证书签发流程示意图

关于管理员或者将来有证书需要的个人证书申请,可由部 RA 管理员登录 RA 注册系统通过证书注册页面录入完成证书的签发,然后将证书写入 USBKey 交给用户使用。

K.2.2　证书更新

当证书有效期即将到来之前,各省结算中心需要完成签名服务器的证书更新,证书更新的流程与证书发放流程相似。证书更新流程示意图见 K-3。

考虑到证书需要更新时,签名服务器已经在生产系统中部署运行,因此,省级节点签名服务器无法送入部密钥管理与安全认证系统进行集中证书更新,因此,证书更新采用本地产生证书更新请求文件,然后送入中心 CA 系统进行更新,更新后的设备证书以安全方式传回省级节点导入签名服务器使用。

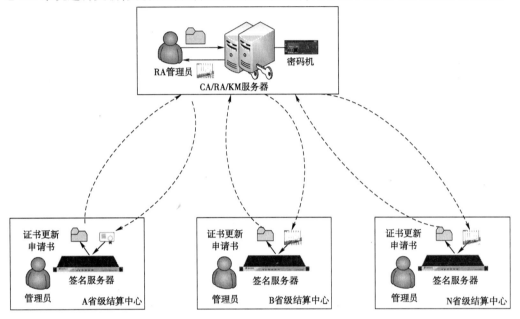

图 K-3 证书更新流程示意图

K.2.3 证书注销

当省结算中心不再使用签名服务器或者签名服务器由于存在安全泄露危险时,省结算中心管理员可以通知部 RA 管理员完成证书的吊销工作。证书吊销后,由部 CA 系统将正式注销列表 CRL 写入目录服务中,签名服务器可以通过目录服务验证证书的合法性。

K.3 安全应用流程

K.3.1 应用说明

考虑到业务报文对数据大小的限制,本技术要求采用裸签方式来实现结算数据的数字签名功能。裸签方式是指签名信息不包含原文和签名方的公钥证书。安全应用流程示意见图 K-4。

如图 K-4 所示,发送方(省节点 A)签名服务器负责通过接口程序完成对结算数据产生裸签信息,裸签信息通过结算系统打包后以交易报文方式传输接收方(省节点 B),省节点 B 结算系统将签名明文和裸签信息传入签名服务器,签名服务器从本地证书库检索省节点签名服务器 A 的证书,结合签名明文和裸签信息验证签名的真实可靠,并将验证结果返回结算系统。

K.3.2 数字签名、验签流程

1 签名流程

在每次接收到签名请求时,首先验证证书签发有效期和验证 CRL,证书合格后再进行数字签名,然后将签名结果封装成无签名者证书(公钥)的数字签名。数字签名流程见图 K-5。

2 验签流程

在每次接收到签名验证请求时,首先验证签名结果,如果签名结果验证通过后,再验证证书的有效期和 CRL,以上各项都通过验证,才可证明签名结果是合法的。将上述签名验证结果返回给请求端。验签流程见图 K-6。

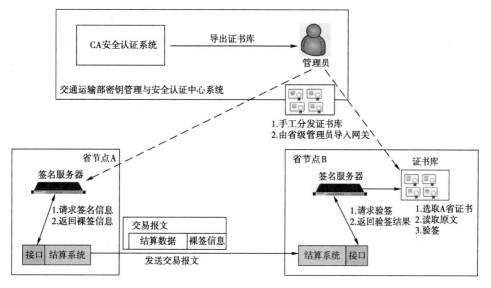

图 K-4　安全应用流程示意图

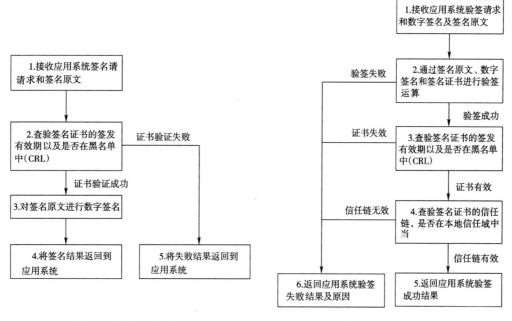

图 K-5　数字签名流程　　　　　图 K-6　验签流程

K.3.3　验签证书获取说明

交通运输部密钥管理与安全认证系统把各省结算中心签名服务器的公钥证书发布到 LDAP 目录服务上,供各个节点下载更新公钥证书列表。在初期网络不可达的情况下,签名服务器本地证书库由交通运输部密钥管理与安全认证中心系统的证书管理员负责从 CA 认证系统中导出各省节点签名服务器的公钥证书,然后打包以手工方式分发到各省,由省节点指派管理员将证书库导入到本地网管内供裸签验证使用。

附加说明

《收费公路联网电子不停车收费技术要求》编写组

主 编 单 位： 交通运输部公路科学研究院

主要编写人员： 王笑京　杨　蕴　刘鸿伟　梅新明　张恒利　胡　宾　李爱民　陈丙勋　肖　迪
李汉魁　周　斌　王　刚　葛　涛　金　凌　罗明廉　崔晓龙　王能才　夏太胜
张　起　周正兵　邓　伟　么　东　金文彪　潘　勇　傅宏杰　田晓庄　林雪峰
王立岩　王志生　仲崇波　刘钧伟　李　剑　孙兴焕　曹雷明　陆　毅　张明月
李哲梁　何耀忠　左海波　赵俊艳　李全发　陈日强　滕迎春　韩　彬　梅乐翔
宫福军　李　森　葛书芳　高军安　王　梅　王　荣　陈爕奇　姜　明　莫　若
王　波　陈　杰　郭艳梅　宋向辉　朱书善　谌　仪　刘　楠　李亚楼

　　本技术要求的编写，得到了北京市交通委员会、上海市公路管理处、天津市市政公路管理局、江苏省交通运输厅、浙江省公路管理局、安徽省交通运输厅、江西省交通运输厅、河北省交通运输厅、北京市首都公路发展集团有限公司、北京快通高速路电子收费系统有限公司、上海亚太计算机信息系统有限公司、航天信息股份有限公司、武汉天喻信息产业股份有限公司和有关省（自治区、直辖市）交通主管部门的大力支持和帮助，在此一并表示感谢！